京师法学文库

国家社会科学基金项目
“资本市场变革下证券犯罪刑法制裁体系研究”（22BFX045）成果

证券犯罪刑法规范适用展开

商浩文　著

法律出版社 LAW PRESS · CHINA
北京

图书在版编目(CIP)数据

证券犯罪刑法规范适用展开 / 商浩文著. -- 北京 :
法律出版社, 2024
(京师法学文库)
ISBN 978-7-5197-8890-2

Ⅰ. ①证… Ⅱ. ①商… Ⅲ. ①证券交易-金融犯罪-研究-中国 Ⅳ. ①D924.334

中国国家版本馆 CIP 数据核字(2024)第 039867 号

京师法学文库	证券犯罪刑法规范适用展开 ZHENGQUAN FANZUI XINGFA GUIFAN SHIYONG ZHANKAI	商浩文 著	策划编辑 陈 睿 责任编辑 陈 睿 装帧设计 汪奇峰

出版发行 法律出版社
编辑统筹 法律出版社
责任校对 晁明慧
责任印制 胡晓雅
经　　销 新华书店

开本 710 毫米×1000 毫米 1/16
印张 16.5 **字数** 231 千
版本 2024 年 3 月第 1 版
印次 2024 年 3 月第 1 次印刷
印刷 唐山玺诚印务有限公司

地址:北京市丰台区莲花池西里 7 号(100073)
网址:www.lawpress.com.cn
投稿邮箱:info@lawpress.com.cn
举报盗版邮箱:jbwq@lawpress.com.cn

销售电话:010-83938349
客服电话:010-83938350
咨询电话:010-63939796

书号:ISBN 978-7-5197-8890-2　　**定价**:76.00 元

凡购买本社图书,如有印装错误,我社负责退换。电话:010-83938349

作者简介

商浩文

北京师范大学法学院暨刑事法律科学研究院副教授、博士生导师，G20反腐败追逃追赃研究中心研究员，法学博士、博士后。入选中国法学会研究会青年优秀人才、北京市法学会“百名法学青年英才”，北京师范大学优秀青年创新团队项目负责人。最高人民法院第四批挂职学者，国家层面涉案企业合规第三方监督评估机制管理委员会专业人员，北京市人民检察院听证员，河北省高级人民法院专家咨询委员会委员，中国法学会董必武法学思想(中国特色社会主义法治理论)研究会、中国法学会证券法学研究会、中国廉政法制研究会等多家全国性研究会理事。

在《中国法学》《法学》《法学评论》《政治与法律》《现代法学》等法学核心刊物发表论文多篇，撰写著作多部。主持国家社科基金、国家高端智库理事会、教育部、最高人民检察院、司法部、中国法学会等省部级以上课题多项。论文多次获得最高人民法院、最高人民检察院、中国法学会等单位主办的论坛奖项。获中国博士后科学基金会特等资助、一等资助。北京师范大学优秀博士论文获得者。

总　序

法治兴，则民族兴；法治强，则国家强。中国社会主义现代化事业的成功和中华民族伟大复兴的实现离不开法治保障，而法治建设又有赖于卓越法治人才的培养和法学理论研究的繁荣。因此，以法学教育和法学研究为核心使命的法学院校注定在全面依法治国进程中扮演着重要角色。

北京师范大学法学院自成立之日起就以服务国家法治进步为己任，得益于国家法治建设提供的历史机遇，在较短时间内实现了跨越式发展。北师大法学学科的历史最早可追溯到1995年，当年哲学系所设法学专业，2002年成立法律系，2005年和2006年刑事法律科学研究院（以下简称"刑科院"）和法学院相继成立，翻开了北师大法学学科发展新的一页。依托于北京师范大学这一享誉海内外的百年学府，在社会各界大力支持下，经过全体师生的共同努力，北师大法学院的学科建设取得了令人瞩目的进步。法学院拥有一支实力雄厚的专任师资队伍，其中有长江学者特聘教授1人，青年长江学者2人，全国十大杰出青年法学家称号获得者3人，全国十大杰出青年法学家提名奖获得者4人。在全球QS大学排行榜2022年排名中，北师大法学专业位列中国大陆地区第10位、全亚洲第46位；在教育部第四轮学科评估中，北师大法学专业获评B+，在第五轮学科评估中再创佳绩。

法治人才培养是法学院的根本任务。北京师范大学法学院致力于培养具备深厚人文素养、现代法治理念、娴熟法律技能、富有创新能力和国际视野的卓越法治人才。法学院2012年入选首批应用型复合型法律职业人才教育培养基地和涉外法律人才教育培养基地;2018 年正式获批法学一级学科博士授权点;2019 年获批设立法学博士后科研流动站;2020 年入选首批国家级一流本科专业建设点,已经形成了从本科生、硕士生到博士生的三级人才培养格局。法学院高度重视与法治工作部门和海外高校研究机构的合作,为学生培养提供广阔的国内和国际交流渠道。目前已与最高人民法院、最高人民检察院、公安部、司法部等中央政法机关的相关业务庭室,以及北京市高级人民法院、广东省高级人民法院、上海市高级人民法院、北京市人民检察院、西藏自治区人民检察院等数十家地方司法机关建立合作关系;与美、德、日、法、英、意、西、加等国的五十多个高等院校与研究机构签订交流协议,与剑桥大学、巴黎第二大学、法兰克福大学等合作伙伴设立学生交换和暑期项目以及双学位硕士培养项目,不断探索涉外法治人才培养路径。学院还开设有中国法英文硕士项目,招收和培养外国留学生。

法学理论研究是法学院的重要职能。北师大法学院高度重视科研工作,为教师营造良好科研环境,取得了丰富的高水平成果。教师主持国家重点研发项目、国家自然科学基金项目、国家社会科学基金项目、教育部项目、司法部项目等纵向科研项目数百项,以及欧盟资助项目、加拿大国际发展署资助项目等国际合作项目数十项;在《中国社会科学》《中国法学》《法学研究》等中文权威期刊以及部分 SSCI 高水平期刊上发表论文近百篇,出版中外文教材著作数百部,获中央领导同志批示研究报告数百份;建设有 G20 反腐败追逃追赃研究中心、最高人民法院职务犯罪研究基地、人民法院社会矛盾综合治理研究基地、最高人民检察院未成年检察研究基地、北京教育法治研究基地等多个省部级科研平台;多位教师多人次担任全国性法学研究会的会长、副会长、秘书长以及国际学术组织副主席、副秘书长等职务;出版《刑法论丛》《刑法评论》《京师法学》等学术集刊,创设“当代刑法国际论坛”“当代刑事司法论坛”“企业家刑事风险防控高端论坛”等国内外具有重大影响的学术论坛。挂靠法学院运行的刑科院成功加入联合国刑事司法网络和国际反腐败学院联盟并成为联合国网络犯罪问题政府间专家组观察员,已经发展成为全国刑事法研究重镇、高层次刑事法培训基地、中外刑事法学界交流合作的重要平台以及中国刑事法治建设的智库和咨询服务基地。

北师大法学院和刑科院在成立初期,基于支持激励教师出版高水平著作和打造法学学术品牌的考虑,率先在刑事法领域创办“京师刑事法文库”、“京师国际刑事法文库”和“京师刑事法学博士文库”,取得了良好的社会反响并积累了丰富经验。为了全面展示北师大法学院教师科研成果,经法学院党政领导班子集体研究决定,在法律出版社的大力支持下,决定继续通过文库形式鼓励教师出版专著,并将新的文库命名为“京师法学文库”,涵扩法学所有研究领域。之前已经出版的刑事法领域系列文库继续保留其名称和连续编号,并纳入到“京师法学文库”进行统一管理。我们将努力推出更多质量上乘的法学佳作,不辜负广大读者的期待。

“潮平两岸阔,风正一帆悬。”北师大法学院将秉承“德育英才,法行天下”的院训精神,继续坚持高起点、研究型、国际化的发展特色,致力于把学院建设成为国内一流、国际知名的法学教学科研机构,为全面依法治国的宏伟事业做出应有的贡献。

是为序!

北京师范大学法学院院长　梁迎修

2024 年 3 月 20 日

序

实体经济是金融的根基,金融是实体经济的血脉,金融业始终是经济发展的重要单元。资本市场被称为国民经济的“晴雨表”。资本市场的稳定健康发展,事关国家经济金融安全。中国证券市场在三十多年的发展历程中,经历了从无到有,从小到大,从地区性市场迅速发展成为全国性市场的快速发展过程,已成为中国社会主义市场经济体系中不可或缺的组成部分。法治兴则市场兴,法治强则市场强。随着 2020 年 3 月 1 日新《证券法》的实施,注册制全面推开、投资者保护全面升级、监管“瘦身”、惩治违法违规行为取得明显成效。法治供给的进一步有效增加不仅强化了监管执法效率与效能,也重塑了资本市场的生态。

打击证券违法活动是维护资本市场秩序、有效发挥资本市场枢纽功能的重要保障。党的十八大以来,各有关方面认真贯彻党中央、国务院决策部署,扎实推进资本市场执法司法体系建设,依法打击资本市场违法活动,维护投资者合法权益,取得积极成效。同时,在经济金融环境深刻变化、资本市场改革开放不断深化背景下,资本市场违法行为仍较为突出,案件查处难度加大,相关执法司法等工作面临新形势新挑战。近年来,随着我国资本市场的进一步变革,尤其是证券注册制改革,多层次资本市场发展迅速,金融市场中涉证券等新型违法犯罪行为层出不穷、传统犯罪异化的现象尤为突出。金融证券犯罪具有连锁性、渗透性、放射性等特点,对金融资产安全和质量效益造成了严重危害,对证券等金融犯罪的有效治理亟需加强。党中央、国务院明确提出坚持“零容忍”要求,依法严厉查处证券违法犯罪案件。2020 年 11 月 2 日,中央全面深化改革委员会第十六次会议指出,依法从严打击证券违法活动,是全面深化资本市场改革的重要制度安排。2021 年 7 月,中共中央办公厅、国务院办公厅印发《关于依法从严打击证券违法活动的意见》,明确指出“坚持零容忍要求。依法严厉查处证券违法犯罪案件,加大对大案要案的查处力度,加强诚信约束惩戒,强化震慑效应”。在刑事法律规范上,为了进一步防范化解金融风险、保障金融改革、维护金融秩序、保护人民群众利益,2020 年 12 月,全国人大常委会通过《刑法修正案(十一)》,其中多个条款也涉及证券犯罪的立法完善。《刑法修正案(十一)》与以信息披露为核心的证券发行注册制改革相适应,保障注册制改革顺利推进,维护证券市场秩序和投资者利益,提高了欺诈发行证券罪和违规披露、不披露重要信息罪的刑罚力度,明确了控股股东、实际控制人的刑事责任,同时加大对保荐等中介机构在证券发行、重大资产交易中提供虚假证明文件等犯罪的惩治力度,扩张了操纵证券市场犯罪的行为类型,提高了资本市场违法违规成本。2021 年 9 月,最高人民检察院、中国证监会落实中央部署,设立最高人民检察院驻中国证监会检察室。驻会检察室成立后,以重大案件办理为重点,通过自办、督办、交办等多种方式,切实加大全国检察系统证券犯罪案件办理力度。可以说,现阶段对证券等金融犯罪的有效治理得到了国家前所未有的高度重视。

在新的资本市场变革时期,促进证券犯罪立法与司法的完善,关系到中国资本市场法治建设和改革完善,对于国家社会发展意义重大。就此而言,本书的出版具有重要的现实意义。总览本书,其主要有以下几个特点:

第一,研究视角具有跨学科的特点。证券犯罪属于法定犯,在相关犯罪的构成要件中存在明显的规范要素,而前置法的判定则是规范要素的核心内容。研究证券犯罪需要具备坚实的刑法学理论基础,同时,也需要对《证券法》等前置法的规定十分熟悉,如此,方能有效开展证券犯罪的规范研究。更何况,在我国刑法规范中,有关证券犯罪的一些罪名中并未规定相关规范要素,需要从构成要件内容进行考察;而且作为前置法的《证券法》等也会随着社会经济的发展变化而具有流变性。因此,如何参照、理解前置法的规定是理论研究人员和司法机关不可回避、需要作出取舍的关键步骤。这就需要研究人员开展跨学科研究,对相关刑法和证券法的理论和规范变化熟稔于胸。作者在相关问题的研究上充分体现了这种跨学科研究的特点。例如,作者结合证券法相关理论,从证券操纵的行为危害、证券市场变革等角度重新梳理证券操纵行为的法益侵害,并思考了证券操纵犯罪定量评价机制的深层逻辑。再如,对违规披露、不披露重要信息罪中的"重要信息"的判断标准,作者结合经济学上的"价格敏感测试""投资者决策测试"等标准提出相关的判定主张。这些研究体现了证券犯罪跨学科的研究特点。

第二,在研究方法上,相关内容具有实证研究的特点。相关研究内容在对当下中国证券犯罪典型案例的司法适用进行实证研究的基础上,分析我国证券犯罪的整体司法样态,进而在理论上探讨全流通证券市场变革中,刑法制裁体系应对的困境与挑战。例如,在利用未公开信息交易罪的刑法适用,控股股东、实际控制人刑事责任的司法认定以及证券领域行政执法与刑事司法的衔接等研究内容上,作者对于近年来的相关刑事案件进行了系统梳理,在实证研究和案例分析的基础上,了解现行刑法规范面临的挑战和存在的不足,进而提出应对方案。虽然这种实证研究方法依赖于相关类案的公开程度,但作者能够在尽可能的范围内寻找实证数据,综合运用案例分析、比较法分析、法解释学分析等方法进行全方位研究,体现出作者研究方法的多元化。

第三,研究内容聚焦于证券犯罪刑事裁判规则的优化。证券犯罪的刑法规范具有一定的滞后性,在实践中也会遇到一些新问题和新挑战,因此,需要在合目的的刑法解释角度对相关规范进行妥当适用。本书研究立足于刑法学基本理论,结合司法实践中的相关案例和资本市场改革趋势,对现有的证券犯罪的相关规范进行系统梳理,借助于刑法解释学等相关知识对刑法规范进行语境的更新。例如,对于虚假申报操纵,刑法规范中要求"不以成交为目的",对于此主观目的的证明,作者提出可结合是否具备相应的反向交易行为、订单的市场存续时间、成交委托比等因素进行刑事推定。再如,对上市公司控股股东、实际控制人的认定,作者提出了认定的实质标准在于对公司的实际控制权。另外,作者还针对实践中出现的一些新型、疑难的证券犯罪案例,如高频交易下证券操纵犯罪等行为的刑法规制问题进行深度研究,力图深层次解决当下新型证券犯罪的司法适用问题。这些相关观点对于理论研究和司法实务均具有一定的借鉴意义。

第四,研究内容对证券犯罪刑事立法的发展也具有积极意义。虽然作者主要聚焦于我国证券犯罪司法适用现状和相关特点,但是,相关司法适用问题最后需立足于立法的解决。虽然《刑法修正案(十一)》已经对证券犯罪的刑法立法进行了部分完善,但在我国多层次资本市场的现实情况下,不同的资本市场具有自身的特点和改革目的,通过典型案例的研究能够探寻司法治理中相关立法的缺陷。以刑法规范的司法适用为基础,可以提炼出证券犯罪刑事立法的不足,有助于促进证券犯罪刑法立法模式、罪名体系、刑罚结构等方面的完善。例如,作者针对实践中关于内幕信息非法获取人员的认定存在不一致的情形,提出需要从立法论上予以完善。再如,针对利用未公开信息交易罪的司法适用现状,作者提出及时调整、完善定罪量刑标准的观点。这些观点对证券犯罪刑事立法的发展具有积极意义。

当然,受制于证券犯罪研究的专业性、跨学科性,作者在一些问题上的研究有待深入,一些观点也有待商榷。但是,瑕不掩瑜,本书对证券犯罪刑法的规范适用进行了较为深入和全面的研究,是一部值得一读的佳作!作者跳出学术研究舒适区开展跨学科研究的这种挑战自我的勇气值得鼓励!

商浩文博士是北京师范大学法学学科培养的优秀青年人才,他在攻读硕士学位、博士学位期间,就在日常生活和学术会议上与我交流很多。彼时他就表现出了较强的学术热情,之后我也一直关注他的成长。博士毕业后,他以优异的成绩入职中央财经大学,或许他在金融犯罪上的研究兴趣是受到了中央财经大学的学术氛围熏陶和启迪。后来,他从中央财经大学调回北京师范大学任教后,学校基于促进青年教师发展之考虑,为每名入职的青年教师配备导师,指导青年教师的成长和进步,我应邀又担任了他的指导老师,经常与其进行学术探讨和日常交流,他还协助我和赵秉志教授共同编著了《新中国刑法立法沿革全书》(中国人民公安大学出版社 2021 年版,共计 481 万字,国家出版基金项目),表现出谦虚谨慎、脚踏实地、勤勤恳恳、沉稳持重的良好品格。如今,他能够基于学术研究兴趣,发挥自己的优势,开展跨学科研究,关注国家金融犯罪重大现实问题,我感到欣慰！也希望我们的刑法学界能够关注跨学科研究和关心年轻人的成长,期待他能够取得更大的成绩!

是为序!

高铭暄*

2022 年 4 月

---

* “人民教育家”国家荣誉称号、“最美奋斗者”个人称号获得者。中国人民大学荣誉一级教授,北京师范大学刑事法律科学研究院名誉院长、特聘教授、博士生导师,中国刑法学研究会名誉会长,国际刑法学协会名誉副主席暨中国分会名誉主席。

目　录

第一章　证券犯罪的刑法规范发展　001
　第一节　《刑法修正案(十一)》之前的证券犯罪刑法规范　001
　第二节　《刑法修正案(十一)》关于证券犯罪的立法修正　007

第二章　证券犯罪认定中前置法的考量路径　028
　第一节　证券犯罪的法定犯特性　028
　第二节　证券犯罪认定中前置法适用问题检视　030
　第三节　证券犯罪认定中前置法适用路径考量　034

第三章　欺诈发行证券罪的司法适用　043
　第一节　欺诈发行证券罪的法益构造　044
　第二节　欺诈发行证券罪的客观要素　048
　第三节　欺诈发行证券罪的主体要素　054

第四章　违规披露、不披露重要信息罪的司法适用　059
　第一节　证券注册制改革对信息披露的从严要求　060
　第二节　信息披露义务主体的范围界定　064
　第三节　信息披露“重大性”的认定标准　067

第五章　内幕交易犯罪的司法适用　073
　第一节　关于内幕信息的认定　074

第二节　关于内幕交易犯罪主体的认定　084
第三节　关于内幕交易违法所得的认定　089

第六章　利用未公开信息交易罪的司法适用　095
第一节　未公开信息的类型化认定　096
第二节　利用未公开信息交易的行为方式认定　101
第三节　交易活动与未公开信息关联性的刑事推定　105
第四节　利用未公开信息交易罪的刑罚配置与司法适用的优化　111

第七章　证券操纵犯罪定量标准的司法适用:基于法益侵害视角　122
第一节　新型证券操纵行为入刑对法益侵害界定引发的冲击　122
第二节　证券操纵犯罪的法益界定　125
第三节　证券操纵犯罪定量标准的审视　133

第八章　虚假申报操纵犯罪的司法适用　139
第一节　虚假申报操纵犯罪的新态势及司法认定问题的引出　140
第二节　虚假申报操纵刑事司法认定的法律挑战　145
第三节　虚假申报操纵刑事制裁的域外概览　151
第四节　虚假申报操纵刑事司法认定的路径优化　161

第九章　信息型操纵证券市场犯罪的司法适用　170
第一节　信息型操纵证券市场犯罪的司法适用争论　170
第二节　信息型操纵证券犯罪刑法条款的选择适用　174
第三节　信息型操纵证券市场犯罪之“利用信息优势”判断规则　178
第四节　信息型操纵中主观故意的认定及证明路径　183

第十章　控股股东、实际控制人刑事责任的司法认定　189
第一节　控股股东、实际控制人刑法规制的现实意义　189
第二节　控股股东、实际控制人刑事责任之立法扩张　195
第三节　控股股东、实际控制人刑事责任之司法限缩　201

第十一章　证券领域行政执法与刑事司法的衔接 207

第一节　证券领域行政处罚与刑事处罚的规范文本分析 208

第二节　证券领域刑事处罚与行政处罚衔接的实践分析 213

第三节　证券领域行政处罚与刑事处罚衔接之问题分析 220

第四节　证券违法犯罪行政执法与刑事司法衔接机制完善 228

后　记 246

第一章

证券犯罪的刑法规范发展

刑法立法的发展绝不是一个孤立的事件,而是国家总体发展的一部分,要受到各种相关因素的影响和制约。证券犯罪的刑法立法演进脉络也无外乎如此。由于《刑法修正案(十一)》对证券犯罪刑法规范进行了大幅度的修改,因此,本章以《刑法修正案(十一)》为时间点,将证券犯罪的刑法规范发展脉络予以呈现。

第一节 《刑法修正案(十一)》之前的证券犯罪刑法规范

在《刑法修正案(十一)》之前,尤其是 1997 年刑法典之前,由于证券犯罪尚不多见,因此,国家对证券犯罪的治理重视程度尚不明显。但是,我国刑法中还是进行了前瞻性立法,对证券犯罪进行了系列规定,初步构建了证券犯罪刑法规范体系。

一、1997 年刑法典颁布前的证券刑法规范

中华人民共和国成立后,受国内国外两方面形势的影响,尤其是我国新生的社会主义政权需要健全和进一步巩固,当时的刑事法律主要服务于惩治反革命和社会主义改造,证券等金融犯罪并不是当时的刑事立法的主要内容。

为了配合"镇压反革命"运动,维护国家货币稳定,中央人民政府政务

院于1951年4月出台《妨害国家货币治罪暂行条例》,其中对以反革命为目的伪造国家货币和以营利为目的伪造国家货币等行为及其惩罚,作出了专门规定。这是中华人民共和国成立以后第一部由政府制定并实施的专门惩治货币犯罪的单行刑事法规,也是1979年刑法出台以前我国对货币犯罪治罪的唯一法律根据。[①]

自1957年中期以后的长达20余年间,新中国的刑法立法工作受到显著的削弱而几近中断,竟没有再颁布任何单行刑法。1957年下半年颁布的一些非刑事法律中设置了一些附属刑法规范。例如有《消防监督条例》、《爆炸物品管理规则》和《国境卫生检疫条例》等。这些附属刑法规范有的比较完整,有的相当简略。在当时法律很不完备的条件下,这些附属刑法规范与相关的刑事法律法规相互配合,成为当时刑事审判工作重要的法律依据。当时由于在计划经济时代,金融违法行为存在空间小,并无相关的金融犯罪的相关法律法规的出台。自1957年后期至1979年中期这一阶段,虽然单行刑法立法和附属刑法规范的出台基本处于停滞状态,但在具体案件中,惩办与宽大相结合的刑事政策对于具体案件的办理发挥了指导作用。

新中国第一部刑法典的准备和起草工作,历时近30年,前后写出近40稿,走过了一条充满曲折与坎坷但仍然坚忍不拔地前行的道路。1979年7月1日在北京召开的第五届全国人大第二次会议一致通过《刑法》,自1980年1月1日起施行。[②] 由于当时金融业在整个国民经济中的作用并不是十分突出,金融犯罪的相关问题并未凸显,1979年刑法典中涉及金融犯罪的法条数量十分少,在《刑法》分则第三章"破坏社会主义市场经济秩序罪"中涉及证券犯罪的仅有第122条伪造和贩运伪造的国家货币罪、第123条伪造有价证券罪。1979年刑法典颁行后,全国人大常委会又先后颁布了20余部单行刑法,其中1995年2月28日第八届全国人大常

① 参见柯葛壮主编:《新中国刑事法60年》,上海社会科学院出版社2009年版,第286页。

② 参见高铭暄:《中华人民共和国刑法的孕育诞生和发展完善》,北京大学出版社2012年版,"前言",第2页;赵秉志:《中国刑法的百年变革——纪念辛亥革命一百周年》,载《政法论坛》2012年第1期;赵秉志主编:《新中国刑法70年》,法律出版社2019年版,第20~21页。

委会第十二次会议通过的《关于惩治违反公司法的犯罪的决定》第7条则首次对有关擅自发行股票、公司债券罪作了规定。1995年6月30日，第八届全国人大常委会第十四次会议通过并实施的《关于惩治破坏金融秩序犯罪的决定》，取代了1979年刑法典中的关于伪造国家货币罪、伪造有价证券罪等的规定。[①] 这些规定后来被立法者所借鉴，吸纳进1997年刑法典中。

二、1997年刑法典中的证券刑法规范

1997年刑法典由总则、分则和附则三部分组成，共15章，452条。其中，刑法总则有5章，101条，规定了犯罪、刑事责任和刑罚的一般原理；刑法分则共有10章，350条，是关于具体犯罪和具体法定刑的规范体系；刑法附则仅一个条文，即第452条，规定了刑法典开始施行的日期，并且明确了修订后的刑法典与1997年刑法典通过之前的单行刑法的关系。1979年刑法典分则条文共有103条，而1997年新刑法典分则条文多达350条，增加两倍有余。如此幅度的条文增加，其犯罪化为新刑法典分则修订的主要任务之立法思想已不言自明。修订后的新刑法典，共规定了412个罪名（其中源自1979年刑法典的罪名有116个，源自单行刑法和附属刑法的罪名有132个，修订中完全新增设的罪名有164个），[②]1997年刑法典不是对以往刑法立法的简单汇总，而是在对中国以往刑法规定进行全面整理和重新编纂的基础上并加以充实和修订而成的，所以，1997年刑法典大大地超越和发展了1979年刑法典，在诸多方面都进行了重大的改革，取得了显著的进展。在《刑法》分则方面，修订后的中国刑法典分则共分为十章，第一章为危害国家安全罪；第二章为危害公共安全罪；第三章是破坏社会主义市场经济秩序罪；第四章是侵犯公民人身权利、民主权利罪；第五章为侵犯财产罪；第六章为妨害社会管理秩序罪；第七章是危害国防利益罪；第八章是贪污贿赂罪；第九章是渎职罪；第十章为军人违反

---

① 参见刘宪权：《金融犯罪刑法学原理》，上海人民出版社2020年版，第54～55页。

② 参见高铭暄：《中华人民共和国刑法的孕育诞生和发展完善》，北京大学出版社2012年版，第4页。

职责罪。

我国自1986年开始恢复证券市场以来，证券市场得到了很快的发展。随着证券市场的发展，危害证券交易正常进行的犯罪也开始滋生。为了适应此种形势，修订后的刑法典也规定了一系列惩治证券犯罪的规定。主要有：1997年《刑法》第178条第1款规定的伪造、变造国家有价证券罪，第178条第2款规定的伪造、变造股票、公司、企业债券罪，第179条规定的擅自发行股票、公司、企业债券罪，第180条规定的内幕交易、泄露内幕信息罪，第181条规定的编造并传播证券交易虚假信息罪和诱骗投资者买卖证券罪，第182条规定的操纵证券交易价格罪，以及第403条规定的滥用管理公司、证券职权罪等。

三、1997年刑法典颁布后的证券犯罪刑法规范发展

与社会实际生活和司法实践相比，法律永远具有滞后性。当需要由法律调整的某种新的现象大量出现后，立法者往往要针对这些现象及时地修改法律或者制定新的法律。然而，社会发展的步伐是不会停息的，因此，为了使法律的发展与社会的发展相适应，慎重及时地修法或者制定新法也就成了立法者不可懈怠的使命。作为国家重要的部门法之一的刑法也不能例外。国家立法机先后通过了一部单行刑法和十二部刑法修正案对刑法典进行修改和补充，其中有多个刑法修正案涉及证券犯罪的立法修改。

（一）1999年《刑法修正案》

1999年12月25日，第九届全国人大常委会第十三次会议通过了《刑法修正案》，这是新中国立法史上首次以修正案的方式对法律进行修改补充，对我国此后的刑法修改模式产生了深远的影响。[①] 该修正案主要增加了对期货交易中的内幕交易、泄露内幕信息，编造并传播期货交易虚假信息，诱骗投资者买卖期货合约和操纵期货交易价格行为追究刑事责任的规定；增加了对擅自设立证券、期货、保险机构和伪造，变造、转让其经营许可证或者批准文件行为追究刑事责任的规定；增加了对证券、期货、保

① 参见黄太云、高翔：《〈中华人民共和国刑法修正案〉简介》，载《中国司法》2000年第3期。

险机构工作人员挪用本单位或者客户资金的行为追究刑事责任的规定。

本次修改后，根据《关于执行〈中华人民共和国刑法〉确定罪名的补充规定》，《刑法》中原规定的伪造、变造、转让金融机构经营许可证罪，编造并传播证券交易虚假信息罪，诱骗投资者买卖证券罪，以及操纵证券交易价格罪的罪名，被相应地修改为伪造、变造、转让金融机构经营许可证、批准文件罪，编造并传播证券、期货交易虚假信息罪，诱骗投资者买卖证券、期货合约罪，以及操纵证券、期货交易价格罪

（二）《刑法修正案（六）》

2006 年 6 月 29 日，第十届全国人大常委会第二十二次会议通过了《刑法修正案（六）》，修改、补充了刑法典有关重大安全生产事故、破坏金融管理秩序、严重损害上市公司和公众投资者利益、商业贿赂、洗钱、虚假破产、枉法仲裁等犯罪的规定，共涉及 20 个条文。该修正案第 10 至 16 条对《刑法》中金融犯罪的有关规定进行了修改，直接涉及证券犯罪的相关修改如下：（1）对操纵证券、期货交易价格罪进行了修正。修正案将"操纵证券期货交易价格"修改为"操纵证券、期货市场"，并删除了"获取不正当利益或者转嫁风险"等内容。（2）将公司、企业对依法应当披露的重要信息不按规定披露的行为规定为犯罪。该修正案规定，依法负有信息披露义务的公司、企业向股东和社会公众提供虚假的或者隐瞒重要事实的财务会计报告，或者对依法应当披露的其他重要信息不按照规定披露，严重损害股东或者其他人利益，或者有其他严重情节的，对其直接负责的主管人员和其他直接责任人员定罪量刑。（3）增设背信损害上市公司利益罪。该修正案增加《刑法》第 169 条之一，规定上市公司的董事、监事、高级管理人员违背对公司的忠实义务，利用职务便利，操纵上市公司从事损害公司利益行为，致使上市公司利益遭受重大损失的，处 3 年以下有期徒刑或者拘役，并处或者单处罚金；致使上市公司利益遭受特别重大损失的，处 3 年以上 7 年以下有期徒刑，并处罚金。上市公司的控股股东或者实际控制人，指使上市公司董事、监事、高级管理人员实施前款行为的，依照前款的规定处罚。（4）增设背信运用受托财产罪。该修正案增加《刑法》第 185 条之一，规定商业银行、证券交易所、期货交易所、证券公司、期

货经纪公司、保险公司或者其他金融机构,违背受托义务,擅自挪用客户资金或者其他委托、信托的财产,情节严重的,对单位判处罚金,并对其直接负责的主管人员和其他直接责任人员,判处刑罚。社会保障基金管理机构、住房公积金管理机构等公众资金管理机构,以及保险公司、保险资产管理公司、证券投资基金管理公司,违反国家规定运用资金的,对其直接负责的主管人员和其他直接责任人员,依照前款的规定处罚。

2007 年 10 月 25 日,最高人民法院、最高人民检察院颁布了《关于执行〈中华人民共和国刑法〉确定罪名的补充规定(三)》。根据该司法解释的规定,《刑法》第 182 条的罪名被修改为"操纵证券、期货市场罪"。《刑法修正案(六)》新增的《刑法》第 185 条之一第 1 款罪名为"背信运用受托财产罪"、该条第 2 款罪名为"违法运用资金罪"

(三)《刑法修正案(七)》

2009 年 2 月 28 日,第十一届全国人大常委会第七次会议通过了《刑法修正案(七)》。此次修正体现了科学发展观的精神,关注民生,彰显人文关怀,注意贯彻宽严相济的基本刑事政策。[①] 该修正案严密了经济犯罪的法网,强化了保护市场经济秩序的力度,加强了对证券、期货交易市场的保护力度。[②]《刑法修正案(七)》第 2 条对内幕交易、泄露内幕信息罪作了修改和补充。在《刑法》第 180 条第 1 款中增加了明示、暗示他人从事非法证券、期货交易活动的行为方式,并增加一款关于"老鼠仓"的规定作为第 180 条的第 4 款,即增加规定"证券交易所、期货交易所、证券公司、期货经纪公司、基金管理公司、商业银行、保险公司等金融机构的从业人员以及有关监管部门或者行业协会的工作人员,利用因职务便利获取的内幕信息以外的其他未公开的信息,违反规定,从事与该信息相关的证券、期货交易活动,或者明示、暗示他人从事相关交易活动,情节严重的,

---

① 参见赵秉志:《〈刑法修正案(七)〉的宏观问题研讨》,载《华东政法大学学报》2009 年第 3 期。

② 参见时任全国人大常委会法制工作委员会主任李适时《关于〈中华人民共和国刑法修正案(七)(草案)〉的说明——2008 年 8 月 25 日在第十一届全国人民代表大会常务委员会第四次会议上》。

依照第一款的规定处罚”。2009 年 10 月 14 日,最高人民法院、最高人民检察院颁布的《关于执行〈中华人民共和国刑法〉确定罪名的补充规定(四)》中将新增加的第 180 条第 4 款规定罪名确定为“利用未公开信息交易罪”。

第二节 《刑法修正案(十一)》关于证券犯罪的立法修正

2020 年 12 月 26 日,第十三届全国人大常委会第二十四次会议审议通过的《刑法修正案(十一)》加大了对金融犯罪的惩治力度。《刑法修正案(十一)》重点修订证券关联犯罪的罪名与 2019 年 12 月修订的《证券法》有紧密的联系。如 2019 年《证券法》将证券发行核准制修改为注册制。在注册制下,信息披露对于资本市场交易的重要性得以提高。因此,《刑法修正案(十一)》加大了对欺诈发行股票、债券罪,违规披露、不披露重要信息罪的惩戒力度,明确了保荐人提供虚假证明文件的刑事责任。其中与资本市场密切相关的条文,如《刑法》第 160 条、第 161 条、第 182 条、第 229 条等,涵盖欺诈发行、信息披露造假、操纵证券、期货市场等金融犯罪,大幅提高了资本市场相关犯罪的刑事处罚力度。

一、证券犯罪立法修改背景

一段时期以来,金融领域恶性违法犯罪行为成本较低,法律震慑力不够强大,资本市场违法犯罪行为居高不下,这既严重损害了广大投资者的合法权益,又危及市场秩序,制约了资本市场功能的有效发挥。因此,《刑法修正案(十一)》加大了对金融犯罪的惩治力度。

(一)因应金融犯罪的现实情况

不同于传统财产犯罪,金融犯罪的发生与经济生活的发展及变化息息相关,例如,期货犯罪只有在期货市场开放和发展的情况下才能发生。经济生活的发展及变化使立法者选择通过扩大犯罪领域、增设新罪名和增加犯罪行为方式等途径实现对新型金融犯罪的刑法规制。[①] 近年来，随着我国证券、期货市场的快速发展，金融犯罪不断发生。特别是2015年股市异常波动以来，重大操纵证券等犯罪的案件数量不断增加，犯罪手段、方式方法更加隐蔽、多样，犯罪规模化、公司化趋势明显，不仅严重破坏公开、公平、公正的资本市场原则，严重损害广大投资者的合法权益，而且严重破坏金融市场管理秩序，危害国家金融安全和稳定，必须依法予以惩处。从刑法与其要遏制的犯罪之关系看，经过40多年的改革开放，我国社会取得了巨大进步。但由于我国现阶段仍处于变动而复杂的社会转型期，由经济发展、科技进步及其所带来的政治、社会、文化、治安等方面变化所决定所影响的犯罪也出现了一系列新情况、新问题、新特点，这在金融领域犯罪等方面都有突出的表现。刑法是现代国家遏制犯罪的基本手段，犯罪发展变化了，以遏制犯罪为使命的刑法当然要有针对性地予以调整。2020年《刑法修正案（十一）》关于金融犯罪立法修改的内在主要动因，都是社会发展变化所影响的金融领域犯罪发展变化情况及对之惩治防范的法治需要。2020年6月28日在第十三届全国人民代表大会常务委员会第二十次会议上，时任全国人大常委会法制工作委员会副主任李宁在《关于〈中华人民共和国刑法修正案（十一）（草案）〉的说明》中也明确提出，“总体看，现行刑法适应当前我国经济社会发展总体情况和预防、惩治犯罪的需要。同时，也需要根据新任务、新要求、新情况对刑法作出局部调整”[②]。

（二）促进《证券法》与刑法的有效衔接

近年来，以注册制改革为龙头的资本市场关键制度创新不断取得突破，有效激发了市场活力，显著优化了实体经济发展的金融环境，改革成效显著。但不容忽视的是，一些财务造假、内幕交易、操纵市场等违法犯罪活动严重破坏资本市场秩序，损害广大投资者利益，危害资本市场改革

① 参见刘宪权：《金融犯罪最新刑事立法论评》，载《法学》2021年第1期。

② 参见时任全国人大常委会法制工作委员会副主任李宁《关于〈中华人民共和国刑法修正案（十一）（草案）〉的说明》，2020年6月28日在第十三届全国人民代表大会常务委员会第二十次会议上。

发展进程,必须予以严厉打击。2019 年 12 月 28 日第十三届全国人民代表大会常务委员会第十五次会议通过的《证券法》(2020 年 3 月 1 日起施行)系统总结了多年来我国证券市场改革发展、监管执法、风险防控的实践经验,在深入分析证券市场运行规律和发展阶段性特点的基础上,作出了一系列新的制度改革完善,例如,扩大《证券法》的适用范围,将存托凭证明确规定为法定证券,将资产支持证券和资产管理产品写入《证券法》;贯彻落实党的十八届三中全会关于注册制改革的有关要求和党的十九届四中全会完善资本市场基础制度要求,按照全面推行注册制的基本定位,对证券发行制度作了系统的修改完善;此次修改的《证券法》大幅提高对证券违法行为的处罚力度,加大发行人的控股股东、实际控制人组织、指使从事虚假陈述行为处罚力度,压实中介机构市场"看门人"法律职责等;进一步强化信息披露要求,设专章规定信息披露制度,系统完善了信息披露制度等。因此,为了促进《证券法》与《刑法》的有效衔接,2020 年刑法修改坚持问题导向、突出重点,以防范化解金融风险、保障金融改革、维护金融秩序为目标,与以信息披露为核心的注册制改革相适应,和《证券法》修改相衔接,大幅提高了欺诈发行、信息披露造假、中介机构提供虚假证明文件和操纵市场等四类证券期货犯罪的刑事惩戒力度。《刑法修正案(十一)》的出台,形成了与新《证券法》在法律责任体系上的有效衔接。

(三)金融犯罪刑法规范科学化的需要

从刑法典自身完善的规律看。相比于民法等其他基本法律,刑法在我国是一个建设较早也较为完备的法律部门。我国 1979 年创制了第一部刑法典,1997 年经全面系统修订,形成了统一而比较完备的现行刑法典。但由于我国现阶段社会发展仍处于转型期和变动中,包括刑法典在内的法律体系完备也只是相对的。我们的法律体系虽然已经形成,但本身并不是完美无缺的,这当中既有一些现行法律需要修改的问题,也有部分配套法规急需制定的问题,还有个别法律尚未出台的问题,这主要是由于立法条件尚不成熟、各方面的认识不尽一致,需要在实践中继续探索、积累经验。刑法典自身的完善是一个过程,在社会发展较为稳定、成熟和刑法典内容臻于较高程度的科学化之前，必然需要经历多次的修正，目前这一过程显然尚未完成，因而《刑法修正案（十一）》的出台，也可以说是我国刑法典完善进程中的又一次重大努力和显著成就。《刑法修正案（十一）》颁行前，从金融犯罪的相关刑法规范来看，还是存在相应的不足。比如操纵证券、期货市场罪中由于《刑法》中只明确规定3种操纵方式，导致司法实践中，对于新型的操纵方式只能以兜底条款进行刑法规制，不利于体现刑法规范的明确性和确定性。为此，《刑法修正案（十一）》针对市场中出现的新的操纵情形，进一步明确对“幌骗交易操纵”“蛊惑交易操纵”“抢帽子操纵”等新型操纵市场行为追究刑事责任。

（四）全面落实深化资本市场改革的重要制度安排

党的十九届五中全会提出，“十四五”时期经济社会发展必须坚持新发展理念，实现更高质量、更有效率、更加公平、更可持续、更为安全的发展。要“推动贸易和投资自由化便利化”“全面促进消费”“拓展投资空间”“激发各类市场主体活力，完善宏观经济治理，建立现代财税金融体制”。这些目标的实现，呼唤着一个健康的资本市场，一个稳定、透明、公平的投资环境。同时，根据《关于为创业板改革并试点注册制提供司法保障的若干意见》《关于为设立科创板并试点注册制改革提供司法保障的若干意见》（已修改），要求依法从严惩治违规披露、不披露重要信息、内幕交易、利用未公开信息交易、操纵证券市场等金融犯罪分子，严格控制缓刑适用，依法加大罚金刑等经济制裁力度。2016年3月1日，全国人大常委会授权证监会进行注册制改革的尝试。后经全国人大常委会批准，注册制改革再延长两年至2020年2月29日。而改革的成果，也通过2019年12月28日公布、2020年3月1日起正式实施的《证券法》予以固定。[①] 在此情形下，金融稳定发展委员会多次表达对资本市场造假行为的“零容忍”态度，而以时任深圳证券交易所理事长王建军等人大代表也纷纷提议要求提高资本市场重大违规的违法成本，拓宽罪名规制范围，明确“关键

① 参见郭锋等：《中华人民共和国证券法制度精义与条文评注》，中国法制出版社2020年版，第1~2页。

少数”刑事责任，以巩固“注册制改革”的阶段性果实。2020 年 7 月最高人民检察院在印发《关于充分发挥检察职能服务保障“六稳”“六保”的意见》中明确提出，要依法惩治金融犯罪，加大对证券期货领域金融犯罪的惩治力度，依法“全链条”从严追诉欺诈发行股票、债券，违规披露、不披露重要信息和提供虚假证明文件等扰乱资本市场秩序、侵害投资者利益的犯罪行为，切实维护金融安全。[①] 2020 年 11 月 2 日，中央全面深化改革委员会第十六次会议强调指出，健全上市公司退市机制、依法从严打击证券违法活动，是全面深化资本市场改革的重要制度安排，并就相关工作作出重大部署。2023 年 2 月 17 日，中国证监会发布全面实行股票发行注册制相关制度规则，自公布之日施行，全面注册制正式实施。

二、证券犯罪立法修改内容

为进一步防范化解金融风险，保障金融改革，维护金融秩序，保护人民群众利益，《刑法修正案（十一）》进一步完善《刑法》有关证券犯罪规定，与以信息披露为核心的证券发行注册制改革相适应，保障注册制改革顺利推进，维护证券市场秩序和投资者利益，提高欺诈发行股票、债券罪和违规披露、不披露重要信息罪的刑罚，明确控股股东、实际控制人的刑事责任，同时加大对保荐等中介机构在证券发行、重大资产交易中提供虚假证明文件等犯罪的惩治力度，提高资本市场违法违规成本。

（一）欺诈发行证券罪

1. 修改原因

欺诈发行是发生在发行环节的违法违规行为。对投资者而言，由于欺诈发行涉及公开发行，因此波及面较为广泛。欺诈发行对投资者造成的伤害也很大，涉及的股票一般都存在非常严重的问题，一旦发现，其证券价值往往出现断崖式下跌，参与的投资者损失惨重，甚至可能血本无归。对资本市场而言，欺诈发行从源头上扭曲了市场制度，使配置功能大

① 参见《最高人民检察院关于充分发挥检察职能服务保障“六稳”“六保”的意见》，载最高人民检察院官网，https://www.spp.gov.cn/spp/xwfbh/wsfbh/202007/t20200724_473727.shtml?from=timeline，2023 年 1 月 12 日访问。

大削弱。资本市场监管者为了减少欺诈发行,在发行审查端更加严格谨慎。这就无形中提高了优质拟上市企业的发行成本以及发行证券的费用、时间等成本。另外,欺诈发行的公司一旦侥幸过关,开始交易后出现问题,会对其他公司乃至整个市场造成冲击,影响市场的形象与秩序。欺诈发行是一系列资本市场当中失信、违法、犯罪行为的根源。欺诈发行的股票一旦获得上市往往继续实施欺诈,即连环欺诈,持续在年报、中报、季报中持续虚假披露,严重侵害投资者的合法财产权益。

2019 年 12 月,新修改的《证券法》将公司上市准入改为注册制,有效激发了市场活力,显著优化了实体经济发展的金融环境,改革成效显著。但不容忽视的是,一些财务造假、内幕交易、操纵市场等违法犯罪活动严重破坏资本市场秩序,损害广大投资者利益,危害资本市场改革发展进程,必须予以严厉打击。在证券发行注册制度环境下,要求发行人及其他信息披露义务人充分披露投资者作出价值判断和投资决策所必需的信息,确保信息披露真实、准确、完整、及时、公平。对于违法违规发行证券的行为,2020 年 7 月最高人民检察院《关于充分发挥检察职能服务保障"六稳""六保"的意见》提出,依法惩治破坏金融管理秩序犯罪,加大对证券期货领域金融犯罪的惩治力度。依法"全链条"从严追诉欺诈发行股票、债券,违规披露、不披露重要信息和提供虚假证明文件等扰乱资本市场秩序、侵害投资者利益的犯罪行为,既追究惩治具体实施造假的公司、企业,又追究惩治组织、指使造假的控股股东、实际控制人,同时还要追究惩治帮助造假的中介组织,全面落实对资本市场违法犯罪"零容忍"的要求。[①] 2020 年 10 月 5 日发布的《国务院关于进一步提高上市公司质量的意见》[②]提出,将加大对欺诈发行、信息披露违法、操纵市场、内幕交易等违法违规行为的处罚力度。我国高度重视对证券等金融违法犯罪的治理。2020 年 11 月,最高人民检察院联合证券监管部门发布了一批证券

---

① 参见《最高人民检察院关于充分发挥检察职能服务保障"六稳""六保"的意见》,载最高人民检察院官网,https://www. spp. gov. cn/spp/xwfbh/wsfbh/202007/t20200724_473727. shtml?from = timeline,2023 年 1 月 12 日访问。

② 参见《国务院关于进一步提高上市公司质量的意见》,载中华人民共和国中央人民政府网,http://www. gov. cn/zhengce/content/2020 - 10/09/content_5549924. htm,2023 年 1 月 15 日访问。

违法犯罪指导案例,[①]其中包含了某股份有限公司、温某某、刘某某欺诈发行股票的罪案,集中展现了证券监管部门、检察机关和各有关部门凝聚合力、共同打击证券期货犯罪的信心和决心;同时,这批典型案例还注重释法说理,对于增强资本市场各类主体和投资者的法治意识、预防违法犯罪具有警示教育作用。

2. 修改内容

本次刑法修正的过程中,对于本罪的修改在三次审议稿中均有一定的变化。

(1)一审稿的相关规定。《刑法》第160条原条文内容为:"在招股说明书、认股书、公司、企业债券募集办法中隐瞒重要事实或者编造重大虚假内容,发行股票或者公司、企业债券,数额巨大、后果严重或者有其他严重情节的,处五年以下有期徒刑或者拘役,并处或者单处非法募集资金金额百分之一以上百分之五以下罚金。单位犯前款罪的,对单位判处罚金,并对其直接负责的主管人员和其他直接责任人员,处五年以下有期徒刑或者拘役。"2020年7月3日全国人大常委会公布的《刑法修正案(十一)(草案)》中规定,将刑法第160条修改为:"在招股说明书、认股书、公司、企业债券募集办法等发行文件中隐瞒重要事实或者编造重大虚假内容,发行股票或者公司、企业债券,数额巨大、后果严重或者有其他严重情节的,处五年以下有期徒刑或者拘役,并处或者单处罚金;数额特别巨大、后果特别严重或者有其他特别严重情节的,处五年以上有期徒刑,并处罚金。控股股东、实际控制人组织、指使实施前款行为的,处五年以下有期徒刑或者拘役,并处或者单处非法募集资金金额百分之二十以上一倍以下罚金;数额特别巨大、后果特别严重或者有其他特别严重情节的,处五年以上有期徒刑,并处非法募集资金金额百分之二十以上一倍以下罚金。单位犯前两款罪的,对单位判处非法募集资金金额百分之二十以上一倍以下罚金,并对其直接负责的主管人员和其他直接责任人员,依照第一款

① 参见《"依法从严打击证券违法犯罪　维护金融市场秩序"新闻发布会》,载中华人民共和国国务院新闻办公室,http://www.scio.gov.cn/xwfbh/qyxwfbh/Document/1691619/1691619.htm,2023年1月18日访问。

的规定处罚。”

较之于原来条文，第一次审议稿主要修改如下：一是为了应因我国证券法等法律中扩大证券范围的现实情况，在原条文欺诈发行对象“招股说明书、认股书、公司、企业债券募集办法”的基础上补充“等发行文件”，希冀起到兜底适用的立法目的。二是大幅提高欺诈发行的刑罚力度。对待资本市场“毒瘤”之一的欺诈发行，一审稿大幅强化了对该类犯罪的刑事打击力度。对于欺诈发行股票、债券的，一审稿增加了一档法定刑，将刑期上限由5年有期徒刑提高至15年有期徒刑，并将对个人的罚金由非法募集资金金额的1%～5%修改为“并处罚金”，取消了5%的上限限制，对单位的罚金由非法募集资金的1%～5%提高至20%～1倍。三是强化对控股股东、实际控制人等“关键少数”的刑事责任追究。实践中，控股股东、实际控制人等往往在欺诈发行、信息披露造假等案件中扮演重要角色。一审稿强化了对这类主体的责任追究，明确将控股股东、实际控制人组织、指使实施欺诈发行的行为纳入刑法规制范围。

（2）二审稿的相关规定。2020年10月21日全国人大常委会公布的《刑法修正案（十一）（草案二次审议稿）》中规定，将《刑法》第160条修改为：“在招股说明书、认股书、公司、企业债券募集办法等发行文件中隐瞒重要事实或者编造重大虚假内容，发行股票、公司债券、企业债券、存托凭证或者国务院依法认定的其他证券，数额巨大、后果严重或者有其他严重情节的，处五年以下有期徒刑或者拘役，并处或者单处罚金；数额特别巨大、后果特别严重或者有其他特别严重情节的，处五年以上有期徒刑，并处罚金。控股股东、实际控制人组织、指使实施前款行为的，处五年以下有期徒刑或者拘役，并处或者单处非法募集资金金额百分之二十以上一倍以下罚金；数额特别巨大、后果特别严重或者有其他特别严重情节的，处五年以上有期徒刑，并处非法募集资金金额百分之二十以上一倍以下罚金。单位犯前两款罪的，对单位判处非法募集资金金额百分之二十以上一倍以下罚金，并对其直接负责的主管人员和其他直接责任人员，依照第一款的规定处罚。”

较之于一审稿，二审稿维持了一审稿扩大欺诈发行证券范围、大幅提高欺诈发行的刑罚力度以及强化对控股股东、实际控制人等“关键少数”的刑事责任追究等修改，其主要修改变化之处体现在一审稿欺诈发行对象“招股说明书、认股书、公司、企业债券募集办法”补充“等发行文件”基础上，为保持与《证券法》修订的有效衔接，在“发行股票或者公司、企业债券”的基础上补充《证券法》中规定的“存托凭证或国务院依法认定的其他证券”等表述。这样，一方面，明确将存托凭证和国务院依法认定的其他证券纳入欺诈发行犯罪的规制范围，为将来打击欺诈发行存托凭证和其他证券提供充分的法律依据；另一方面，相比于一审稿的笼统列举，二次审议稿明确列举了证券法中认定的新型证券，在条文表述上则更加明确、科学、严谨。

(3)三审稿及最后的通过稿的相关规定。三次审议稿基本上维持了二审稿的相关修改，仅仅是个别词语上有所修改，如，将“发行股票、公司债券、企业债券”修改为“发行股票或者公司、企业债券”。最后的建议表决稿和通过稿中，将《刑法》第160条修改为：“在招股说明书、认股书、公司、企业债券募集办法等发行文件中隐瞒重要事实或者编造重大虚假内容，发行股票或者公司、企业债券、存托凭证或者国务院依法认定的其他证券，数额巨大、后果严重或者有其他严重情节的，处五年以下有期徒刑或者拘役，并处或者单处罚金；数额特别巨大、后果特别严重或者有其他特别严重情节的，处五年以上有期徒刑，并处罚金。控股股东、实际控制人组织、指使实施前款行为的，处五年以下有期徒刑或者拘役，并处或者单处非法募集资金金额百分之二十以上一倍以下罚金；数额特别巨大、后果特别严重或者有其他特别严重情节的，处五年以上有期徒刑，并处非法募集资金金额百分之二十以上一倍以下罚金。单位犯前两款罪的，对单位判处非法募集资金金额百分之二十以上一倍以下罚金，并对其直接负责的主管人员和其他直接责任人员，依照第一款的规定处罚。”

经全国人大常委会三次审议后的欺诈发行证券罪的立法修改内容主要体现如下：第一，完善刑法条文表述，保持与《证券法》修订的有效衔接。在原条文“招股说明书、认股书、公司、企业债券募集办法”的基础上补充“等发行文件”，在“发行股票或者公司、企业债券”的基础上补充“存托凭证或国务院依法认定的其他证券”等表达。一方面，将存托凭证和国务院依法认定的其他证券纳入欺诈发行犯罪的规制范围，为将来打击欺诈发行存托凭证和其他证券提供充分的法律依据；另一方面，相比于原条文的穷尽式列举,该修正案在条文表述上则更加科学、严谨。第二,大幅提高欺诈发行的刑罚力度。对待资本市场“毒瘤”之一的欺诈发行,该修正案大幅强化了对该类犯罪的刑事打击力度。对于欺诈发行股票、债券的,修正案将刑期上限由5年有期徒刑提高至15年有期徒刑,并将对个人的罚金由非法募集资金金额的1% ~5%修改为“并处罚金”,取消了5%的上限限制,对单位的罚金由非法募集资金的1% ~5%提高至20% ~1倍。第三,强化对控股股东、实际控制人等“关键少数”的刑事责任追究。实践中,控股股东、实际控制人等往往在欺诈发行、信息披露造假等案件中扮演重要角色。修正案强化了对这类主体的责任追究,明确将控股股东、实际控制人组织、指使实施欺诈发行的行为纳入刑法规制范围。

(二)违规披露、不披露重要信息罪

1. 修改原因

违规披露、不披露重要信息罪,是指依法负披露义务的公司、企业向股东和社会公众提供虚假的或者隐瞒重要事实的财务会计报告,或者对依法应当披露的其他重要信息不按照规定披露,严重损害股东或者其他人利益,或者有其他严重情节的行为。近年来,随着我国资本市场的高速发展,上市公司的数量逐年递增。上市公司都有法律规定的信息披露义务,但是在现实中,部分上市公司违反相关法律法规规定,与注册会计师等中介机构串通提供虚假的或者隐瞒重要事实的财务会计报告,或者对于应当披露的其他重要信息不按照规定披露,使广大股东以及社会公众据此作出错误的投资决策,严重损害了其利益,制约了证券市场市场资源配置功能的有效发挥,从而损害了证券市场甚至国家经济的发展。在我国证监会的行政执法活动中,信息披露违法一直是我国证券监督监管部门的重点打击领域。特别是在注册制改革的背景下,信息披露的作用尤为凸显,实行公开的信息披露是注册制的核心。在我国资本市场实施股票发行注册制,是党的十八届三中全会正式提出的改革部署。注册制下,让市场在发行上市的资源配置中发挥决定性作用,实质上是将企业发行上市融资权放在第一位,将市场各方在制度规则下进行利益博弈和市场选择放在第一位。发行人商业质量的好坏、股票是否值得投资、股票价格高低等事项，由市场自主判断和选择。把选择权真正交给市场，前提是企业要履行强制信息披露义务，将业务模式、财务状况、经营风险、发展前景等重要事项，公开、真实、准确地讲清楚。证券发行的核心问题是如何将股票销售出去。而能否销售出去，则可能取决于三个因素：市场推广、价格和品质。投资者只有在获知证券出售的信息，对该证券的品质有信心，并认为价格合适时才会购买证券。若要满足上述这三个条件，投资者都需要获知充分的信息。发人仅仅通过广告等方式进行市场推广，虽然能够让投资者获知证券出售的信息但无法给予投资者充分的信息来判断证券的品质，进而判定价格是否合适，投资者只有获取充分的信息，并对该信息的真实性进行确认的情况下，才会作出合适的投资策略。①

2019 年全国人大常委会修改通过的《证券法》进一步强化发行中的信息披露。新证券法充分吸收科创板试点注册制以信息披露为核心的制度实践经验，强化了发行人的信息披露的责任与职责，在“真实、准确、完整”的基础上进一步强调突出了信息披露的有效性。比如，增加关于证券发行申请文件信息披露重大性规定，提高信息披露针对性；增加信息披露简明、一致等原则，提高信息披露的可理解性；严格控制控股股东、实际控制人、“董监高”等“关键少数”的信息披露义务和责任；全面加大欺诈发行的违法成本；等等。为了进一步促进资本市场的法治化发展，加大证券违法行为的打击力度；同时也是为了有助于《证券法》与《刑法》的衔接协调，《刑法修正案(十一)》因应证券注册制改革和《证券法》的相关修改，对违规披露、不披露重要信息罪进行立法完善。

2. 修改内容

本罪的立法修正经过了以下几个过程。

(1)一审稿的相关规定。《刑法》原第 161 条规定：“依法负有信息披露义务的公司、企业向股东和社会公众提供虚假的或者隐瞒重要事实的财务会计报告，或者对依法应当披露的其他重要信息不按照规定披露，严重损害股东或者其他人利益，或者有其他严重情节的，对其直接负责的主管人员和其他直接责任人员，处三年以下有期徒刑或者拘役，并处或者单

---

① 参见彭冰：《信息披露是注册制的核心》，载《证券法苑》2014 年第 3 期。

处二万元以上二十万元以下罚金。”2020 年 7 月 3 日全国人大常委会公布的《刑法修正案(十一)(草案)》第 9 条规定,拟将《刑法》第 161 条修改为:“依法负有信息披露义务的公司、企业向股东和社会公众提供虚假的或者隐瞒重要事实的财务会计报告,或者对依法应当披露的其他重要信息不按照规定披露,严重损害股东或者其他人利益,或者有其他严重情节的,对其直接负责的主管人员和其他直接责任人员,处五年以下有期徒刑或者拘役,并处或者单处罚金;情节特别严重的,处五年以上十年以下有期徒刑,并处罚金。前款规定的公司、企业的控股股东、实际控制人组织、指使实施前款行为的,或者隐瞒重要事项导致前款规定的情形发生的,处五年以下有期徒刑或者拘役,并处或者单处罚金;情节特别严重的,处五年以上十年以下有期徒刑,并处罚金。单位犯前款罪的,对单位判处罚金,并对其直接负责的主管人员和其他直接责任人员,依照前款的规定处罚。”

较之于《刑法》第 161 条原文,《刑法修正案(十一)(草案)》主要是拟作以下修改:一是大幅提高违规披露、不披露重要信息罪的刑罚力度。《刑法》第 161 条原条文仅规定了一档法定刑,且最高法定刑为 3 年有期徒刑;一审稿在原条文规定的基础上增加了一档法定刑,第二档法定刑刑期为 5 年至 10 年有期徒刑,并处罚金。在罚金刑方面,将第一档法定刑的限额罚金刑“二万元以上二十万元以下”修改为无限额罚金刑。二是强化对控股股东、实际控制人等“关键少数”的刑事责任追究。实践中,控股股东、实际控制人等往往在信息披露造假等案件中扮演重要角色。一审稿强化了对这类主体的责任追究,明确将控股股东、实际控制人组织、指使或者隐瞒相关事实导致严重后发生的情形纳入刑法规制范围,规定了同第一款相同的法定刑。三是明确了控股股东、实际控制人为单位情形下的刑事责任追究。第 3 款明确规定,如果单位实施第 2 款行为的,要对单位判处罚金,并对其直接负责的主管人员和其他直接责任人员,依照前款的规定处罚。

(2)二审稿的相关规定。2020 年 10 月 21 日全国人大常委会公布的《刑法修正案(十一)(草案二次审议稿)》拟将《刑法》第 161 条修改为:“依法负有信息披露义务的公司、企业向股东和社会公众提供虚假的或者隐瞒重要事实的财务会计报告,或者对依法应当披露的其他重要信息不按照规定披露,严重损害股东或者其他人利益,或者有其他严重情节的,对其直接负责的主管人员和其他直接责任人员,处五年以下有期徒刑或者拘役,并处或者单处罚金;情节特别严重的,处五年以上十年以下有期徒刑,并处罚金。前款规定的公司、企业的控股股东、实际控制人实施或者组织、指使实施前款行为的,或者隐瞒相关事项导致前款规定的情形发生的,依照前款的规定处罚。犯前款罪的控股股东、实际控制人是单位的,对单位判处罚金,并对其直接负责的主管人员和其他直接责任人员,依照第一款的规定处罚。"

较之于一审稿的相关规定,二审稿主要是针对第 2 款和第 3 款有所完善。一是在公司、企业的控股股东、实际控制人组织、指使实施违规披露、不披露重要信息行为基础上,增加规定了控股股东、实际控制人直接实施相关行为的情形。二是将第 2 款中的"隐瞒重要事项"修改为"隐瞒相关事项",这一方面主要是考虑到重要事实判断的不明,另一方面则是隐瞒的事项并非只有重要事项才会损害严重损害股东或者其他人利益。三是考虑到第 2 款与第 1 款配置了相同的法定刑,考虑到刑法条文的简明性,明确规定具有第 2 款情形的,依照第 1 款的规定处罚。四是基于一些上市公司中的控股股东、实际控制人是单位的考虑,明确对于此类单位犯罪,要依照第 1 款的规定处罚。

(3)三审稿及最后通过稿的相关规定。三审稿以及最后的通过稿维持了二审稿的相关规定。2020 年 12 月 26 日全国人大常委会通过的《刑法修正案(十一)》将《刑法》第 161 条修改为:"依法负有信息披露义务的公司、企业向股东和社会公众提供虚假的或者隐瞒重要事实的财务会计报告,或者对依法应当披露的其他重要信息不按照规定披露,严重损害股东或者其他人利益,或者有其他严重情节的,对其直接负责的主管人员和其他直接责任人员,处五年以下有期徒刑或者拘役,并处或者单处罚金;情节特别严重的,处五年以上十年以下有期徒刑,并处罚金。前款规定的公司、企业的控股股东、实际控制人实施或者组织、指使实施前款行为的,或者隐瞒相关事项导致前款规定的情形发生的,依照前款的规定处罚。犯前款罪的控股股东、实际控制人是单位的,对单位判处罚金,并对其直接负责的主管人员和其他直接责任人员,依照第一款的规定处罚。”

经全国人大常委会三次审议后的《刑法修正案(十一)》对于违规披露、不披露重要信息罪的立法修改主要体现在以下方面:一方面,加大违规披露、不披露重要信息罪的刑罚力度。修正案将相关责任人员的刑期上限由3年提高至10年,罚金数额由2万~20万元修改为“并处罚金”,取消20万元的上限限制。另一方面,与欺诈发行股票、债券罪在控股股东、实际控制人等“关键少数”的刑事责任追究上保持一致,明确将控股股东、实际控制人实施或者组织、指使实施信息披露造假,以及控股股东、实际控制人隐瞒相关事项导致公司披露虚假信息等行为纳入刑法规制范围。

(三)操纵证券、期货市场罪

1. 修改原因

一直以来,操纵证券、期货市场罪都是我国证券期货犯罪中的重要罪名。《刑法》原第182条仅列举了三种市场操纵犯罪行为:连续交易、自我交易、约定交易,同时还规定了兜底条款。传统的操纵市场行为主要表现为“坐庄”模式,即拥有雄厚资金或股票的大户投资者利用资金或持股优势拉抬或打压股价,使股票的市场价格受到人为操纵,从中谋取高额不法利益。随着证券期货市场监管的不断完善,行为人开始转而实施新型市场操纵犯罪行为并从中获利。随着我国金融市场的快速发展,这种传统的“坐庄”操纵模式逐渐淡出,近些年证券市场衍生出了若干新型操纵行为,如“抢帽子交易”、频繁报撤单等典型行为方式。传统的“坐庄”操纵主要通过操纵证券价格和交易量来实现,这种操纵手段的成本较高。相较而言,新型操纵行为具有违法成本小、简便易行等特点,特别表现在,新型操纵行为往往并不直接针对证券价格和交易量,而是往往通过虚假的市场信息、有误导性的市场信息或者高新技术实现操纵市场的目的。[①] 在此情况下,《刑法》第182条中的例示条款显然已经不能涵盖证券期货市场中出现的各类市场操纵行为。对于这些新型市场操纵行为,司法者只能通过适用兜底条款进行认定,而兜底条款本身的模糊性使其适用问题

① 参见张付标等:《合谋操纵与散户跟风的演化博弈分析》,载《证券市场导报》2012年第2期。

备受争议。

鉴于此,2019 年最高人民法院、最高人民检察院颁布了《关于办理操纵证券、期货市场刑事案件适用法律若干问题的解释》(以下简称《操纵证券、期货市场刑事适用解释》)。该解释共 11 条,主要内容有:明确了“以其他方法操纵证券、期货市场”的 6 种情形[该解释第 1 条第 1 项是“蛊惑交易操纵”;第 2 项是“抢帽子交易操纵”,也就是利用“黑嘴”荐股操纵;第 3 项是“重大事件操纵”,主要是指“编故事、画大饼”的操纵行为;第 4 项是“利用信息优势操纵”;第 5 项是“幌骗交易操纵”(也称虚假申报操纵);第 6 项是“跨期、现货市场操纵”],“情节严重”“情节特别严重”的定罪量刑标准,“自己实际控制的账户”的认定依据,“违法所得”的数额计算、认定标准,单位犯罪的定罪量刑标准,认罪认罚从宽处罚情形,以及操纵“新三板”证券市场的适用条件和认定标准等。随后,2020 年 3 月 1 日起施行的《证券法》也通过立法增加规定禁止虚假申报操纵、蛊惑操纵等操纵行为。[①] 2020 年 12 月 26 日全国人大常委会通过的《刑法修正案(十一)》在刑法原来明示的三种操纵行为基础上增加规定了“虚假申报操纵”“蛊惑交易操纵”“抢帽子交易操纵”。

2. 修改内容

本罪在一审稿中并未有相关修改规定,是在二审稿中直接增加相关规定的,其修改主要经过了以下几个阶段。

(1)二审稿的相关规定。《刑法》原第 182 条第 1 款规定:“有下列情形之一,操纵证券、期货市场,情节严重的,处五年以下有期徒刑或者拘役,并处或者单处罚金;情节特别严重的,处五年以上十年以下有期徒刑,

① 《证券法》第 55 条规定:“禁止任何人以下列手段操纵证券市场,影响或者意图影响证券交易价格或者证券交易量:(一)单独或者通过合谋,集中资金优势、持股优势或者利用信息优势联合或者连续买卖;(二)与他人串通,以事先约定的时间、价格和方式相互进行证券交易;(三)在自己实际控制的账户之间进行证券交易;(四)不以成交为目的,频繁或者大量申报并撤销申报;(五)利用虚假或者不确定的重大信息,诱导投资者进行证券交易;(六)对证券、发行人公开作出评价、预测或者投资建议,并进行反向证券交易;(七)利用在其他相关市场的活动操纵证券市场;(八)操纵证券市场的其他手段。操纵证券市场行为给投资者造成损失的,应当依法承担赔偿责任。”

并处罚金:(一)单独或者合谋,集中资金优势、持股或者持仓优势或者利用信息优势联合或者连续买卖,操纵证券、期货交易价格或者证券、期货交易量的;(二)与他人串通,以事先约定的时间、价格和方式相互进行证券、期货交易,影响证券、期货交易价格或者证券、期货交易量的;(三)在自己实际控制的账户之间进行证券交易,或者以自己为交易对象,自买自卖期货合约,影响证券、期货交易价格或者证券、期货交易量的;(四)以其他方法操纵证券、期货市场的。”2020 年 10 月 21 日全国人大常委会公布的《刑法修正案(十一)(草案二次审议稿)》拟将《刑法》第 182 条第 1 款修改为:“有下列情形之一,操纵证券、期货市场,影响证券、期货交易价格或者证券、期货交易量,情节严重的,处五年以下有期徒刑或者拘役,并处或者单处罚金;情节特别严重的,处五年以上十年以下有期徒刑,并处罚金:(一)单独或者合谋,集中资金优势、持股或者持仓优势或者利用信息优势联合或者连续买卖的;(二)与他人串通,以事先约定的时间、价格和方式相互进行证券、期货交易的;(三)在自己实际控制的帐户之间进行证券交易,或者以自己为交易对象,自买自卖期货合约的;(四)不以成交为目的,频繁或者大量申报买入、卖出证券、期货合约并撤销申报的;(五)利用虚假或者不确定的重大信息,诱导投资者进行证券、期货交易的;(六)对证券、证券发行人、期货交易标的公开作出评价、预测或者投资建议,同时进行反向证券交易或者相关期货交易的;(七)以其他方法操纵证券、期货市场的。”

较之于《刑法》原第 182 条第 1 款相关规定,二审稿主要是在原条文的基础上拟作以下修改:一是因应证券操纵的新形势,在刑法条文中明确新增“虚假申报操纵”“蛊惑交易操纵”“抢帽子交易操纵”三种新型的证券操纵方式。“虚假申报操纵”,不以成交为目的,频繁或者大量申报买入、卖出证券、期货合约并撤销申报;“蛊惑交易操纵”,利用虚假或者不确定的重大信息,诱导投资者进行证券、期货交易;“抢帽子交易操纵”,对证券、证券发行人、期货交易标的公开作出评价、预测或者投资建议,同时进行反向证券交易或者相关期货交易。二是进一步简化条文的表述,将各项中的“影响证券、期货交易价格或者证券、期货交易量”之表述放在条文前面进行统一论述,使条文的表述更加简明。

(2)三审稿及最后的通过稿的相关规定。三审稿以及最后的通过稿维持了二审稿的相关规定。2020年12月26日全国人大常委会通过的《刑法修正案(十一)》将《刑法》第182条第1款修改为:"有下列情形之一,操纵证券、期货市场,影响证券、期货交易价格或者证券、期货交易量,情节严重的,处五年以下有期徒刑或者拘役,并处或者单处罚金;情节特别严重的,处五年以上十年以下有期徒刑,并处罚金:(一)单独或者合谋,集中资金优势、持股或者持仓优势或者利用信息优势联合或者连续买卖的;(二)与他人串通,以事先约定的时间、价格和方式相互进行证券、期货交易的;(三)在自己实际控制的帐户之间进行证券交易,或者以自己为交易对象,自买自卖期货合约的;(四)不以成交为目的,频繁或者大量申报买入、卖出证券、期货合约并撤销申报的;(五)利用虚假或者不确定的重大信息,诱导投资者进行证券、期货交易的;(六)对证券、证券发行人、期货交易标的公开作出评价、预测或者投资建议,同时进行反向证券交易或者相关期货交易的;(七)以其他方法操纵证券、期货市场的。"

经由三次审议后的《刑法修正案(十一)》关于操纵证券、期货市场罪是在刑事立法层面的第三次修订,主要表现为在原条文对操纵证券、期货市场行为列举的基础上,借鉴新《证券法》规定,针对市场中出现的新的操纵情形,进一步明确对"幌骗交易操纵""蛊惑交易操纵""抢帽子操纵"等新型操纵市场行为追究刑事责任。并且将过去散落在前三种手段项下关于操纵或者影响"证券、期货交易价格或者证券、期货交易量"之共同规定,提至条文的整体规定部分,集中调整到罪状的第1款中,在措辞表述上更加简洁化。《刑法修正案(十一)》在立法层面提升了对新型证券操纵行为危害性的认识,而且删除了误导投资者作出投资决定的术语,以此来减轻举证责任。通过对本条文的修改,实现其与《证券法》修订的有效对接。

(四)提供虚假证明文件犯罪

1. 修改原因

证券市场的健康有序发展和正常运行,有赖于各种专业服务机构为其提供服务。中介机构是资本市场的"看门人",其勤勉尽责对于资本市场健康发展至关重要。会计师事务所已经成为证券市场监督体系中不可缺少的组成部分,是证券市场形成公开、公平、公正市场环境的必经环节。资产评估机构的评估结果是确定交易价格的关键。律师事务所的工作是推动整个证券市场法治化建设的重要组成部分。随着注册制的全面落实,拟上市公司被要求必须将已经正式披露的信息资料完整、全面、真实地向证券监管机构申报,而证券监管机构仅对上述材料作形式审核,这就要求证券中介机构承担起更多的责任,扮演好资本市场"看门人"的角色。上述机构出具的文件一旦出现弄虚作假的内容,极有可能给依赖于相关报告作出投资、交易决策的利害关系人造成损失,有必要对其行为作出规制。

1997 年《刑法》中仅规定承担资产评估、验资、验证、审计职责、法律服务等职责的人员故意提供虚假证明文件、情节严重或者出具的证明文件有重大失实、造成严重后果的行为进行刑事规则,对于证券市场常见的保荐机构这一重要的证券中介机构并未进行规定,为了进一步保障证券市场的健康有序发展,需要将保荐机构人员纳入刑事规制的范围;原条文对于提供虚假证明文件罪仅规定了一档法定刑:5 年以下有期徒刑或者拘役,并处罚金。但是,在司法实践中,承担资产评估、验资、验证、审计职责、法律服务等职责的人员因提供虚假证明文件造成的后果十分严重,最高刑 5 年有期徒刑已不能符合罪责刑的现实需要。

2. 修改内容

提供虚假证明文件犯罪最早是在 1995 年 2 月 28 日第八届全国人大常委会第十二次会议通过的《关于惩治违反公司法的犯罪的决定》(已失效)中规定的,该决定第 6 条规定:"承担资产评估、验资、验证、审计职责的人员故意提供虚假证明文件,情节严重的,处五年以下有期徒刑或者拘役,可以并处二十万元以下罚金。单位犯前款罪的,对单位判处违法所得五倍以下罚金,并对直接负责的主管人员和其他直接责任人员,依照前款的规定,处五年以下有期徒刑或者拘役。"1997 年《刑法》将其修订后,在第 229 条设置了中介组织人员提供虚假证明文件罪、中介组织人员出具证明文件重大失实罪,规定:"承担资产评估、验资、验证、会计、审计、法律服务等职责的中介组织的人员故意提供虚假证明文件、情节严重的，处五年以下有期徒刑或者拘役，并处罚金。前款规定的人员，索取他人财物或者非法收受他人财物，犯前款罪的，处五年以上十年以下有期徒刑，并处罚金。第一款规定的人员，严重不负责任，出具的证明文件有重大失实，造成严重后果的，处三年以下有期徒刑或者拘役，并处或者单处罚金。”

(1)草案一次审议稿。为了强化对中介机构及中介组织人员的管理，《刑法修正案(十一)(草案)》第16条将《刑法》第229条修改为：“承担资产评估、验资、验证、会计、审计、法律服务、保荐等职责的中介组织的人员故意提供虚假证明文件，情节严重的，处五年以下有期徒刑或者拘役，并处罚金；有下列情形之一的，处五年以上十年以下有期徒刑，并处罚金：(一)提供与证券发行相关的虚假的资产评估、会计、审计、保荐等证明文件，情节特别严重的；(二)提供与重大资产交易相关的虚假的资产评估、会计、审计等证明文件，情节特别严重的；(三)在涉及公共安全的重大工程、项目中提供虚假的安全评价、环境影响评价等证明文件，致使公共财产、国家和人民利益遭受特别重大损失的。前款规定的人员，索取他人财物或者非法收受他人财物，同时构成其他犯罪的，依照处罚较重的规定定罪处罚。第一款规定的人员，严重不负责任，出具的证明文件有重大失实，造成严重后果的，处三年以下有期徒刑或者拘役，并处或者单处罚金。”

在《刑法修正案(十一)(草案)》征求意见过程中，地方人大和中央有关部门、单位提出了部分修改意见，有的提出建议：“在第一款规定的中介组织中删去‘法律服务’，同时将刑罚由‘五年以下有期徒刑’修改为‘三年以下有期徒刑’，法律服务等中介组织不应科以过重刑事责任。”关于具体列项，有的单位提出，“将第一项规定的提供与‘证券发行相关的’虚假证明文件修改为‘与证券、期货、债权、基金、资管计划、信托计划等金融产品发行相关的’”；“涉及公共安全的非重大工程、项目也可能致使公共财产、国家和人民利益遭受特别重大损失，建议删除第三项‘重大工程’中的‘重大’”，“在第三项‘安全评价’后增加‘检测检验’”；“在‘环境影响评价证明文件’后增加‘和固定污染源排污许可证文件’”；“将第二款修改为数罪并罚,或者删去”。[①]

(2)草案二次审议稿。2020年10月21日,公布的《刑法修正案(十一)(草案二次审议稿)》第19条在《刑法修正案(十一)(草案)》的基础上进行了调整:一是在《刑法》第229条第1款主体中增加了安全评价、环境影响评价、环境监测等职责的中介组织的人员;二是将《刑法》第229条第1款第1项列举的证明文件中增加了“法律服务”。2020年11月2日全国人大宪法法律委、全国人大常委会法工委联合召开座谈会,听取了中央有关部门、部分全国人大代表及专家学者对《刑法修正案(十一)(草案二次审议稿)》的意见,有与会人员建议:“在虚假证明文件犯罪中增加一款:建设单位自行开展环境影响评价,重点排污单位自行开展环境监测的,适用本条规定定罪量刑。”[②]

(3)三次审议稿与最终公布稿。《刑法修正案(十一)(草案三次审议稿)》,在《刑法修正案(十一)(草案二次审议稿)》的基础上,又对《刑法》第229条第2款进行了微调,规定“有前款行为,同时索取他人财物或者非法收受他人财物构成犯罪的,依照处罚较重的规定定罪处罚”,这使条文的表述更为清晰、合理。

最终审议通过的《刑法修正案(十一)》第25条,维持了《刑法修正案(十一)(草案三次审议稿)》的规定,将《刑法》第229条修改为:“承担资产评估验资、验证、会计、审计、法律服务、保荐、安全评价、环境影响评价、环境测等职责的中介组织的人员故意提供虚假证明文件,情节严重的,处五年以下有期徒刑或者拘役,并处罚金;有下列情形之一的,处五年以上十年以下有期徒刑,并处罚金:(一)提供与证券发行相关的虚假的资产评估、会计、审计、法律服务、保荐等证明文件,情节特别严重的;(二)提供与重大资产交易相关的虚假的资产评估、会计、审计等证明文件,情节特别严重的;(三)在涉及公共安全的重大工程、项目中提供虚假的安全评价、环境影响评价等证明文件,致公共财产、国家和人民利益遭受特别重大损

---

① 高铭暄、赵秉志、商浩文:《新中国刑法立法沿革全书》,中国人民公安大学出版社2021年版,第1511页。

② 同上注,第1531页。

失的。有前款行为，同时索取他人财物或者非法收受他人财物构成犯罪的，依照处罚较重的规定定罪处罚。第一款规定的人员，严重不负责任，出具的证明文件有重大失实，造成严重后果的，处三年以下有期徒刑或者拘役，并处或者单处罚金。”

与之前的规定相比，《刑法修正案（十一）》对提供虚假证明文件犯罪的修改体现在以下几点：第一，扩大主体范围。《刑法修正案（十一）》扩大了提供虚假证明文件犯罪主体范围，承担保荐安全评价、环境影响评价、环境监测等职责的中介组织的人员成为本罪的犯罪主体。其中，与证券犯罪直接相关的是将保荐机构的人员明确为本罪的犯罪主体，立法修正压实了保荐人等中介机构的“看门人”职责，保荐人等中介机构是资本市场的“看门人”，其勤勉尽责对于资本市场健康发展至关重要。对提供虚假证明文件犯罪扩大主体范围，意味着保荐机构的保荐代表人如果提供虚假证明文件，达到追诉条件将构成犯罪。立法修正完善了《刑法》与《证券法》等相关法律责任体系的衔接，强化了专业人员的责任。第二，调整加重情节。《刑法修正案（十一）》调整了提供虚假证明文件的人员索贿或收受贿赂原本的加重情节。原条文是将索贿与收受贿赂的行为作为加重情节，“处五年以上十年以下有期徒刑，并处罚金”；《刑法修正案（十一）》修订之后，明确了索贿或受贿构成犯罪的，依照处罚较重的规定定罪处罚。也就是说，在这种情况下，中介机构工作人员可能会构成提供虚假证明文件罪与非国家工作人员受贿罪，择一重罪论处。这一修改具有科学性、合理性，不仅符合刑法罪数原理，而且更有利于从严惩治中介组织人员的受贿犯罪。[①] 第三，调整法定刑的幅度。原《刑法》第229条的基础刑中，仅规定了一档法定刑（5年有期徒刑以下）。《刑法修正案（十一）》对此加大了处罚力度，在以下两种情形下：①证券发行、重大资产交易中，提供相应的虚假证明文件情节特别严重的行为；②涉及公共安全的重大工程、项目中，提供相应的虚假证明文件，致使公共财产、国家和人民利益遭受特别重大损失特定情形下，将法定刑升格到5～10年有期徒刑。

① 参见刘宪权：《金融犯罪最新刑事立法论评》，载《法学》2021年第1期。

第二章

证券犯罪认定中前置法的考量路径

证券犯罪属于法定犯,作为规范要素的前置法在司法认定中具有重要的作用。然而在目前的证券犯罪认定中,前置法与刑法的互动效果存在相关缺憾。刑事认定中存在前置法援引指向不明确、前置法与刑法条文间的协调性不足以及行政从属性的绝对化认定等问题。在援引前置法时,应当对前置法援引范围进行合理限定,明确援引位阶;以刑法解释技术来弥合法秩序下不同法律用语的差异;在兼顾行政从属性的同时,应从实体和程序两方面发挥刑法的相对独立判断性。

第一节 证券犯罪的法定犯特性

证券犯罪是违反了证券法律法规、达到刑事定量标准而具有刑事违法性的犯罪行为。一般而言,行为只有在违反证券法律法规后,才有可能继续讨论该行为是否构成犯罪;没有违反证券法律法规,一般不宜作为犯罪处理。证券犯罪行为首先违反了《证券法》等行政法律法规,在此基础上,又侵害了刑法保护的法益的,才构成犯罪。这表明证券犯罪兼具行政违法性和刑事违法性,具有典型的法定犯的特点。法定犯的构成要件中存在明显的规范要素,而前置法的判定则是规范要素的核心内容。有的法定犯罪状中明文规定相关规范要素,但是有些法定犯在刑法条文的罪状中并没有明确表述,需要从构成要件内容进行考察;而且作为前置法的行政法等也会随着社会经济的发展变化而具有流变性。

这就决定了在法定犯的判断中,作为规范要素的前置法在司法认定中具有重要的作用。证券犯罪作为典型的法定犯,具备法定犯所具有的行政从属性特点。故而如何参照、理解前置法的规定是司法机关不可回避、需要作出取舍的关键步骤。行政从属性是指在判断犯罪成立与否时,需要依附、根据、参考相关行政法律规范的规定或行政行为的实施。简言之,即犯罪行为的认定依赖于行政规范或行政行为的判断。[①] 尤其是在打击证券违法犯罪活动中,由于证券活动具有较强的专业性,对证券犯罪的刑事认定更是高度依赖于行政认定。如 2019 年《证券法》的修订,扩张了"证券"的外延,将存托凭证、资产支持证券和资产管理产品纳入调整范围。这一修订同样影响着刑法中对"证券"的认定,与此相关的欺诈发行证券罪,内幕交易、泄露内幕信息罪,利用未公开信息交易罪等证券犯罪的打击范围也将随之调整。再如,2021 年 3 月 1 日开始实施的《刑法修正案(十一)》因应《证券法》等相关法律中的证券注册制改革,加大了欺诈发行证券罪、违规披露、不披露重要信息罪等证券犯罪的惩治力度。可见,法定犯的刑事认定始终依附于前置法对相关行为的定性,而且前置法的变动也影响着罪与非罪、此罪与彼罪的认定。

在司法实践中,法定犯的认定需经过两个层面的判断:行政不法和刑事不法。违反前置法是成立法定犯的构成要素,前置法是作为认定犯罪的前提依据。一方面,需要依据前置法判断行为是否属于行政违法行为,这是行政不法层面的判断。在此基础上,才能继续判断行为是否构成犯罪。另一方面,在刑事不法层面的判断中,某些犯罪构成要素仍需通过前置法来解释,如何解释、采用何种解释都关乎犯罪的成立。可见,前置法产生的影响并不会在给予行为人行政处罚后消失,其会持续影响后续的刑事认定活动。如果在依据前置法认定行为时出现偏差,很大程度上也会使刑事认定偏离方向。因此,前置法与刑法能否协调、统一也对认定犯罪至关重要。但在目前的证券犯罪的认定中,前置法与刑法的联动效果并不理想,前置法援引指向不明确、前置法与刑法条文间的协调性不足以及行政从属性的绝对化认定等适用问题仍影响着对证券犯罪的有效治理。前置法在证券犯罪认定中

---

① 参见刘夏:《犯罪的行政从属性研究》,中国法制出版社 2016 年版,第 9 页。

处于怎样的地位？发挥何种作用？以及如何妥善地处理刑法与前置法之间的关系等问题都亟待进一步研究。因此，有必要厘清前置法在证券犯罪认定中的地位和作用，以合理划定证券犯罪前置法的范围，探索出前置法的适用路径，以有助于司法实践中证券犯罪的科学治理。

第二节　证券犯罪认定中前置法适用问题检视

从我国证券犯罪的刑事规制现状来看，前置法的适用仍存在援引指向不明确、法律条文间协调性不足和行政从属性的绝对化认定等问题，种种问题也使前置法的司法适用面临阻碍。因此，有必要通过司法适用现状，梳理证券犯罪认定中前置法适用所存在的问题并探寻有效治理路径。

一、前置法援引指向不明确

法定犯是指以违反行政法规为前置条件的犯罪，如果没有违反行政法规，也就不存在法定犯。[①] 刑法条文中常用“违反……规定”来体现行为对前置法的违反，这也意味着在刑事认定过程中必须先查看行为是否违反了前置性法律法规。只有确定了法定犯的前置法，才能判断行为的违法性，从而为法定犯的准确适用提供前提条件。[②] 然而，在证券犯罪中，援引前置法的过程通常并不顺利，前置法援引指向不明是其中的重要原因之一。

这种指向不明表现为两方面：一是前置法援引的范围不明确，即没有规定是否要援引前置法，以及援引何种前置法；二是前置法援引的位阶不明确，即规定了援引前置法，但没有规定援引的法律的位阶。

其一，前置法援引范围不明确。罪刑法定中的明确性原则要求在司法实践中，需要有明确的前置法范围，才有助于刑事不法的判断。但是，在证券犯罪的相关罪名中，对于援引的前置法范围并未明确规定，这不利

① 参见陈兴良：《法定犯的性质和界定》，载《中外法学》2020 年第 6 期。

② 参见刘艳红：《论法定犯的不成文构成要件要素》，载《中外法学》2019 年第 5 期。

于司法机关的犯罪认定。例如,我国刑法在伪造、变造国家有价证券罪,编造并传播证券交易虚假信息罪和诱骗投资者买卖证券合约罪等罪名中,罪状中都未就前置法的援引作出规定。在这些犯罪中,是否援引前置法,以及援引何种位阶的前置法仍然存在疑问。前置法援引范围不明确容易导致司法裁判标准的不统一。

其二,前置法援引的位阶不明确。一方面,在证券犯罪的立法中,不少条文都以直接或间接的方式体现了行为的行政违法性。如《刑法》第160条欺诈发行证券罪中"国务院依法认定的其他证券"中的"依法",《刑法》第180条内幕交易、泄露内幕信息罪中"内幕信息、知情人员的范围,依照法律、行政法规的规定确定",《刑法》第174条擅自设立金融机构罪中的"未经国家有关主管部门批准",以及《刑法》第403条滥用管理公司、证券职权罪中的"不符合法律规定"等。相比于"依照法律、行政法规"这一明确了援引法律位阶的表述,某些罪状中并未阐明援引的法律的层级,如《刑法》第180条第4款利用未公开信息交易罪在罪状中使用的"违反规定"一词。与《刑法》第96条的"违反国家规定"不同,这里的"违反规定"并不仅限于国家层面的规定,显然范围更大。如何界定"违反规定"的范围?最高人民法院、最高人民检察院《关于办理利用未公开信息交易刑事案件适用法律若干问题的解释》第3条规定,利用未公开信息罪中的"违反规定"是指违反法律、行政法规、部门规章、全国性行业规范有关证券、期货未公开信息保护的规定,以及行为人所在的金融机构有关信息保密、禁止交易、禁止利益输送等规定。可见,司法解释看似限定了"违反规定"的范围,但由于该范围囊括了许多法律法规甚至行为人所在金融机构的规定,显得过于庞杂,仍然会给实践操作带来困扰。即使在司法解释实施后,大部分法院也并未在判决书中指明行为人所违反的具体规定。[①] 另一方面,相比于庞杂的行政法规、部门规章等规定,金融机构内部相关文件反而较容易查找,这也会在无形中引导法院将金融机构内部相关文件作为刑事认定

① 在北大法宝网,以"利用未公开信息交易罪""判决书"为条件,共收集到审结日期为2019~2021年的文书共15份,未指明行为人违反的具体规定的判决共13个,指明行为人违反的规定为《证券法》的共1个,指明行为人违反的规定为所在的金融机构有关信息保密的规定的共1个。

的依据。如已有判决将被告人违反金融机构内部问责暂行规定、风险控制大纲和员工保密制度等文件的行为认定为“违反规定”的行为。[①] 但这种让金融机构内部文件影响刑事责任的做法是否合适,是存在疑问的。

因此,对于前置法,无论是援引的范围不明确,还是援引的位阶不明确,都会给司法实践带来困扰。如果不明确前置法适用的范围和位阶,将会在一定程度上加剧刑事认定中的不确定性。

二、法律条文的协调性不足

与其他法定犯的立法不同,由于我国证券市场发展状况的特殊性,证券犯罪立法也较为特殊。我国证券犯罪的立法在初期具有“刑事先行”的特点,1997 年《刑法》增加了第 160 条欺诈发行股票、债券罪,第 180 条内幕交易、泄露内幕信息罪和第 182 条操纵证券交易价格罪等关于证券犯罪的规定。而后,《证券法》才于 1998 年颁布。并且,利用未公开信息的行为也是先经《刑法修正(七)》纳入刑事规制范围后,2019 年《证券法》才完善了利用未公开信息交易行为的相关规定。这种刑事先行的做法造成刑法条文与前置法在规范层面协调性不足。具体表现为前置法规制空白和前置法与刑法的用语存在差异。

其一,前置法规制空白。《刑法》中规定的相关犯罪行为,在《证券法》上却没有相应的行政处罚。比如《刑法》第 178 条规定的伪造、变造国家有价证券罪以及伪造、变造股票、公司、企业债券罪,规定伪造、变造国库券或者国家发行的其他有价证券以及伪造、变造股票或者公司、企业债券,数额较大的行为应当进行刑事处罚。但是对于伪造、变造国家有价证券罪以及伪造、变造股票、公司、企业债券的行为在《证券法》中并未有相关明确规定。而对于一般主体的非法经营罪,如果行为人未经国家有关主管部门批准非法经营证券、期货、保险业务的,有可能构成刑事犯罪。但是,《证券法》中对于此类行为其行政处罚的对象很多仅限于证券公司等金融机构,而对于一般的自然人无法进行行政处罚。前置法的规定呈现出一种空白的状态。违反前置法的规定是认定行为构成犯罪的前提,

① 参见重庆市第一中级人民法院刑事判决书,(2018)渝 01 刑初 74 号。

如果前置法的规定呈现出一种空白的状态,如何确认该行为的行政违法性,以及如何以刑事手段规制此类行为将存在疑问。

其二,法律用语差异。《刑法》中有关证券犯罪的罪状表述与《证券法》等法律中的法律用语存在不一致。如《刑法》第 179 条擅自发行股票、公司、企业债券罪将"未经国家有关主管部门批准……"作为该罪的构成要素,但"批准"这一表述与《证券法》条文并不契合。自 2019 年《证券法》修改后,我国证券发行制度已从核准制转为注册制。《证券法》第 9 条也明确,"公开发行证券,必须符合法律、行政法规规定的条件,并依法报经国务院证券监督管理机构或者国务院授权的部门注册",采用的是"注册"这一表述。看似只是行政法条文和刑法条文间个别词语的差异,但这种用语差异会使实践中的具体操作面临阻碍。再如,2019 年修改的《证券法》中扩大了证券的范围,涵括了股票、公司债券、存托凭证和国务院依法认定的其他证券等。但是,我国刑法中相关罪名的行为对象还是仅限于股票和公司、企业、债券,如《刑法》第 178 条第 2 款规定的伪造、变造股票、公司、企业债券罪;其第 179 条规定的擅自发行股票、公司、企业债券罪。相关罪名对于行为侵害的对象还是停留在《证券法》修改之前的证券范畴,容易导致司法适用中对于相关的危害行为无法进行刑事制裁。

三、行政从属性的绝对化认定

犯罪的行政从属性分为对行政规范的从属性和对行政行为的从属性。行政规范的从属性包括对行政规范所规定概念、设定标准和设立义务的从属性。① 证券犯罪中的行政从属性常常表现为行政规范的从属性,既包括概念上的从属性,如内幕交易、泄露内幕信息罪中的"内幕信息、知情人员的范围,依照法律、行政法规的规定确定";也包括设立义务、标准上的从属性,如利用未公开信息交易罪中的"违反规定",以及滥用管理公司、证券职权罪中的"不符合法律规定条件"。规范层面上的行政从属性也会影响司法实践,表现为刑事认定活动高度依赖前置性法律法规的规定。以内幕交易案的审理为例,"内幕信息"和"价格敏感期"通常是依靠证监会出具

---

① 参见刘夏:《犯罪的行政从属性研究》,中国法制出版社 2016 年版,第 31 页。

的认定函来认定。除此之外,证监会对案件事实所作出的调查报告和行政处罚决定书往往也成为认定行为性质的证据。证券犯罪的专业性使证监会对相关行为的定性往往在审理过程中起到认定罪与非罪的关键作用,在此意义上,行为人是否构成犯罪绝大程度依靠行政机关的判断。

行政认定书的性质是行政机关作出的行政行为,其在司法实践中具备刑事证据的资格,也是判断证券行政违法的前提,但不能因为行政认定是行政机关作出的,法院就将其直接作为定罪的主要根据。既然作为证据使用,就应审查其是否具备证据的证据能力与证明力。例如,行政机关是否具有合法权限、是否超越了权限范围、所依据的规范性文件是否适格、证据材料是否确实、充分以及程序是否合法等。因此,在理论上,对于行政认定书,只能是作为刑事证据使用,而不能作为定案的唯一根据。另外,行政认定书既然只是认定行政不法的前提,就应审查是否具备刑事违法性。司法机关对于刑事违法性的判断应具有独立判断机制,尤其是在认定法定犯时,更应从是否具备故意过失、是否具有刑法上的因果关系等实体构成要件要素进行审查。故而行政认定是对行为是否具有行政违法性的认定,考虑到违法行为与犯罪行为之间的差异,过度依赖行政机关出具的认定意见,容易模糊行政违法行为与犯罪行为之间的界限,将违法行为误认定为犯罪行为。而且,对行政从属性的绝对化认定容易导致刑事认定机械化,缺失刑事司法程序的独立判断,当行政认定出现偏差时,将无法通过刑事司法程序纠偏。因此,如何平衡行政认定与刑事认定的关系,也关系着刑事认定活动的科学性。

第三节　证券犯罪认定中前置法适用路径考量

行为犯罪性或者说刑事违法性的具备,不仅必须以前置违法性的存在为基石,而且必须以前置法之法律责任的产生为必要。[①] 准确援引前置

---

① 参见田宏杰:《行政犯的法律属性及其责任——兼及定罪机制的重构》,载《法学家》2013年第3期。

法,确认行为的行政违法性是判定行为构成犯罪的前提。但同时,刑事违法性以行政违法性为前提,刑事违法性却并不是行政违法性的必然后果。[①] 行政违法行为与刑事犯罪行为之间的区别也要求在认定证券犯罪的过程中,不能简单地、机械化地适用前置法,而是应当考虑刑事认定活动的相对独立性。

一、前置性法律规范的援引规则

针对证券犯罪前置法的援引问题,需要考虑的问题有二:一是前置法援引范围之划定;二是前置法援引位阶之确定。

其一,前置法援引范围之划定。在证券犯罪中,提供虚假证明文件罪,伪造、变造、转让金融机构经营许可证、批准文件罪,以及伪造、变造国库券或者国家发行的其他有价证券等犯罪都未指明是否参照前置法、参照何种前置法。在这种没有规定的情况下,在刑事司法认定时仍需援引前置法。因为,只有参照前置法的相关规定,才能认定该犯罪是否成立。这种规范要素也称作不成文构成要素,是指刑法表面上(文字上)没有明文规定,但根据刑法条文之间的相互关系、刑法条文对相关要素的描述所确定的,成立犯罪所必须具备的要素。[②] 如《刑法》第181条编造并传播证券、期货交易虚假信息罪,罪状描述为编造并且传播影响证券、期货交易的虚假信息,扰乱证券、期货交易市场,造成严重后果的行为。其中,并未规定是否需要参照前置法。但如果该行为没有违反《证券法》第56条关于禁止编造、传播虚假信息或误导性信息的规定,也很难认定该行为构成编造并传播证券交易虚假信息罪。再如,《刑法》第229条提供虚假证明文件罪也是在违反了《证券法》第163条的基础上,才能认定是否构成该罪。因此,即使法条中未规定是否援引前置法,在认定过程中,仍需参照前置法确定。对于这种没有明文规定的情况,应当严格限制前置法援引范围,参考我国《刑法》第96条关于"违反国家规定"的规定,将前置法援引层级限定在国家规定这一位阶较为合适,即违反的是全国人大及其常

---

① 参见陈兴良:《法定犯的性质和界定》,载《中外法学》2020年第6期。

② 参见张明楷:《犯罪构成体系与构成要件要素》,北京大学出版社2010年版,第120～121页。

委会制定的法律和决定,国务院制定的行政法规、规定的行政措施、发布的决定和命令。

其二,前置法援引位阶之确定。我国《刑法》针对"违反国家规定"已经明确其具体范围,但是在证券犯罪中,对于违反前置法的规定还有"违反……法规""违反(……的)规定"等情形。对此,应当如何确定前置法的范围呢?以利用未公开信息罪中的"违反规定"为例,虽然司法解释对此作出了具体说明,但其中内容十分广泛,如何在众多法律法规文件中确定前置法的适用位阶是重要问题。有学者认为,"违反……的规定"只是对"违反国家规定"的具体化,并没有超过《刑法》第96条对其范围的限制;只有极少数指明可以参照部委或者军事部门规章的条文,才可以突破《刑法》第96条的限制。① 但也有学者指出"规定"既可以是国家规定,也可以不是国家规定,完全可以包括部门规章和行业规定等规范性文件。② 与上述学者观点不同,司法解释将利用未公开信息罪的"违反规定"的范围划定到行为人所在的金融机构有关信息保密、禁止交易、禁止利益输送等规定这一层级,为本罪的刑事认定提供了一个宽泛的范围,这会使刑法在无形中拓宽认定、打击犯罪的范围。有学者认为,这种金融机构的相关规定必然来源于法律、行政法规、部门规章、全国性行业规范有关证券、期货未公开信息保护的规定,是对国家、行业性层面规定的细化,两者一脉相承,并不存在内容上的矛盾,因此,司法解释将违反规定的范围予以扩大,并不存在法理上的障碍。③ 但是,我们认为,金融机构内部的规定并不一定必然来源于前述法律文件的相关规定,大多数金融机构追求的是自身利益最大化,这种目的并不一定完全符合维护证券市场秩序的需要。证券公司等金融机构作为私权利主体,其所作出的机构内部规定应属于私权利范畴,而不应当上升至行政违法乃至刑事犯罪的前置要件。另外,不同金融机构的规定不同,对行为的定性也会存在差异。如果将金融机

---

① 参见蒋铃:《刑法中"违反国家规定"的理解和适用》,载《中国刑事法杂志》2012年第7期。

② 参见李莹:《法定犯研究》,法律出版社2015年版,第138页。

③ 参见俞小海:《利用未公开信息交易罪的重点疑难问题研究》,载《人民司法》2021年第22期。

构的规定置于前置法的范围中,会使刑事认定也处于不稳定中。因此,将前置法援引的位阶确定在全国性行业规范这一层级为宜;而且应当明确,即使是相关的行业规范也应在"国家规定"的规范基础上进行的细化,而不能超越相关法律规定设置行为人义务。在援引过程中,应当兼顾法律文件的层级和案件实际情况综合考虑适合该案件的位阶。需要注意的是,当位阶较低的法律文件对行为人的权利作出更严格的限制时,并不宜将其纳入刑事认定的范围。

二、以刑法解释技术弥合法秩序下不同法律用语的差异

在前置法规制出现空白和用语差异时,需要充分运用刑法解释技术来填补空白、减少差异。在证券犯罪中,需要借助刑法解释技术的主要有以下两种情况:一是存在兜底条款的情况;二是存在用语差异的情况。

其一,存在兜底条款的情况。兜底条款是指刑法对犯罪的构成要件在列举规定以外,采用"其他……"这样一种概然性方式所作的规定,以避免列举不全。[①] 证券犯罪中,也存在采用兜底条款规定的情况,如《刑法》第 182 条操纵证券、期货市场罪在列举了六种操纵市场的方法后,又在第 7 项规定了"以其他方法操纵证券、期货市场的"这一兜底条款。与此罪相对应的前置法规定是《证券法》第 55 条,《证券法》第 55 条规定的前 6 项操纵证券市场的手段与刑法规定大致相同。但在此之后,《证券法》又规定了第 7 项"利用在其他相关市场的活动操纵证券市场"和第 8 项"操纵证券市场的其他手段"兜底性质的条款。这意味着,当出现了刑法明文规定之外的操纵证券市场行为时,是无法在前置法中查找到对该行为的定性的,因为前置法中同样存在兜底条款。这就形成一种以兜底条款解释兜底条款的"双重兜底"情况。"层层兜底"的刑事规制体系存在内生性的问题,其弹性与模糊性相伴而生。[②] 在这种"层层兜底"的情况下,对

---

① 参见陈兴良:《刑法的明确性问题:以〈刑法〉第 225 条第 4 项为例的分析》,载《中国法学》2011 年第 4 期。

② 参见房慧颖:《新型操纵证券市场犯罪的规制困局与破解之策》,载《华东政法大学学报》2022 年第 1 期。

行为性质的认定将会处于不稳定的状态。对于这类兜底条款,需要将其同时放在刑法和前置法下去理解,遵循同质性的解释原则。行为的违法行为需要与条文中明示的行为性质具有同质性,才能作为违法行为进行处理。尤其是在刑事认定时,基于罪刑法定原则,在解释刑法条文的兜底条款时必须遵循同质性解释规则,能够纳入刑法兜底条款的违法犯罪行为必须与刑法条文所明示的行为在性质上保持一致性,这样兜底条款的解释与适用才能控制在国民预测可能性范围之内,以至于不违背罪刑法定原则。[①] 对于"层层兜底"的情形,需要进行双层限定。只有在行为能够解释为行政违法行为、达到刑事立案标准、具有刑事违法性时,才能纳入刑事兜底条款中。

其二,弥合法秩序下不同法律用语的差异性。在我国,虽然"法律"的制定主体是统一的,但法律之间存在交叉与矛盾之处却仍然无法避免,这不仅是我国法律体系所具有的特征,即便是那些被认为相对发达的法律体系中也仍然大量存在这种现象。既然这种现象无法避免,那么任务就集中在如何处理这种冲突之上。刑法对犯罪构成的界定就不能完全脱离相关法律的具体规定。需要指出的是,正是由于证券市场中证券交易行为自身所具有的诸多独特之处,才需要协调刑法与其他法律,才能够充分实现刑法自身的"保障法"地位。

对于法律用语存在差异的情形,应当考虑首先以立法的方式来进行解决。毕竟法律条款中的规定直接影响司法适用。因此,这就需要我们在刑事立法、证券领域立法过程中注意条文之间的衔接性和协调性。比如,上文提及的关于《证券法》扩大了证券的范畴,后续的刑事立法中应当对此进行系统修正,以促进证券法和刑法之间法益保护的一致性。由于立法的程序较多、时间较长等特点,在立法未作修改时,应当考虑通过相关的司法解释予以明确。司法解释最具有实践价值的部分就在于为具体认定犯罪提供了"技术路径"。在众多的刑事司法解释中,将刑法规范中相对抽象的犯罪构成予以进一步细化,有时甚至用司法实践中比较细致

---

① 参见商浩文:《美国首例"幌骗"型高频交易刑事定罪案及其借鉴》,载《华东政法大学学报》2019 年第 2 期。

的“具体情形”来取代犯罪构成的宏观规定也比较常见。当然,用司法机构的职业共同观念以及普通民众的认同来“替代”刑法文本的直接规定显然存在危险,它会使罪刑法定的基础地位面临直接的挑战。依据罪刑法定主义的要求,刑事司法活动的终极目标就是认定特定事实是否存在以及是否符合刑法规范所确定的犯罪构成之要求。犯罪构成其实是基于实践而形成的“行为类型化样态”,是立法者进行的“预先设计”,因而是行为的表现样态。而作为争讼对象的诉讼客体来说,要形成与犯罪构成之间的完整对应关系是不可能的,尤其对于证券领域这些特殊类型的犯罪来说,更是如此。因此,我们可以考虑坚持刑法立法的目的,在司法实践中坚持罪刑法定原则,以刑法立法目的作为出发点,将法定用语通过司法解释转化为实践中具有实际意义与直接操作价值的事实,弥合法秩序下不同法律用语的差异性。

三、证券犯罪判断的相对独立性

证券犯罪判断的相对独立性并非意味着不考虑法定犯的行政从属性,而是在兼顾行政从属性的同时,发挥刑法的独立判断。这种独立性可从实体和程序两个方面展开。

其一,在实体方面,行政不法的判断不等同于刑事不法的判断。刑法仍需在前置法划定的范围内发挥其独立性。在法定犯的认定中,容易将前置法划定的范围直接等同于刑法的打击范围,而在无形中扩大刑事处罚范围。例如,在天津赵某某非法持枪案和刘某某走私武器案中,都存在将行政违法标准直接等同于刑事犯罪标准的做法,这也引发了对行刑关系的讨论。违法行为是违反行政管理秩序的行为,犯罪行为则是危害社会的行为,两者间存在距离,有学者称之为“行刑鸿沟”。[1] 行刑鸿沟意味着不能简单地将违反了行政法规的行为认定为犯罪,在前置法划定的范围内,刑法仍需坚持自身独立的评价。法定犯的司法认定不能脱离前置法,但前置法的作用仅仅在于为法定犯划定消极边界、而不是以前置法的

---

① 参见魏昌东:《行刑鸿沟:实然、根据与坚守——兼及我国行政犯理论争议问题及其解决路径》,载《中国刑事法杂志》2018 年第 5 期。

判断取代刑法的独立判断。[①] 以内幕交易、泄露内幕信息罪为例，刑法中未直接规定“内幕信息”的范围，而是由《证券法》划定内幕信息的范围。《证券法》中的内幕信息是指在证券交易活动中，涉及发行人的经营、财务或者对该发行人证券的市场价格有重大影响的尚未公开的信息，以及可能对上市公司股票、债券交易价格产生较大影响的重大事件。可见，《证券法》划定的范围十分宽泛，发行人大部分未公开的信息都可以被囊括在内。但该范围只是为刑事认定提供了指引，在案件的实际审理中，司法机关仍需独立判断案涉信息是否具备内幕信息的重大性和非公开性，以及行为是否达到了“情节严重”的程度。通过这种独立判断，能充分发挥刑事认定的纠偏作用，将不具有侵害刑法法益之风险的行政违法行为排除在刑罚范围之外，这也是刑法法益保护原则和刑法谦抑性的要求。

其二，在程序方面，刑事认定不以行政认定为前提。一方面，刑事司法程序的启动不应以行政处罚程度的终结为前提。有实证分析表明，在证券领域的行政执法与刑事司法衔接中存在有案不移、有案难移和以罚代刑等问题。[②] 基于这种情况，如果司法机关完全依靠行政机关移送涉嫌犯罪线索，将使刑事司法陷入被动的局面，并不能有效治理证券犯罪。虽然证监会出具的行政处罚决定书在案件审理中常常被作为证据提出，但这并不意味着行政处罚是刑事诉讼的前置程序。如在满某某、孙某某内幕交易、泄露内幕信息案中，被告人提出“在行政处罚程序没有走完的情况下不应启动刑事程序”，而法院认为刑事诉讼程序由司法机关独立判断后启动，不受该行为是否已受到行政处理的影响。[③] 该判决也充分说明了刑事诉讼程序并不依附于行政程序，而是有其独立的价值。另一方面，行政机关出具的证据并不当然具有证明力，仍需经法庭审查。在证券案件的审理中，证监会出具的认定函、调查终结报告和行政处罚决定书等往往成为认定罪与非罪的关键证据，也常是控辩双方在庭审中的争议焦点。

---

① 参见聂立泽、张开锐：《法定犯司法适用问题研究》，载《贵州民族大学学报（哲学社会科学版）》2020 年第 5 期。

② 参见练育强：《问题与对策：证券行政执法与刑事司法衔接实证分析》，载《上海政法学院学报（法治论丛）》2018 年第 4 期。

③ 参见山东省东营市中级人民法院刑事判决书，（2016）鲁 05 刑初 14 号。

行政机关出具的相关认定意见是否具备法律效力、形式是否合乎刑事诉讼程序要求,仍存在争议。在一些案件中,辩方也对证监会出具的认定函的效力及认定提出异议,而法院往往不采纳辩方意见,并引用《证券法》、最高人民法院、最高人民检察院、公安部、中国证券监督管理委员会《关于办理证券期货违法犯罪案件工作若干问题的意见》和最高人民法院、最高人民检察院、公安部、中国证券监督管理委员会《关于整治非法证券活动有关问题的通知》等文件来说明证监会作为专业机关有权对证券方面的问题作出认定。[①] 然而上述文件只提及证券监管机构可以根据司法机关办案需要就专业问题出具认定意见,并未确认认定意见的法律效力。因此,并不宜以上述文件来确认证监会认定意见的证明力。依据《刑事诉讼法》第 54 条第 2 款规定,行政机关在行政执法和查办案件过程中收集的证据材料,可以作为证据使用。但认定意见又与此不同,认定意见并非客观收集的证据材料,而是经过行政机关主观判断后所出具的材料。并且,参考最高人民法院、最高人民检察院、公安部《关于办理非法集资刑事案件适用法律若干问题的意见》的规定,有关部门的认定意见在案件办理过程中,仅是起到参考作用,司法机关仍需根据案件事实和法律规定作出性质认定。目前,认定意见的法律效力尚未经法律法规确认,其内容和形式也未具有统一的规范和标准,在实践中,其形式也可能表现为移送函、认定函或调查终结报告。随着证券犯罪案件的增多,对认定意见一概采信或不采信都不符合法律要求和实际需求。具体案件的审理中多大程度上可以采信行政认定函,其实是由刑事法官审查裁量认定的。[②] 法官应在结合案件事实和法律规定的基础上,从认定意见的内容、认定主体、程序和形式等各方面,综合全案其他证据,审慎作出判断。

证券犯罪具有连锁性、渗透性、放射性等特点,对金融资产安全和质

---

① 参见福建省泉州市中级人民法院刑事判决书,(2016)闽 05 刑初 92 号;上海市浦东新区人民法院刑事判决书,(2011)浦刑初字第 2738 号;江苏省无锡市中级人民法院刑事判决书,(2011)锡刑二初字第 0002 号;江苏省无锡市中级人民法院刑事判决书,(2011)锡刑二初字第 0001 号;福建省厦门市中级人民法院刑事判决书,(2009)厦刑初字第 109 号。

② 参见毛玲玲:《内幕交易犯罪案件中的行政认定问题——以行刑衔接为视角》,载《上海政法学院学报(法治论丛)》2019 年第 1 期。

量效益造成了严重危害。随着我国资本市场的进一步变革,尤其是证券注册制改革,多层次资本市场发展迅速,金融市场中涉证券等新型违法犯罪行为层出不穷、传统犯罪异化的现象尤为突出,亟须加强对证券等金融犯罪的有效治理。2019 年 12 月,全国人大常委会对《证券法》进行了修改。最高人民法院、最高人民检察院也出台了有关内幕交易、操纵证券市场犯罪的相关司法解释,并发布了多个有关证券犯罪的指导性案例。2020 年 12 月全国人大常委会通过的《刑法修正案(十一)》中多个条款也涉及证券犯罪的立法完善。2021 年 7 月,中央办公厅、国务院办公厅印发《关于依法从严打击证券违法活动的意见》,要求坚持"零容忍"要求,依法严厉查处证券违法犯罪案件,加大刑事惩戒力度。2022 年 3 月,最高人民法院、最高人民检察院报告中进一步提出,将依法惩处资本市场造假行为,严惩金融证券犯罪。可以说,现阶段对于证券等金融犯罪的有效治理得到了国家前所未有的高度重视。

然而当下中国,多层次资本市场发展迅速,证券制度改革方兴未艾,立法理念和立法技术的滞后严重影响了证券犯罪立法的科学性,也不利于刑事司法的有效治理。因而在新的资本市场变革时期,促进证券犯罪立法与司法的完善,关系到中国资本市场法治建设和改革完善,对于国家社会发展意义重大。证券犯罪作为一种最为典型的法定犯之一,其在违法性上具有行政违法性与刑事犯罪性的双重属性。因而在刑事追诉过程中必然也要对其进行行政、刑事的双重认定。① 虽然,我国刑事法律与行政法律法规对金融证券违法犯罪行为的行政责任与刑事责任已经做了相对完善的设定,但是,从罪刑法定的层面要求行政认定与刑事认定关系的协调统一性,需要我们科学厘定刑法和作为刑事认定前提的前置法之间的互动关系,以促进证券市场的科学治理。

---

① 参见商浩文:《证券领域行政执法与刑事司法衔接机制研究》,载《刑法论丛》2020 年第 4 卷。

第三章

欺诈发行证券罪的司法适用

证券市场中欺诈发行行为是资本市场上严重的违法行为之一,破坏了市场诚信机制,扰乱了资本市场秩序。经由欺诈发行的证券一旦上市,将会引发后续的持续虚假披露等违法行为,会严重侵害市场投资者的合法权益,从源头上扭曲市场制度,使市场资源配置功能大大削弱,危害金融安全。《刑法修正案(十一)》为了全面落实深化资本市场改革的重要制度安排,因应证券市场犯罪的现实情况,促进相关刑法规范的完善,对我国刑法的欺诈发行证券犯罪进行了立法修正,加大了对证券欺诈发行犯罪的惩治力度。[①] 2021 年 3 月 1 日施行的最高人民法院、最高人民检察院《关于执行〈中华人民共和国刑法〉确定罪名的补充规定(七)》,将《刑法》第 160 条“欺诈发行股票、债券罪”修改为“欺诈发行证券罪”。

2020 年 10 月 5 日发布的《国务院关于进一步提高上市公司质量的意见》[②]中进一步提出,将加大对欺诈发行、信息披露违法、操纵市场、内幕交易等违法违规行为的处罚力度。2020 年 11 月,最高人民检察院联合证

① 刑法修正的内容主要体现在:在原条文“招股说明书、认股书、公司、企业债券募集办法”的基础上补充“等发行文件”兜底性规定;在“发行股票或者公司、企业债券”的基础上补充“存托凭证或国务院依法认定的其他证券”;大幅提高欺诈发行的刑罚力度,将刑期上限由 5 年有期徒刑提高至 15 年有期徒刑,并将对个人的罚金取消了 5% 的上限限制,对单位的罚金由非法募集资金的 1% ~5% 提高至 20% ~1 倍;强化对控股股东、实际控制人等“关键少数”的刑事责任追究,明确将控股股东、实际控制人组织、指使实施欺诈发行的行为纳入刑法规制范围。

② 参见《国务院关于进一步提高上市公司质量的意见》,载中华人民共和国中央人民政府网,http://www.gov.cn/zhengce/content/2020-10/09/content_5549924.html。

券监管部门发布了一批欺诈发行股票等证券违法犯罪指导案例,①集中展现了证券监管部门、检察机关和各有关部门凝聚合力、共同打击证券犯罪的信心和决心。随着证券发行注册制的改革,实践中欺诈发行案件将不断增多。因此,《刑法修正案(十一)》通过后,欺诈发行证券罪的司法适用问题将是我们面临的重要现实问题。结合立法精神和证券法治原则,科学理解欺诈发行证券罪的规范构造,有助于合理把握该罪的构成要件,避免刑事制裁范围的不当扩大。

第一节 欺诈发行证券罪的法益构造

刑法立法规范是以重要法益的积极评价为基础,通常表现为法益的保护。刑法立法通过类型化的行为来体现规范保护的利益,借助于国家强制力施加的刑罚实现法益的保护。② 因此,法益的发现必须以法律规范为依据,探索立法规范所保护的法益。故而,欺诈发行证券罪的法益侵害的判定,也需要从实定法中规定的行为方式来探究,并且结合刑法立法目的来进行判断。

一、关于欺诈发行证券罪法益的争议

依据《刑法修正案(十一)》修改后的刑法规定,欺诈发行证券罪在客观行为上体现为发行人在招股说明书、认股书以及公司、企业债券募集办法等发行文件中隐瞒重要事实或者编造重大虚假内容,进行发行证券的行为。对于此罪的研究,在刑法理论界和实务界并不多见。但是,从零散的关于罪名侵犯客体的论述中,我们可以看到关于欺诈发行证券罪法益的争议,主要有以下几种观点:第一种观点认为证券类犯罪保护的法益有

---

① 参见《"依法从严打击证券违法犯罪 维护金融市场秩序"新闻发布会》,载中华人民共和国国务院新闻办公室,http://www.scio.gov.cn/xwfbh/qyxwfbh/Document/1691619/1691619.html,2022年1月18日访问。

② 参见高巍:《欺诈发行股票、债券罪的危险犯性质与解释路径》,载《政治与法律》2018年第4期。

多个,既包括证券市场的正常管理秩序,又包括证券投资者的合法权益。[①]第二种观点在第一种观点的基础上将证券市场的正常管理秩序中的证券价格形成机制和证券投资者的合法权益表述为整体权益和个人权益,并指出该罪的保护中,整体权益处于核心地位,个人权益则处于辅助地位。[②]第三种观点认为,应将证券市场的公平性作为本罪的保护法益,而证券市场的公平性可具体还原为投资者利益的最大化。[③]

分析以上观点,我们发现,对于欺诈发行证券罪的法益侵害主要争议体现在将何种程度和意义上破坏证券市场机制作为欺诈行为侵害的法益,以及能否将投资者等个人法益作为规范保护的目的。但需要注意的是,上述观点争议的基础是建立在证券发行核准制的基础上,即国家在证券市场资源配置中起主要作用。然而,2020 年 3 月 1 日施行的《证券法》在总结科创板试点注册制的经验基础上,将证券发行审核制改为注册制,在立法中正式确立了证券发行注册制的法律地位。[④] 证券注册制的核心在于以信息披露为核心,让市场在发行上市的资源配置中发挥决定性作用。《证券法》等前置法中关于证券发行制度的变革,将会极大地影响欺诈发行证券罪的规范保护目的。因此,在确定欺诈发行证券罪法益构造时,我们必须要注意到资本市场制度的改革。

二、欺诈发行证券罪的法益确定路径

第一,不宜将证券发行管理秩序作为该罪的保护法益。证券市场的正常管理秩序是国家为了保障证券市场有效运行,通过权力设定的相关管理机制,是一种抽象概括的社会关系的体现,并不能清楚界定证券市场

---

① 参见陈兴良等:《论证券犯罪及其刑法调控》,载《中国法学》1994 年第 4 期。

② 参见王新:《证券市场操纵犯罪的刑法属性及推定规则》,载《河南财经政法大学学报》2017 年第 5 期。

③ 参见高巍:《欺诈发行股票、债券罪的危险犯性质与解释路径》,载《政治与法律》2018 年第 4 期。

④ 2020 年 3 月 1 日施行的《证券法》第 9 条第 1 款规定:“公开发行证券,必须符合法律、行政法规规定的条件,并依法报经国务院证券监督管理机构或者国务院授权的部门注册。未经依法注册,任何单位和个人不得公开发行证券。证券发行注册制的具体范围、实施步骤,由国务院规定。”

的客观样态,不利于普通民众对欺诈发行证券罪法益的理解和把握。正如有论者所言,证券市场的管理秩序只是起到宣示和强调作用,其本身与具体法益并不存在紧密的关联性,着重体现的是立法人员的政策阐释不适合作为法益类型进行保护。[①]

更何况在证券发行注册制下,国家减少了对证券发行市场的干预,证券发行强调以市场为主导。2020 年 3 月 1 日施行的《证券法》第 9 条规定,在符合法律、行政法规规定的条件下公开发行证券,须依法报经中国证监会或者国务院授权的部门注册。证券发行注册制的具体范围、实施步骤,由国务院规定。证券发行注册制下,在发行条件设置上,将企业发行上市融资权放在首位。一方面切实增强发行条件的包容性,取消股票发行的持续盈利能力要求,尚未盈利甚至未产生营业收入的企业也能发行上市;另一方面着力提高发行条件透明度,将较为原则的"财务会计文件无虚假记载""无其他重大违法行为"等发行条件精简为更客观、更容易判断的具体情形,减少隐性门槛和实质判断;同时,取消债券发行的净资产、累计余额比例、利率上限等硬性指标,简化债券发行申报要求,大幅降低债券融资门槛。注册制的本质在于以信息披露为核心,让市场在发行上市的资源配置中发挥决定性作用。发行人商业品质的好坏、证券是否值得投资、发行和交易价格高低等由市场自主判断和选择。因此,在国家对证券发行监管放权的情形下,基于法益认识具体性之考量,不宜将证券发行管理秩序作为该罪的保护法益。

第二,投资者个人利益不宜纳入该罪的法益保护范围。证券的成功发行就意味着巨大的经济与商誉等各方面的收益。因此,为了获取巨大的经济利益,行为人为了获得这种发行证券的资格,通过隐瞒重要事实或者编造重大虚假内容,欺诈发行证券。但是,案发后,投资者利益并非都会受损,投资者利益遭到损失并非构成该罪的必要条件。比如欺诈发行行为在上市之前被发现,此时,投资者一般也不会遭受损失。因而在最高人民检察院、公安部于 2022 年修订后的《关于公安机关管辖的刑事案件

---

① 参见高巍:《欺诈发行股票、债券罪的危险犯性质与解释路径》,载《政治与法律》2018 年第 4 期。

立案追诉标准的规定(二)》(以下简称《立案追诉标准(二)》)中也没有将投资人的损失纳入刑事追诉标准中。而且,欺诈发行证券行为与投资者利益受损之间因果关系难以证明和量化。对于投资者而言,其损失主要来源于欺诈事实败露后证券价格的波动,但是证券价格受多种因素影响,损失难以量化,二者之间的因果关系也难以证明,证券价格甚至还会出现因为利空信息而上涨的情况。特别需要注意的是,2020 年 3 月 1 日施行的《证券法》第 24 条中针对欺诈发行上市增设责令回购制度,即行为人欺诈发行导致公司上市,证监会可以责令发行人或者负有责任的控股股东、实际控制人买回证券。因而在投资人遭受损失的情形下,其可以通过责令回购制度实现损害的填补。作为保障法的刑法,应坚持刑罚的谦抑性,不应过多介入经济活动。因而证券投资者的个人权益并不必然是该罪规范保护的法益。

第三,欺诈发行证券行为体现为证券市场诚信(金融信用)机制的破坏。资本市场是信息驱动的市场,有效的信息传递是资本市场充分发挥资源配置功能的重要保证之一。[①] 按照有效资本市场理论,如果证券市场价格充分反映了所有可获得的信息,那么市场就是有效的。[②] 因此,证券发行人必须将业务模式、财务状况、经营风险等重要事项进行信息披露,投资者才能获取充分的信息进而作出投资决定。[③] 在证券发行注册制度下,要求发行人充分披露投资者作出价值判断和投资决策所必需的信息,确保信息披露真实、准确、完整、及时、公平。发行人为了成功发行证券,通过隐瞒重要事实或者编造重大虚假内容欺诈发行证券扭曲了市场公平诚信制度,大大削弱了市场配置资源的基本功能。

随着资本市场的发展,股票、债券等有价证券成为重要的金融交易手段,具有了类似于货币的性质。而在资本社会中,良好的社会秩序需要以交易安全为基础。在金融市场中,信用不仅是维系市场主体、金融工具和

---

① 参见毛新述等:《信息发布者与资本市场效率》,载《经济研究》2013 年第 10 期。

② 参见商浩文:《论内幕交易犯罪中内幕信息的司法认定》,载《河南警察学院学报》2014 年第 1 期。

③ 参见彭冰:《信息披露是注册制的核心》,载《证券法苑》2014 年第 3 期。

交易行为三者关系之基础,信用本身也是一种资本。作为资本的信用,被当作一种“信息商品”,具有经济价值。此时,金融信用就演化为市场主体通过信用资本可以获得的经济利益。在此前提下,国家对金融信用的保护,实质是保护公平的金融资源配置关系及其之下的金融市场主体的经济利益(包括金融交易双方)。[①] 因此,金融以信用为基础维护市场诚信是金融监管公认的原则。有效的金融市场需要投资者具有公平参与的机会,其中就包括投资者基于诚信的基础上接收市场信息而作出投资策略。[②] 欺诈发行无疑会创造不公平的市场条件,损害了市场参与者公平的交易机会,破坏金融信用机制发挥作用。发行人发行证券筹资提供虚假信息,违背了对交易方的合理预期。行为的实质是创造不对称信息,对证券投资者资本配置决策进行非正当控制并从中谋取交易利益。[③] 就这点而言,违反市场诚信的责任认定应被视为类似于违反发行材料中隐含的诚实信用原则和公平交易原则,这种诚实信用的原则可以保护当事各方在证券发行过程中的合理期望。[④] 欺诈者通过实施不诚信的行为,从其他市场参与者的预期利益中获利,从而破坏市场诚信机制。

第二节 欺诈发行证券罪的客观要素

为了保持与《证券法》修订的有效衔接,《刑法修正案(十一)》修改了欺诈发行罪的构成要件。一方面,在原刑法条文欺诈发行对象“股票或者公司、企业债券”的基础上补充“存托凭证或国务院依法认定的其他证

① 参见魏昌东:《中国金融刑法法益之理论辨正与定位革新》,载《法学评论》2017 年第 6 期。

② 参见商浩文:《美国首例“幌骗”型高频交易刑事定罪案及其借鉴》,载《华东政法大学学报》2019 年第 2 期。

③ 参见商浩文:《论信息型操纵证券市场犯罪的司法认定路径——以 2019 年“两高”最新司法解释切入》,载《法学》2020 年第 5 期。

④ See Merritt B. Fox, Lawrence R. Glosten & Gabriel V. Rauterberg, *Stock Market Manipulation and Its Regulation*, Yale Journal on Regulation, Vol. 35: 1, p. 67 – 126(2018).

券”,为将来打击欺诈发行存托凭证和其他证券提供充分的法律依据;另一方面,为了应对证券市场的新情况,在原条文欺诈发行的文件类型“招股说明书、认股书、公司、企业债券募集办法”基础上补充“等发行文件”,相比于原条文的穷尽式列举,修正案在条文表述上更加合理。但是,对于上述修改的客观要素内容,需要在司法实践中科学掌握和适用。

一、欺诈发行证券罪的对象要素:证券范畴之确定

2020 年 7 月 3 日全国人大常委会公布的向社会公众征求意见的《刑法修正案(十一)(草案)》中并未扩大欺诈发行的证券范围,欺诈发行的对象还仅限于“股票或者公司、企业债券”。在向有关部门征求意见的过程中,由于证券法的修改,证券的范围种类扩大,有的意见建议,将“发行股票或者公司、企业债券”修改为“发行证券”,增加“法律规定的其他证券”。[①] 随后,2020 年 10 月 21 日全国人大常委会公布的《刑法修正案(十一)(草案二次审议稿)》在“发行股票或者公司、企业债券”的基础上补充证券法中规定的“存托凭证或国务院依法认定的其他证券”等表述。之后的《刑法修正案(十一)(草案三次审议稿)》以及通过稿均维持了这一修改。依据修改后的法条罪状的表述,欺诈发行证券罪的对象是欺诈发行股票或者公司、企业债券以及存托凭证或者国务院依法认定的其他证券。这里就涉及对相关证券类型的认定。

所谓证券是指设立或者证明投资者的收益请求权的一种凭证,是权利与权利载体的结合物。我国《证券法》规定的证券类型有很多,主要包括股票、债券、证券投资基金份额和证券衍生品种以及国务院依法认定的其他证券。本罪将欺诈发行的对象限定为:股票或者公司、企业债券、存托凭证或者国务院依法认定的其他证券。对于股票、债券等证券类型,相关法律规范已经进行明确,但是,其中尤为注意的是存托凭证、国务院依法认定的其他证券的认定,需要我们结合相关法律进行科学认定。

---

① 参见商浩文:《论欺诈发行证券罪的规范构造——以〈刑法修正案(十一)〉为视角》,载《中国政法大学学报》2021 年第 5 期。

当前,2020 年 3 月 1 日施行的《证券法》第 2 条规定了存托凭证,从而在我国法律中扩大了证券的内涵和外延,将存托凭证定性是一种证券。然而,目前仅在原银保监会、证监会以及证券交易所出台的规范性文件中有存托凭证的相关规范,并且较为分散,实践中产生的相关法律问题并不明确。2018 年 6 月 6 日,证监会发布《存托凭证发行与交易管理办法(试行)》(已修改),该办法第 2 条对存托凭证进行了明确界定,将存托凭证界定为存托人签发、以境外证券为基础在中国境内发行、代表境外基础证券权益的证券。在法理上,存托人签发独立的存托凭证后,将导致存托凭证与所依赖的基础证券相分离,产生了独立的法律效力。投资人行使权利均是以存托凭证为基础。存托凭证投资人不能以基础证券所在公司的股东身份行使股东权利,只能按照存托凭证的协议约定,借助于存托人享有相关权利。[①] 因此,存托凭证本质上是证明文件,证明存托人对外国股票等基础证券所享有的权利,可以由投资人来行使,类似于合同法中的无名合同。合同的主要内容是约定在不改变存托人对基础证券所有权的基础上,投资者购买存托凭证并享有存托人对基础证券所有权的权益。[②]

关于证券的范围,该罪罪状中规定了一个兜底规定,即“国务院认定的其他证券”,这进一步扩大了欺诈发行证券罪的适用范围。这意味着从立法技术上,《刑法》对证券概念的界定采用的是“有限列举”加“兜底条款”的方式。这一兜底规定的理解应包含以下要素:(1)必须是经过国务院认定的证券。(2)国务院必须依法认定。何为“依法”?《证券法》没有明确规定。一般认为,一是要依照《立法法》规定的权限和程序,二是要依据证券法对证券概念与范围规定的原则与精神,符合证券的特质与功能。(3)新认定的证券,其发行与交易必须适用《证券法》。(4)《证券法》《公司法》已规定的证券品种,不需要再进行认定。但《证券法》授权国务院进一步制定行政法规予以具体规范的,国务院可进行授权立法。截至目

---

① 参见郭锋:《中国存托凭证(CDR):基本原理与制度体系》,载《证券法律评论》2020 年第 0 期。

② 参见冯果、薛亦飒:《中国存托凭证存托人“自益行为”的规制进路——以〈证券法〉的规制逻辑为基础展开》,载《清华法学》2020 年第 6 期。

前,国务院尚未就“依法认定的其他证券”作出认定。[①]

另外,关于欺诈发行证券罪是否可以包含私募债券问题,在刑事司法实务中曾存在一定的争议。根据我国《证券法》的规定,证券发行分为公开发行和非公开发行两类,公开发行证券必须要报经国家证券监管部门注册,私募债券不需要报经核准,是非公开发行的债券种类。虽然我国《刑法》第160条中将发行对象表述为“公司、企业债券”,对其并未作“公开发行”的限定,但是,私募债券本身属于我国《证券法》调整的非公开发行的债券类型。对此,我们不应超出法条本身的文义,缩小债券种类的解释范围。欺诈发行证券罪保护的法益是国家对证券市场的管理秩序,私募债券虽是非公开发行,对发行对象及投资者人数有严格限制,但在一定范围内也是不特定的,发行人采取欺诈手段发行私募债券,同样会扰乱正常的证券市场秩序,破坏金融信用。因此,私募债券应当纳入欺诈发行债券罪的刑法规制范围。

二、欺诈发行内容要素:发行文件之界定

《刑法修正案(十一)》将《刑法》第160条中的欺诈发行对象“招股说明书、认股书、公司、企业债券募集办法”修订为“招股说明书、认股书、公司、企业债券募集办法等发行文件”。之所以增加“等发行文件”的兜底性规定,主要是为了因应证券市场的快速发展趋势,避免刑法条文的滞后性,为规制新型证券发行中可能出现的发行文件欺诈行为提供适用的空间,该表述是通过完善立法技术来应对法律滞后性之兜底性规定。

对“等发行文件”,目前法律尚无明确定义。2020年3月1日施行的《证券法》在第181条的法条表述中简要提及“发行文件”。[②]《证券法》第181条所规定的是欺诈发行证券的行政处罚,该条文中的行政处罚是针对

① 郭锋等:《中华人民共和国证券法制度精义与条文评注》,中国法制出版社2020年版,第75页。

② 该条规定:“发行人在其公告的证券发行文件中隐瞒重要事实或者编造重大虚假内容,尚未发行证券的,处以二百万元以上二千万元以下的罚款;已经发行证券的,处以非法所募资金金额百分之十以上一倍以下的罚款。对直接负责的主管人员和其他直接责任人员,处以一百万元以上一千万元以下的罚款……”

所有证券发行活动。笔者认为,该处的“发行文件”应是《证券法》中提及证券“发行申请文件”的概述,是招股说明书、认股书以及公司、企业债券募集办法等发行文件的笼统表述。《证券法》第29条[①]规定,对发行人报送的证券发行申请文件,均须符合真实性、准确性和完整性要求。《证券法》第13条中对公司公开发行新股应当报送的文件进行了规定。[②]《证券法》第16条也规定了发行公司债券应当报送的文件类型。[③] 可见,在《证券法》中关于“发行文件”的界定比较宽泛,既包括发行人募股申请报告、股东大会决议等自身有关的文件,还包括保荐人、会计师事务所等第三方出具的报告,等等。

但是,对于发行文件的界定,应当进行适当的限定,不能无限扩大发行文件的范围,避免刑法打击范围的过大。(1)“发行文件”的界定应限定在发行人具有可操作性的自身准备的相关文件。发行申请文件中一般会包含中介机构出具的证明文件,但发行人对第三方出具文件的相关事实难以有可操作性的空间。而第三方在相关证明文件中实施欺诈行为的,在我国《刑法》中已规定了“提供虚假证明文件罪”的情形下(若发行人与中介机构合谋,则有可能构成共犯),“等发行文件”的兜底性规定应当不包括第三方出具的证明文件,这是刑法立法体系性解释的必然要求。(2)“发行文件”应当包含决定证券能否成功发行的文件。比如,募集说

① 该条规定:“证券公司承销证券,应当对公开发行募集文件的真实性、准确性、完整性进行核查。发现有虚假记载、误导性陈述或者重大遗漏的,不得进行销售活动;已经销售的,必须立即停止销售活动,并采取纠正措施。证券公司承销证券,不得有下列行为:(一)进行虚假的或者误导投资者的广告宣传或者其他宣传推介活动;(二)以不正当竞争手段招揽承销业务;(三)其他违反证券承销业务规定的行为。证券公司有前款所列行为,给其他证券承销机构或者投资者造成损失的,应当依法承担赔偿责任。”

② 该条规定:“公司公开发行新股,应当报送募股申请和下列文件:(一)公司营业执照;(二)公司章程;(三)股东大会决议;(四)招股说明书或者其他公开发行募集文件;(五)财务会计报告;(六)代收股款银行的名称及地址。依照本法规定聘请保荐人的,还应当报送保荐人出具的发行保荐书。依照本法规定实行承销的,还应当报送承销机构名称及有关的协议。”

③ 该条规定:“申请公开发行公司债券,应当向国务院授权的部门或者国务院证券监督管理机构报送下列文件:(一)公司营业执照;(二)公司章程;(三)公司债券募集办法;(四)国务院授权的部门或者国务院证券监督管理机构规定的其他文件。依照本法规定聘请保荐人的,还应当报送保荐人出具的发行保荐书。”

明书(募集办法)、发行人董事会决议、股东大会决议等。这些发行文件能够决定证券是否能发行成功。只有在提供的这些文件中实施欺诈行为,才会影响证券发行。因此,并非任何伪造相关发行材料的行为均构成刑法中的"发行文件",要合理区分行政处罚与刑事处罚的界限。(3)关于"重要事实"和"重大内容"的认定。按照法条的表述,构成欺诈发行证券罪,要求发行证券时,在招股说明书等发行文件中隐瞒重要事实或者编造重大虚假内容。所谓"重要事实",是指能够较大程度上反映证券价值且能够影响投资者投资决策的信息,发行人应当披露而不披露,相当于刑法中的不作为犯罪行为。所谓"重大虚假内容",是指行为人故意编造"重要事实"的信息,影响投资者的决策,相当于刑法中的作为犯罪行为。在司法实务中的裁判规则方面,应当进行层次性分析。具体而言,首先应判定所欺诈的文件是否属于相关法律要求的发行文件;其次判断编造的发行文件对公司证券发行的影响力,是否能足够影响投资者的投资决策。由此可以看出,对于"重要事实""重大虚假内容"的判断,主要依据实施欺诈的文件能否有效决定发行人完成证券发行的注册申请。因此,如果不对该文件的相关内容进行编造或者隐瞒,证券发行就无法通过,此时就应判定该信息属于"重要事实"。因此,对于"重要事实"和"重大内容"的认定,应当回归到法律法规所明确的公司债发行条件上来,结合客观标准进行判断。

司法实务中,对于募集说明书与刑法规定的募集办法是否等同问题,往往存在一定的争议。例如,在江苏省盐城市中级人民法院(2017)苏09刑初10号刑事判决书中,被告人辩护人就提出,《募集说明书》不是刑法中规定的募集办法。最后法院认为:欺诈发行债券犯罪中涉及的文件称为"募集办法",但募集说明书与募集办法仅是名称不同,实质二者的功能以及内容是相同的。在债券发行过程中二者都是为了向投资者说明债券发行的具体情况。根据当时有效的《公司法》第154条的规定,公司债券募集办法中载明的主要事项基本被《深圳证券交易所中小企业私募债券业务试点办法》(已失效)第12条中对私募债券募集说明书应当载明的内容所涵括。故辩护人提出募集说明书不属于募集办法的辩护意见不予采纳。[①]

第三节　欺诈发行证券罪的主体要素

准确界定犯罪主体范围是认定其刑事责任的前提。控股股东、实际控制人在欺诈发行证券过程中扮演了重要角色，因此，《刑法修正案(十一)》突出强调控股股东、实际控制人的刑事责任。这就需要我们结合相关的法律规定，科学认定控股股东、实际控制人的身份。

一、控股股东、实际控制人的刑事责任：共犯行为正犯化

根据我们对证监会处罚上市公司情形的一项统计研究，约1/3的案件是由控股股东、实际控制人滥用控制权引起的，占据比例非常之大。可见，在实践中，控股股东、实际控制人等往往在欺诈发行、信息披露造假等案件中扮演重要角色。《刑法修正案(十一)》颁布以前，控股股东、实际控制人的组织、指使行为一般认定为违规披露、不披露重要信息罪的共同犯罪，但是司法实践中由于共谋等主观故意认定困难，也鲜有将其认定为共同犯罪的案例。

为了进一步加大对此类行为的打击力度，《刑法修正案(十一)》明确将控股股东、实际控制人组织、指使实施欺诈发行的行为纳入刑法规制范围。[②] 因此，控股股东、实际控制人组织、指使实施欺诈发行证券行为的，也应构成犯罪，需进行定罪处罚。《刑法修正案(十一)》的这一修改内容本质上是一种共犯行为正犯化的立法技术的体现。之所以采用共犯行为正犯化的立法技术，主要是在《刑法修正案(十一)》修改前，控股股东、实际控制人实施上述行为，只能是按照共同犯罪处理。但是，证券市场经济

---

① 参见江苏省盐城市中级人民法院刑事判决书，(2017)苏09刑初10号。

② 《刑法修正案(十一)》修改后的《刑法》第160条第2款明确规定："控股股东、实际控制人组织、指使实施前款行为的，处五年以下有期徒刑或者拘役，并处或者单处非法募集资金金额百分之二十以上一倍以下罚金；数额特别巨大、后果特别严重或者有其他特别严重情节的，处五年以上有期徒刑，并处非法募集资金金额百分之二十以上一倍以下罚金。"

行为复杂,业务往来频繁,而且涉及人员众多。公诉机关举证控股股东、实际控制人与公司相关行为人之间具有共谋的意图,需要花费大量的成本。为了降低对共同犯罪举证的难度,精准打击“幕后黑手”,《刑法修正案(十一)》直接将控股股东、实际控制人作为独立的犯罪主体,增加规定控股股东、实际控制人的刑事责任,有助于避免遗漏责任主体,提高了“关键少数”犯罪成本,具有一定的刑罚实效性,强化了对证券市场的监管,也是国家对证券市场上“关键少数”刑事责任的突出强调,以起到刑罚警示的效果。[①]

二、关于“控股股东”“实际控制人”的认定

控股股东、实际控制人的本质在于对公司、企业享有控制权。对于控制权,不同的学者有看法不同。有学者认为,在股份制公司制度下,控制权是决定公司董事人选的权力,有学者认为,控制权应当从实质上理解为对公司决策的支配力和影响力。[②] 我国《公司法》明显采纳了后者的观点,在 2023 年修订的《公司法》第 265 条[③]中,控股股东、实际控制人并非同一概念。根据《公司法》的规定,控股股东是指股权占比在 50% 以上或者股权占比虽低于 50%,但依其所享有的股权比例,足以对公司股东会的决议产生重大影响的股东。概言之,控股股东对公司决策的重大影响是建立在其股权比例的相对超越性之上的。而实际控制人对公司的控制权源于投资关系、协议或者其他行为,从而能够实际支配公司。因此,从形式上看二者是相互排斥的,但从实质上来讲,二者的共同点在于其对公司都享有一定程度的控制权,这也是控股股东、实际控制人对公司行为承担

---

① 参见张歆:《惩治金融犯罪也要盯住“关键少数”》,载《检察日报》2021 年 1 月 12 日,第 5 版。

② 参见赖英照:《关系企业法律问题及立法草案之研究》,载《中兴法学》1982 年第 3 期。

③ 《公司法》第 265 条第 2 项规定,“控股股东,是指其出资额占有限责任公司资本总额百分之五十或者其持有的股份占股份有限公司股本总额超过百分之五十的股东;出资额或者持有股份的比例虽然低于百分之五十,但依其出资额或者持有的股份所享有的表决权已足以对股东会的决议产生重大影响的股东”。该法第 216 条第 3 项规定:“实际控制人,是指通过投资关系、协议或者其他安排,能够实际支配公司行为的人。”

刑事责任的现实基础。

然而,证监会的相关部门规章扩大了实际控制人的内涵。根据 2007 年证监会《〈首次公开发行股票并上市管理办法〉第 12 条“实际控制人没有发生变更”的理解和适用——证券期货法律适用意见第 1 号》(以下简称《证券期货法律适用意见第 1 号》)的规定,判断是否对公司实际控制的关键是对股东大会的决议产生重大影响或者能够实际支配公司行为的权力。依据该意见的规定,无论是直接还是间接持有股份,只要对公司产生实际的支配力,就可被认定为实际控制人。但上海证券交易所 2023 年 8 月修订的《上海证券交易所股票上市规则》保持《公司法》对实际控制人的判定规则;[①]深圳证券交易所 2023 年 8 月修订的《深圳证券交易所股票上市规则》亦如此。[②]

但是,在实践中,由于法律规范并未明确持有股份的股东是否能认定为实际控制人,故该问题存在一定争议。笔者认为,在司法实践中不应以是否持有股份作为认定控股股东和实际控制人的判断依据。从逻辑结构上看,行为人虽然持有公司股份,但是并未达到实际支配公司的程度,此时,依据法律规定,当然不能认定为控股股东。但是,如果持有股份的行为人通过他人代持等其他方式掌握了公司的实际控制权,进而决定实施欺诈发行行为。若不将其认定为实际控制人,不利于对此种行为的打击,会造成刑法打击的真空。故而,对于实际控制人的认定不能以是否持有股份为限。在具体认定上,笔者赞同采用实质认定的方式判定刑法中控股股东和实际控制人。[③] 实践中,一般可以通过持股比例等书证查证行为人是否属于控股股东。然而,实际控制人身份的认定则存在一定的难度。实践中,一些行为人为了规避法律责任往往会通过代持股份、成立空壳公司等较为隐蔽的方式掌握公司的控制权。仅凭书证等客观证据材料难以

---

① 参见《上海证券交易所股票上市规则》(2023 年 8 月修订)第 17 章“释义”第 15.1 条第 6、7 项。

② 参见《深圳证券交易所股票上市规则》(2023 年 8 月修订)第 18 章“释义”第 15.1 条第 4、5 项。

③ 参见曹坚:《以“穿透式”思维理解刑法实际控制人条款》,载《检察日报》2021 年 2 月 4 日,第 3 版。

证实行为人的控制人身份。此时,需要办案人员收集关联性高、高度指向的证人证言,结合行为人的供述与辩解,从行为人对公司的组织控制等方面进行综合审查认定。从控制方式上,实际控制人通过投资关系建立控制力前提,而投资方式主要表现为股权投资和债券投资,通过投资行为,企业可以基于建立的优势地位对被投资方产生影响力。例如在“余某某违规披露、不披露重要信息案”[①]中,被告人余某某辩称自己不是博元公司、华信泰公司、信实公司的实际控制人,只是挂名,对违规披露行为并不知情,法院通过财务报表和公司的资金往来最终确定了博元公司对华信泰公司和信实公司具有投资关系,余某某作为博元公司的法定代表人、董事长,与其丈夫李某甲共同控制和管理公司,实际上已经取得了控制权,因此否定了被告人及其辩护人的辩护。除投资关系外,实际控制方式还包括协议安排,这是指基于合同的安排而控制一个公司,包括租赁经营合同、承包经营合同、利益输送合同等。协议的控制方式一般存在于拥有共同利益、业务依存度较高的企业之间,协议可以实现共赢,双方既能保持法律上的独立性,又能在经营上形成协同战略。[②] 一般来说,实际控制人身份的认定难度可能更高于对控股股东的认定。若要证明实际控制人犯违规披露、不披露重要信息罪,需要从行为人对犯罪单位的组织控制、人员配置控制、资金使用、实施犯罪行为的具体策略与方法等多方面进行证明。[③]

可以预料的是,随着《刑法修正案(十一)》的实施,在国家高度重视证券犯罪治理的刑事政策下,证券欺诈行为将会依法受到严厉制裁。但是,在刑事处罚的过程中,我们要注意法定罪处罚的合理边界,科学合理地把握欺诈发行证券罪的构成要素,准确适用法律,避免刑罚的不当适用或者刑法适用的不足。《刑法修正案(十一)》加大了对证券欺诈发行的打击力度,在司法实践中要合理掌握相关的构成要件要素。应将证券市

① 参见广东省珠海市中级人民法院刑事判决书,(2016)粤04刑初13号。

② 参见陈莹:《公司实际控制人认定的实务判断》,载《中外企业家》2016年第11期。

③ 参见曹坚:《以“穿透式”思维理解刑法实际控制人条款》,载《检察日报》2021年2月4日。

场诚信机制(金融信用)作为欺诈发行证券罪的保护法益。对于存托凭证、国务院依法认定的其他证券的认定,应当依据相关的法律规范进行判断,避免该罪范围的不当扩大。“发行文件”应限定在发行人具有可操作性的自身准备、决定证券能否成功发行的相关文件,欺诈的内容仅限于“发行文件”中的“重要事实”和“重大内容”。《刑法修正案(十一)》对控股股东、实际控制人的刑事责任追究采用的是共犯行为正犯化的立法技术,司法认定时应进行实质判断。

第四章

违规披露、不披露重要信息罪的司法适用

作为国家安全的重要组成部分,金融安全属于非传统安全的范畴,事关我国社会主义市场经济健康、平稳发展。我国对金融安全高度重视,深化金融领域改革,防范金融风险成为一项重要任务。2020 年 12 月 26 日第十三届全国人民代表大会常务委员会第二十四次会议通过了《刑法修正案(十一)》,为了与以信息披露为核心的证券发行注册制改革相适应,保障注册制改革顺利推进,维护证券市场秩序和投资者利益,[①]坚持问题导向和宽严相济的刑事政策,针对实践中反映的上市公司信息披露违规等突出问题,及时对刑法作出调整,加大了对信息披露违法行为的刑事处罚力度,[②]并突出强调了对控股股东、实际控制人等“关键少数”的刑事责任追究,彰显了国家对金融犯罪的打击力度。《刑法修正案(十一)》已于 2021 年 3 月 1 日起施行,有必要结合证券法等前置法的规定,对违规披露、不披露重要信息罪进行科学的司法适用。

---

① 参见《关于〈中华人民共和国刑法修正案(十一)(草案)〉的说明》,载中国人大网,http://www.npc.gov.cn/npc/c30834/202012/f16fedb673644b35936580d25287a564.shtml。

② 《刑法修正案(十一)》刑罚变动主要表现:第一,相关责任人员的刑期上限由 3 年提高至 5 年;第二,增加“特别严重”的量刑档次,将相关责任人员的刑期上限由 3 年提高至 10 年;第三,罚金由 2 万~20 万元修改为“并处罚金”,取消 20 万元的上限限制。

第一节 证券注册制改革对信息披露的从严要求

从证监会公布的近几年证券领域违法犯罪的数据来看，证券操纵与内幕交易、信息披露违法已经成为我国证券市场最主要的三类违法行为。[①] 当前，上市公司财务信息披露主要存在的问题是虚假陈述现象。[②] 从证监会通报的2020年案件办理情况可以看出，证监会全年新增信息披露立案案件84件中，财务造假案件占33件。[③] 信息披露违法的动机多样，却对投资者、债权人、股东和企业的权益带来了严重的侵害，资本市场赖以生存的信息机制也遭到了重大破坏。

虽然2006年通过的《刑法修正案(六)》对违规披露、不披露重要信息罪作了较大修改，[④]但纵观近几年的司法实践现状不难发现，该罪的司法适用率较低，刑事司法审判案件甚少，刑法条文也面临逐渐失灵的风险，不足以发挥刑法打击犯罪的威慑力，无法有效实现刑法的规制机能。笔者通过检索中国裁判文书网近10年的司法案件发现，违规披露、不披露重要信息罪的刑事司法案件不超过20件，一审判决更是不超过10件。司法适用率低具有多方面的原因，但不可忽略的是，违规披露、不披露重要信息罪实际上是资本市场上常见多发的罪名，但由于人们的惯性思维和对修订后的条文中某些法律术语的不解或者误解，致使该罪名成了“僵尸”罪名。[⑤] 深化对该罪名的司法认定路径，既是正确适用该罪名的前

---

① 参见商浩文：《大数据时代证券市场虚假申报操纵犯罪的司法认定》，载《中国刑事法杂志》2020年第6期。

② 参见傅斌：《证券的信息披露：兼谈我国上市公司信息公开的规范化》，经济科学出版社2017年版，第160~161页。

③ 参见证监会官网，http://www.csrc.gov.cn/pub/newsite/zjhxwfb/xwdd/202102/t20210205_392292.html。

④ 《刑法修正案(六)》的主要修改：第一，将犯罪主体从“公司”扩展到“依法负有信息披露义务的公司和企业”；第二，扩大了信息披露的范围，信息披露的范围从单一的财务报告扩大到了“重要事实的财务报告”和“其他重要信息”；第三，增加“有其他严重情节”也构成犯罪的规定。

⑤ 参见王晓东：《违规披露、不披露重要信息罪法律问题略论》，载《江西警察学院学报》2018年第2期。

提,也是打击违规信息披露等金融犯罪的关键。

2019年修订后的《证券法》全面推行注册制,注册制下审核的关注点发生变化,从以往对发行人是否具有持续盈利能力和投资价值的审核,转变为对发行人是否符合发行基本条件以及信息披露是否完整、准确、真实和及时进行审核。[①] 注册制下证券发行审核的主体是证券交易所,注册备案的主体是证监会,证券监管体系逐渐向市场化转型,它既克服了证券市场中的信息披露不对称,又减少了行政手段干预市场行为。注册制强化了对信息披露质量的要求,将"投资价值"判断权交还市场主体,而信息披露的内容则是投资者判断投资价值的重要依据,故而信息披露制度是证券注册制得以成功推行的关键内容。[②]《证券法》专章规定信息披露制度,对信息披露的内容作了较大的修订与完善。在证券注册制改革的背景下,市场在发行上市的资源配置中发挥决定性作用,信息披露的作用尤为凸显。信息披露是注册制的核心,要求发行人充分披露投资者作出价值判断和投资决策所必需的信息,确保信息披露真实、准确、完整。[③] 但是,长期以来,信息披露违法行为成为阻碍中国资本市场健康发展的"毒瘤",严重损害了股东和广大投资者的合法利益,制约了证券市场市场资源配置功能的有效发挥,对国家的金融安全造成了重大损害。

在我国证监会的行政执法活动中,信息披露违法一直是我国证券监管部门的重点打击领域。据统计,信息披露违法违规行为与内幕交易、证券操纵违法行为已经成为我国证券市场最主要的三类违法行为。[④] 近年来,监管执法部门加大对违规信息披露行为的打击力度,违规信息披露案件数量呈逐年上升趋势。据威科先行法律数据库的检索,2017年至2020年,证监会(局)对信息披露违法案件作出行政处罚决定分别为101起、134起、124起、170起。[⑤] 2020年,证监会对信息披露违法类案件作出行

---

① 参见邓建平:《新〈证券法〉的五大亮点》,载《财会月刊》2020年第6期。

② 参见徐瑜璐:《论注册制下的证券市场治理权能转向》,载《河北法学》2020年第12期。

③ 参见彭冰:《信息披露是注册制的核心》,载《证券法苑》2014年第3期。

④ 参见商浩文:《大数据时代证券市场虚假申报操纵犯罪的司法认定》,载《中国刑事法杂志》2020年第6期。

⑤ 参见威科先行法律信息库,https://law.wkinfo.com.cn/。

政处罚23件,数量占证监会当年行政处罚总数的20.91%;证监会各派出机构累计对信息披露违法违规行为作出行政处罚的案件93件,较2019年增加49件,占派出机构行政处罚总数的39.74%。[①] 信息披露违法行为涉案金额巨大,极易给投资者造成重大损失,对证券市场信心和市场秩序造成的冲击也越来越大。但是,在违规信息披露的法律治理中,由于行刑衔接的不畅,导致作为保障法的刑法介入不及时,不利于证券市场的有效治理。证监会公布的数据显示,2016年至2018年,证监会共处罚上市公司信息披露违法案件170件(不含全国各地证监局处罚案件数量),而同期向公安机关移送的案件仅19起。[②] 至于违规披露、不披露重要信息罪的生效判决,截至2021年6月30日,在"北大法宝""威科先行"等法律数据库上能搜索到的只有8件刑事案件。

而从刑法规范的变迁来看,对违规披露、不披露重要信息行为的刑事制裁历时已久。1995年2月28日全国人大常委会通过的单行刑法《关于惩治违反公司法的犯罪的决定》(已失效)中就规定了信息披露违法行为的刑事处罚,[③]随后1997年《刑法》第161条明确规定了"提供虚假财会报告罪",[④]2006年《刑法修正案(六)》进一步完善了相关规范内容,[⑤]随后,2007年最高人民法院、最高人民检察院通过司法解释将罪名正式确定为

---

① 参见《中国资本市场投资者保护状况蓝皮书》,载中国证券投资者保护基金有限责任公司网,http://www.sipf.com.cn/dcpj/tbzkpj/2021/05/13480.shtml。

② 参见《证监会严惩上市公司信息披露违法行为,着力改善证券市场生态环境》,载中国证监会网,http://www.csrc.gov.cn/pub/newsite/zjhxwfb>/xwdd/201906/t20190605_356829.html。

③ 该法第4条规定:"公司向股东和社会公众提供虚假的或者隐瞒重要事实的财务会计报告,严重损害股东或者其他人利益的,对直接负责的主管人员和其他直接责任人员,处三年以下有期徒刑或者拘役,可以并处二十万元以下罚金。"

④ 1997年《刑法》第161条规定:"公司向股东和社会公众提供虚假的或者隐瞒重要事实的财务会计报告,严重损害股东或者其他人利益的,对其直接负责的主管人员和其他直接责任人员,处三年以下有期徒刑或者拘役,并处或者单处二万元以上二十万元以下罚金。"

⑤ 《刑法修正案(六)》第5条将《刑法》第161条修改为:"依法负有信息披露义务的公司、企业向股东和社会公众提供虚假的或者隐瞒重要事实的财务会计报告,或者对依法应当披露的其他重要信息不按照规定披露,严重损害股东或者其他人利益,或者有其他严重情节的,对其直接负责的主管人员和其他直接责任人员,处三年以下有期徒刑或者拘役,并处或者单处二万元以上二十万元以下罚金。"

"违规披露、不披露重要信息罪"。[①] 但是,《刑法修正案(十一)》颁行前,对违规披露、不披露重要信息行为刑事制裁的力度和效度明显欠缺。为了进一步促进资本市场的法治化发展,加大证券违法行为的打击力度,同时也是为了有助于《证券法》与《刑法》的衔接协调,2020年12月26日全国人大常委会审议通过的《刑法修正案(十一)》因应证券注册制改革和《证券法》的相关修改,对违规披露、不披露重要信息罪进行了重大立法修改,《刑法修正案(十一)》加大了违规披露、不披露重要信息的刑罚力度。一方面,该修正案将相关责任人员的刑期上限由3年提高至10年,罚金数额由2万~20万元修改为"并处罚金",取消20万元的上限限制;另一方面,与欺诈发行股票、债券罪在控股股东、实际控制人等"关键少数"的刑事责任追究上保持一致,明确将控股股东、实际控制人实施或者组织、指使实施信息披露造假,以及控股股东、实际控制人隐瞒相关事项导致公司披露虚假信息等行为纳入刑法规制范围。[②] 随着《刑法修正案(十一)》实施,信息披露违法行为的刑事法律制裁规则得以进一步补强。但是,刑法修正的立法目的何在、规范修改后应当如何从教义层面进行解读,均值得深入探讨,以保证违规披露、不披露重要信息罪在司法适用过程中的合目的性与规范性。

---

① 2007年10月25日最高人民法院、最高人民检察院颁布的《关于执行〈中华人民共和国刑法〉确定罪名的补充规定(三)》中取消了"提供虚假财会报告罪"罪名,确立了"违规披露、不披露重要信息罪"罪名。

② 《刑法修正案(十一)》将《刑法》第160条修改为:"在招股说明书、认股书、公司、企业债券募集办法等发行文件中隐瞒重要事实或者编造重大虚假内容,发行股票或者公司、企业债券、存托凭证或者国务院依法认定的其他证券,数额巨大、后果严重或者有其他严重情节的,处五年以下有期徒刑或者拘役,并处或者单处罚金;数额特别巨大、后果特别严重或者有其他特别严重情节的,处五年以上有期徒刑,并处罚金。控股股东、实际控制人组织、指使实施前款行为的,处五年以下有期徒刑或者拘役,并处或者单处非法募集资金金额百分之二十以上一倍以下罚金;数额特别巨大、后果特别严重或者有其他特别严重情节的,处五年以上有期徒刑,并处非法募集资金金额百分之二十以上一倍以下罚金。单位犯前两款罪的,对单位判处非法募集资金金额百分之二十以上一倍以下罚金,并对其直接负责的主管人员和其他直接责任人员,依照第一款的规定处罚。"

第二节　信息披露义务主体的范围界定

《刑法修正案(十一)》中将违规披露、不披露重要信息罪的犯罪主体限定为依法负有信息披露义务的公司、企业。可见,该罪是不作为犯,以相关主体不履行相关的信息披露义务为主体。因此,科学厘清相关主体的信息披露义务,是正确适用本罪的关键。

一、信息披露义务主体的认定:以证券法规范的前置法为依据

经《刑法修正案(十一)》修正后的违规披露、不披露重要信息罪条文共计3款,《刑法》第161条第1款规制的是"依法负有信息披露义务的公司、企业"违规披露、不披露重要信息的行为,《刑法》第161条第2款针对的是公司、企业的控股股东、实际控制人违规披露、不披露重要信息行为及其处罚规定,《刑法》第161条第3款规定的是公司、企业的控股股东、实际控制人为单位时的处罚规则。从此3款的规定可知,违规披露、不披露重要信息罪的犯罪主体是特殊主体,即只限于"依法负有信息披露义务的公司、企业"和"控股股东、实际控制人"。该犯罪以单位犯罪为原则,以个人犯罪为例外的刑事责任承担模式。在一般单位实施违法犯罪行为时,按照刑法的规定,此时实行单罚制,只处罚直接负责主管人员和其他直接责任人员,立法主要是考虑到公司、企业的违法行为已经损害了股东和投资者的利益,如果再对其判处罚金,将会加重股东和其他投资者的损失程度;[①]控股股东、实际控制人既可以作为单位实施犯罪,也可以以自然人实施犯罪,控股股东、实际控制人作为单位实施犯罪行为时,实行双罚制,既处罚单位,又处罚直接负责的主管人员和其他直接责任人员。可见,在认定是否构成违规披露、不披露重要信息罪的首要条件则是判断公司、企业是否具备"信息披露义务"以及行为人是否属于"控股股东、实际

---

① 参见许永安主编:《〈中华人民共和国刑法修正案(十一)〉解读》,中国法制出版社2021年版,第90页。

控制人”。①

关于“依法负有信息披露义务的公司、企业”的判定。2006年《刑法修正案(六)》在违规披露、不披露重要信息罪原来的“公司”犯罪主体的基础之上增加了“企业”。可见,“公司”和“企业”的含义并不相同。刑法中“企业”的范围既应包括具有法人资格的企业,也应包括依法成立的不具有法人资格的合伙企业和个人独资企业。我们一般会将公司划分为股份有限公司、有限责任公司两种。而企业则是除公司之外的其他企业。根据相关的法律法规规定:依法具有信息披露义务的公司、企业是指在证券交易所挂牌交易的上市公司或者债券上市的公司及其他信息披露义务人,如基金托管人、基金管理人等。至于哪些公司、企业依法负有信息披露的义务,关键是对“依法”的理解。并不是所有的规范性文件都是法,无论学术界还是实务界,通常的理解是只有全国人大及其常委会制定的法律和国务院制定的行政法规才能称为“法”。也就是说,只有法律和行政法规设定的信息披露义务才是刑法中的义务,行政规章、地方法规以下的规范性文件以及未经立法程序出台的国务院的行政措施、发布的决定和命令等设定的义务不属于本条规定的刑法义务。因此,信息披露义务主体的范围应以前置法的《证券法》《公司法》《银行业监督管理法》《商业银行法》《证券投资基金法》等法律法规的规定为依据。上述相关法律法规将信息披露的义务人确定为发行人及其他信息披露义务人、商业银行、基金管理人、基金托人以及其他基金信息披露义务人、保险公司等。另外,依据证券法的规定,国务院证券监督管理机构可以对其他信息披露义务人的范围作出规定。例如,中国证监会2020年修正的《上市公司收购管理办法》第3条规定,上市公司的收购及相关股份权益变动活动中的信息披露义务人,应当充分披露信息。

二、信息披露义务主体的类型认定

(一)“公司”的信息披露义务

《公司法》将公司划分为股份有限公司和有限责任公司。股份有限公

① 关于“控股股东、实际控制人”的认定在第三章中已展开讨论,此章不再赘述。

司有上市公司和非上市公司之分。[①] 上市公司是指其股票在证券交易所上市交易的股份有限公司。我国证券市场主体主要以上市公司为主,《公司法》第166条规定:"上市公司应当依照法律、行政法规的规定披露相关信息。"据统计,2019年除暴风集团等3家公司外,沪深两市共有3847家公司披露了年度财务报告。[②] 上市公司是证券市场中信息披露的主要义务人,且在实务中违规披露、不披露重要信息罪的绝大多数主体是上市公司;非上市公司虽然不发生股票交易,但2023年修订后的《非上市公众公司监督管理办法》第3条规定了信息披露义务。虽然在实务中很少出现非上市公司信息披露违规的案例,但也不妨碍非上市公司同样依法负有信息披露的义务。对于有限责任公司,笔者认为其虽然负有信息披露义务,但是由于有限责任公司相较于股份有限公司具有"人合性"色彩,它不向社会公开募集股份、公开发行股票,只能在少数甚至特定的人中筹资,在资本筹集上具有封锁性;有限责任公司的经营状况一般不涉及社会公众利益,其财务状况也无须向社会公开,经营管理上也处于相对封闭状态。[③] 根据刑法的谦抑性,为了避免该罪的打击范围过大,有限责任公司不宜纳入此罪的刑法的规制范围,可由民事或行政责任代替。

(二)"企业"的信息披露义务

企业的概念较为宽泛,分类标准众多。以投资人的出资方式和责任形式为标准,除了公司外,企业还分为个人独资企业、合伙企业。个人独资企业和合伙企业都不具有法人资格,但《合伙企业法》中规定了清算人的信息披露义务和法律责任。[④] 1999年6月18日最高人民法院《关于审理单位犯罪案件具体应用法律有关问题的解释》中规定了不具有法人资格的独资、私营企业不构成单位犯罪。针对这一解释,有学者认为,最高人民法院的这个司法解释不恰当地缩小了单位的范围,刑法中"企业"的

---

① 以公司股票是否上市为标准,可将股份有限公司分为上市公司与非上市公司。本罪主要涉及证券市场的信息披露义务,因此采用此分类标准。

② 参见证监会官网,http://www.csrc.gov.cn/pub/newsite/zjhxwfb/xwdd/202009/t20200918_383301.html。

③ 参见雷兴虎主编:《公司法学》(第2版),北京大学出版社2012年版,第61页。

④ 参见《合伙企业法》第100、105条。

范也应包括依法成立的不具有法人资格的合伙企业和个人独资企业。[①]笔者认为,不具有法人资格的企业性质上与有限责任公司具有一定相似性,其信息披露对于广大投资者影响甚微,即使法律上规定了信息披露的义务,也没有必要将其违规披露行为纳入刑事犯罪的范畴。

(三)其他主体的信息披露义务

有学者认为"依法负有信息披露义务的公司、企业",主要是指上市公司和发行人,也包括依法应向股东和社会公众披露信息的其他人,如基金管理人、基金托管人等。[②] 也有学者认为,除了依法负有信息披露义务的公司、企业外,还包括依据《公司法》《证券法》《银行业监督管理法》《证券投资基金法》等法律、行政法规、规章规定的具有信息披露义务的股票发行人、上市公司,公司、企业债券上市交易的公司、企业,银行、基金管理人、基金托管人和其他信息披露义务人。[③] 笔者赞同以上观点,除了公司企业外,还应当根据其他法律将股票发行人、基金管理人和其他证券服务机构纳入信息披露义务人中。

总之,公司是企业的一种表现形态,《刑法》第 161 条将"公司"与"企业"规定为一种并列概念,但在法律中两者并不等同。通过分析,上市公司是信息披露的主要义务人,其他类型的企业并非主要信息披露义务人。此外,还要注意违规披露、不披露重要信息罪是不作为犯罪,在认定犯罪是否成立时,需要判断相关主体是否有信息披露义务。即使有信息披露义务,也要坚持刑法的谦抑性,只能对社会危害性大的行为进行犯罪处理。

第三节　信息披露"重大性"的认定标准

依据《刑法修正案(十一)》的规定,违规披露、不披露重要信息罪的

---

① 参见王晓东:《违规披露、不披露重要信息罪法律问题略论》,载《江西警察学院学报》2018 年第 2 期。

② 参见刘艳红:《〈中华人民共和国刑法修正案(六)〉之解读》,载《法商研究》2006 年第 6 期。

③ 参见黄太云:《〈刑法修正案(六)〉的理解与适用》(上),载《人民检察》2006 年第 14 期。

犯罪对象为重要事实的财务会计报告,或者是依法应当披露的其他重要信息。因此,对于哪些信息属于"重大信息",也是司法实践中亟待解决的现实问题。

一、财务会计报告的"重大性"问题

根据《企业会计准则——基本准则》第 44 条第 2 款规定:"财务会计报告包括会计报表及其附注和其他应当在财务会计报告中披露的相关信息和资料。会计报表至少应当包括资产负债表、利润表、现金流量表等报表。"会计报表附注是对会计报表全面性的描述,附注包含的内容同样是信息披露制度的重要内容。[①] 除会计报表外,笔者通过检索证监会行政处罚案例中发现,如未按规定披露关联交易、未披露关联担保和未披露重大诉讼或重大仲裁等,都是应当在附注中记录的内容。会计报表和会计报表附注都是反映企业经营状况的重要书面报告,也是投资者作出投资决策的重要参考依据。但是刑法规定只有提供虚假的或者隐瞒"重要事实"的财务报告才有可能构成违规披露、不披露重要信息罪,将一般情形排除在外。如何界定"重要事实"?《立案追诉标准(二)》对于"虚假的或者隐瞒重要事实的财务会计报告"情形的列举有四种情节严重的情形:一是"虚增或者虚减资产达到当期披露的资产总额百分之三十以上的";二是"虚增或者虚减营业收入达到当期披露的营业收入总额百分之三十以上的";三是"虚增或者虚减利润达到当期披露的利润总额百分之三十以上的";四是"在公司财务会计报告中将亏损披露为盈利,或者将盈利披露为亏损的"。此四种标准以会计要素的量化比例等来判定违规行为的重要性存在一定不足,比如情形一中的"资产"是"净资产"还是"总资产"不明确等问题。为适应当今证券市场快速多变的发展,需要新的法律法规或司法解释来界定该罪的立案标准。

---

① 会计报表附注至少披露的内容:(1)企业的基本情况;(2)财务报表的编制基础;(3)遵循企业会计准则的声明;(4)重要会计政策和会计估计;(5)会计政策和会计估计变更以及差错更正的说明;(6)报表重要项目的说明;(7)资产负债表日后事项的说明;(8)关联方关系及其交易的说明;(9)或有和承诺事项的说明。

二、科学确定“重要事实”的标准

我国《证券法》第80、81条采用“概括 + 列举”的模式规定了“重大性”的主要类型,包括企业的经营状况、财务状况、人事变动和资本分配等,但此种列举式规定不能穷尽证券市场信息披露的要求。信息披露制度“重大性”虽然发展较为成熟,但是理论界对标准界定也有着不同的方法。“新二元论”是“重大性”标准界定的最新理论,该标准将“价格敏感测试”(如果该信息对证券价格产生显著影响,那么即满足“重大性”标准)作为优先适用的规则性规范,为判断信息“重大性”提供相对客观且具有解释力的结果;当信息呈现价格弱敏感或缺少相关数据并且导致“价格敏感测试”无法适用时,“投资者决策测试”(如果该信息是投资者决策所必需的,那么即满足“重大性”标准)可以作为评价信息“重大性”的原则性规范发挥作用,从而有效保护投资者权益。[①] 换言之,“价格敏感测试”是一种定量标准,该测试反映了信息披露引起证券价格变化的程度;“投资者决策测试”是一种定性标准,从投资者主观态度角度去评估信息的重大性。

笔者通过借鉴信息披露制度中“重大性”标准的理论,尝试建立财务会计报告中足以影响成立违规披露、不披露重要信息罪的“重要事实”的标准。

其一,证券价格变动标准。我国对重大信息认定采取的是“价格影响标准”,证券价格变动指信息披露违规行为的发生所引起的股票及其他证券价格的波动达到一定幅度时,判断信息是否是“重要事实”。《证券法》第80条[②]、2021年修订的《上市公司信息披露管理办法》第22条[③]都涉及了股票价格波动,中国证监会也将股票价格变动作为承担行政责任的重

---

① 参见徐文鸣、刘圣琦:《新〈证券法〉视域下信息披露“重大性”标准研究》,载《证券市场导报》2020年第9期。

② 《证券法》第80条第1款规定:“发生可能对上市公司、股票在国务院批准的其他全国性证券交易场所交易的公司的股票交易价格产生较大影响的重大事件,投资者尚未得知时,公司应当立即将有关该重大事件的情况向国务院证券监督管理机构和证券交易场所报送临时报告,并予公告,说明事件的起因、目前的状态和可能产生的法律后果。”

③ 2021年修订的《上市公司信息披露管理办法》第22条第1款规定,发生可能对上市公司证券及其衍生品种交易价格产生较大影响的重大事件,投资者尚未得知时,上市公司应当立即披露,说明事件的起因、目前的状态和可能产生的影响。

要依据。在2020年浙江尤夫股份行政处罚案件中,[①]中国证监会认为"尤夫股份未在定期报告中披露重大关联担保和其他对外担保事项,发生可能对上市公司股票交易价格产生较大影响的重大事件,构成信息披露违规行为",这表明了我国相关法律法规将证券价格变动作为信息是否重大的参考标准。公司通过虚假的信息披露操纵股票价格,再以虚构的利润释放"利好消息"使股价大幅上升,再伺机大量抛出,牟取暴利,以获取巨额的二级市场收益。[②] 证券二级市场与证券价格变动相关,证券价格变动是反映财务会计报告是否是重要事实的客观因素。对于股票价格波动幅度,有学者认为统计学上一般以5%作为财务数据重大性的判断标准,并将股价变动5%作为信息披露"重大性"的判断尺度,但5%并非绝对标准,还要根据具体情形调整。[③] 笔者赞同此观点,当虚假披露等违规行为发生时,股价波动比违规行为发生前超过5%的情形时,可以认为虚假披露的事实为"重要事实"。虽然5%的变动比例不能证明所有的信息具有"重大性",但从现状来看采取此标准确实对证明信息披露违规行为大有裨益。

其二,投资者标准。如果一项事实对投资者的决策有重大影响,可以认为该信息是应当披露的重大信息。这一标准与美国采用的判断标准大体相似,都是以投资者作为判断信息是否具有重大性的中心。[④] 美国采用"投资决策"标准为"如果存在这样的充分可能性,即理性的投资者在购买或出售证券时可能认为某一事实是重要的,那么该事实即具有重大性"。[⑤] 我国有关投资者规定标准的规定见于《证券法》第84条[⑥]和《上市公司信息披露

---

① 参见《中国证监会行政处罚决定书(尤夫股份)》(〔2020〕80号)。

② 参见吴国萍、黄政:《信息披露违规——公司治理与投资者保护》,科学出版社2012年版,第49页。

③ 参见王彦光:《证券信息披露中的重大性认定——以"万家文化案"为例》,载《金融法苑》2020年第3期。

④ 参见商浩文:《美国首例"幌骗"型高频交易刑事定罪案及其借鉴》,载《华东政法大学学报》2019年第2期。

⑤ 参见陈甦主编:《证券法专题研究》,高等教育出版社2006年版,第274页。

⑥ 《证券法》第84条第1款规定:"除依法需要披露的信息之外,信息披露义务人可以自愿披露与投资者作出价值判断和投资决策有关的信息,但不得与依法披露的信息相冲突,不得误导投资者。"

管理办法》第12条①,但在我国未完全采用投资者标准。有学者观点认为如果一项信息对于投资者的决策确有重要意义,那么该信息就是重大的,必须及时、全面、准确地进行披露;反之,义务人不需要披露这项信息,即使披露,一般也不承担虚假陈述的责任。② 但投资者标准具有一定的主观性,在司法实践中对于投资者的主观性认定存在一定难度,现实可操作性不强。

投资者标准指从投资者主观态度去认定信息是否是重要事实,而证券价格变动则是从客观角度反映信息是否具有重大性。③ 如果某事件或信息能够影响一般理性投资者的投资决策,那么该理性投资者作出的投资决策同样会影响证券价格的波动,因而能够对一般理性投资者的投资决策产生可能的较大影响的信息,同样可以被认为符合"可能对证券价格波动产生较大影响"的标准。④ 笔者认为,公司、企业披露的信息首先作用于投资者,投资者根据信息释放的"利好消息"投资决策进而对证券价格产生波动,"重要事实"标准可以将投资者标准与证券价格标准结合起来综合认定,既克服了投资者标准的主观性和抽象性,又能避免证券价格标准成为唯一标准而失去客观性。

三、综合考量"其他重要信息"范围

"其他重要信息"是《刑法》第161条规定的一个兜底的规范要素,即对依法应当披露的"其他重要信息"不按照规定披露,如果严重损害股东或其他人的利益,也应当追究刑事责任。准确界定"其他重要信息"的范围,成为是否可能需要承担刑事责任的标准。显然,由于认定标准的差异,行政法意义上的"其他重要信息"与刑法意义上的"其他重要信息"是

① 《上市公司信息披露管理办法》第12条第1款规定:"上市公司应当披露的定期报告包括年度报告、中期报告。凡是对投资者作出价值判断和投资决策有重大影响的信息,均应当披露。"

② 参见李君临:《证券市场信息披露重大性标准探析》,载《特区经济》2007年第11期。

③ 参见商浩文:《论信息型操纵证券市场犯罪的司法认定路径——以2019年"两高"最新司法解释切入》,载《法学》2020年第5期。

④ 参见赵晨草:《注册制下信息披露重大性标准之重构》,载上海市法学会:《上海法学研究》集刊(2020年第7卷总第31卷)——中国政法大学、西南政法大学文集,上海市法学会2020年版,第244~245页。

不能等同的。需要注意的是,根据同质性解释方法,“其他重要信息”的刑法意义应当与“财务会计报告”的重要性相当。从法律规范看,《上市公司信息披露管理办法》第7条规定:“信息披露文件主要包括定期报告、临时报告、招股说明书、募集说明书、上市公告书、收购报告书等。”由于定期报告的内容包含了财务会计报告中的内容,为避免范围重复,笔者认为将招股说明书、募集说明书、上市公告书和临时报告列为“其他重要信息”。此外,《证券法》第80条也列举了对股票交易价格产生较大影响的“重大事件”,比如公司的经营方针和经营范围的重大变化、公司发生重大亏损或者重大损失等可以认定为是“其他重要信息”。但是关联交易、重大诉讼、仲裁属于在定期报告中应当披露的信息,不能将“重大事件”完全纳入“其他重要信息的”范围,应根据具体事件确定。至于“其他重要信息”中信息的“重大性”标准,虽然理论和实务中都没有相关界定标准,但鉴于其他重要信息与财务会计报告具有同样的法律地位,其他重要信息也应参考财务会计报告中“重要事实”的标准,采取证券价格变动标准和投资者标准综合认定。

总之,违规披露、不披露重要信息罪涉及众多交叉领域,需要通过财务会计、证券、公司法等学科的知识综合对该罪名的司法认定路径进行探析。在刑事司法认定中,要正确理解该罪的犯罪主体的范围,避免打击范围过宽或过窄。对于隐瞒、虚假披露行为及时界定犯罪标准,准确界定罪与非罪的界限,避免出现行政责任的刑罚化;要精准打击控股股东和实际控制人,注重源头治理,避免遗漏重大责任人员。此外,金融犯罪属于行政犯,兼具行政违法与刑事违法的特点,在金融犯罪领域内,也应追求刑事违法与行政违法的一致,避免行政法上具有合法性的行为受到刑罚处罚。① 因此,在证券市场全面推行注册制的背景下,要加强刑法与前置法的衔接,加强对信息披露制度的理解,提高对信息披露违规行为的治理效率。在当今资本市场发展迅猛的背景下,金融犯罪手段复杂多样且隐蔽性极强,及时改变立法策略尤为关键,我们应继续完善资本市场刑事处罚制度,以更有效地维护金融秩序,防范金融风险。

---

① 参见卢建平:《完善金融刑法 强化金融安全——〈刑法修正案(十一)〉金融犯罪相关规定评述》,载《中国法律评论》2021年第1期。

第五章

内幕交易犯罪的司法适用

现代社会是一个信息社会,信息已经成为市场竞争的一个重要武器。而投资者往往利用市场信息作出投资判断。信息能够有效地影响价格,谁获得的信息越多,在竞争中谁就占据有利地位。在证券市场上,证券投资者对证券价值的判断,必须依赖一定的信息。利益的最大化是投资者投资证券的目的,投资人追逐利益表现为最大限度地获取信息。每一个投资者应当对证券信息的获得享有同等权利,但有些人利用内幕信息进行交易,从中获得巨额利润或减少损失,损害了广大投资者的利益。因此,内幕交易是一种不公平的交易行为。这种行为违背了证券交易公平、公正、公开原则,导致投资者对证券市场的不信任,扰乱和破坏交易秩序。因此,世界各国的证券制度大多禁止内幕交易,对于一些危害严重的内幕交易行为进行刑法制裁。

近年来,随着我国证券市场的发展,内幕交易案件呈现出高发态势。众所周知的中科创业、银广厦、杭萧钢构以及国美集团总裁黄某某内幕交易案等案件,都给中国证券市场带来了极大的震动。我国证券市场经过十几年的发展,已经在逐步地完善,但在面对内幕交易时常无从下手,真正被绳之以法的内幕交易案件不多。因此,如何认定内幕信息以有效打击猖獗的内幕交易犯罪成为我国立法、司法的当务之急。我国现行法律中关于内幕信息的规定主要见于 1997 年《刑法》以及 2019 年《证券法》中,鉴于内幕交易犯罪的严重性,中国证监会于 2007 年 3 月印发了《证券市场内幕交易行为认定指引(试行)》(以下简称《内幕交易行为指引》,已失效)[①]对内幕信息、内幕交易行为的认定等作了比较详细的规定。2012年6月1日,最高人民法院、最高人民检察院《关于办理内幕交易、泄露内幕信息刑事案件具体应用法律若干问题的解释》(以下简称《办理内幕交易案件解释》)正式施行,对一些内幕交易法律适用问题从司法解释层面上作了明确规定。

第一节　关于内幕信息的认定

对内幕信息的利用是认定内幕交易存在的前提,确立内幕信息的认定标准则是界定内幕交易行为的关键。在内幕交易行为、内幕信息、内幕人员的相互关系中,内幕信息是核心因素,是认定内幕交易行为的关键所在。

一、我国关于内幕信息立法的规范分析

我国1997年《刑法》第180条规定:"证券交易内幕信息的知情人员或者非法获取证券交易内幕信息的人员,在涉及证券的发行、交易或者其他对证券的价格有重大影响的信息尚未公开前,买入或者卖出该证券,或者泄露该信息,情节严重的,处五年以下有期徒刑或者拘役,并处或者单处违法所得一倍以上五倍以下罚金;情节特别严重的,处五年以上十年以下有期徒刑,并处违法所得一倍以上五倍以下罚金……内幕信息的范围,依照法律、行政法规的规定确定……"2019年《证券法》第52条规定:证券交易活动中,涉及发行人的经营、财务或者对该发行人证券的市场价格有重大影响的尚未公开的信息,为内幕信息。《证券

① 该指引虽已失效,但其具体规定对实践影响较大,故本部分多处引用,作参考性介绍。

法》第 80 条第 2 款[①]、第 81 条第 2 款[②]所列举的重大事件属于内幕信息。《内幕交易行为指引》(已失效)第 7 条曾规定,本指引所称内幕信息,是指证券交易活动中,涉及公司的经营、财务或者对公司证券的市场价格有重大影响的尚未公开的信息。该指引第 8 条规定,符合下列情形之一的,为证券交易的内幕信息:(1)《证券法》第 67 条第 2 款所列重大事件;(2)《证券法》第 75 条第 2 款第 2 项至第 7 项所列信息;(3)中国证监会根据《证券法》第 67 条第 2 款第 12 项授权而规定的可能对上市公司证券交易价格产生较大影响的其他重大事件;(4)中国证监会根据《证券法》第 75 条第 2 款第 8 项授权而认定的重要信息;(5)对证券交易价格有显著影响的其他重要信息。

从上述规范可见,我国对内幕信息的界定采取了定义加列举的方式。首先,我国法律对"内幕信息"做了明确的定义,内幕信息主要有两个特征,也即"非公开性""重要性",也有学者认为内幕信息具有三个特征(相

---

① 该款规定的重大事件包括:(1)公司的经营方针和经营范围的重大变化;(2)公司的重大投资行为,公司在一年内购买、出售重大资产超过公司资产总额 30%,或者公司营业用主要资产的抵押、质押、出售或者报废一次超过该资产的 30%;(3)公司订立重要合同、提供重大担保或者从事关联交易,可能对公司的资产、负债、权益和经营成果产生重要影响;(4)公司发生重大债务和未能清偿到期重大债务的违约情况;(5)公司发生重大亏损或者重大损失;(6)公司生产经营的外部条件发生的重大变化;(7)公司的董事、1/3 以上监事或者经理发生变动,董事长或者经理无法履行职责;(8)持有公司 5% 以上股份的股东或者实际控制人持有股份或者控制公司的情况发生较大变化,公司的实际控制人及其控制的其他企业从事与公司相同或者相似业务的情况发生较大变化;(9)公司分配股利、增资的计划,公司股权结构的重要变化,公司减资、合并、分立、解散及申请破产的决定,或者依法进入破产程序、被责令关闭;(10)涉及公司的重大诉讼、仲裁,股东大会、董事会决议被依法撤销或者宣告无效;(11)公司涉嫌犯罪被依法立案调查,公司的控股股东、实际控制人、董事、监事、高级管理人员涉嫌犯罪被依法采取强制措施;(12)国务院证券监督管理机构规定的其他事项。

② 该款所称重大事件包括:(1)公司股权结构或者生产经营状况发生重大变化;(2)公司债券信用评级发生变化;(3)公司重大资产抵押、质押、出售、转让、报废;(4)公司发生未能清偿到期债务的情况;(5)公司新增借款或者对外提供担保超过上年末净资产的 20%;(6)公司放弃债权或者财产超过上年末净资产的 10%;(7)公司发生超过上年末净资产 10% 的重大损失;(8)公司分配股利,作出减资、合并、分立、解散及申请破产的决定,或者依法进入破产程序、被责令关闭;(9)涉及公司的重大诉讼、仲裁;(10)公司涉嫌犯罪被依法立案调查,公司的控股股东、实际控制人、董事、监事、高级管理人员涉嫌犯罪被依法采取强制措施;(11)国务院证券监督管理机构规定的其他事项。

关性、非公开性、秘密性),[1]或者认为具有四个特征(相关性、公开性、秘密性、真实性),[2]实际上,学者是从不同的角度进行论述的,但是从其本质特征来看,笔者认为只有上述两个特征。“非公开性”,即相关信息尚未公开;“重大性”,即对证券的价格有重大影响,至于何为“公开”“重大”,上述法律规定没有作出进一步的规定。其次,我国对内幕信息的外延进行了定义加列举式规定,以便于对信息的重要性进行判断。一方面我们可以总体上对内幕信息有一个初步的了解,可以作为授权立法的基准;另一方面也可以在法律还未列明或有遗漏时作为处理案件的依据,为守法和执法提供具体的指引,有利于对内幕交易的预防和规制。

特征应当是事物区别于其他事物的最本质的特点,内幕信息最根本的特征是重大性和未公开性。无论是未公开信息还是重大信息,都是就证券信息而言的,如果与证券没有关系,也就不会引起价格的波动,也就没有规制的必要,这种信息是不能成为内幕信息的,因而相关性是内幕信息的必然要求,其涵括在内幕信息的其他特征之中。同时,影响证券价格并可以用来进行内幕交易获取不当利益的不仅是公司的信息,还有诸如国家政策、税收政策等各方面的信息,因此内幕信息不局限于公司信息。另外,确切性应当是内幕信息的一个特征,在我国建立确切性标准,我们可以知道非来自信息源或与真实情况无关的“谣言”“猜测”“假设”等的确不能成为内幕信息。这对于区分内幕交易与市场操纵、编造传播虚假信息具有十分重要的意义。因此,笔者认为,在我国内幕信息应该具备非公开性、重大性和确切性这三大特征。

二、内幕信息的司法认定标准

结合《证券法》等法律法规对内幕信息的定义以及相关的理论,在司法实践中认定内幕信息一般需要从以下几个方面进行认定。

(一)未公开性

未公开性也称秘密性,是指该信息尚未公开,尚未为证券市场上的有

---

① 参见祝二军:《证券犯罪的认定与处理》,人民法院出版社2000年版,第399页。

② 参见高铭暄主编:《新型经济犯罪研究》,中国方正出版社2000年版,第680页。

关证券投资者所获悉。任何信息一旦被公开披露,内幕人员利用这种信息进行交易就是法律所允许的行为。因而明确一个信息是否属于未公开的信息就是界定内幕信息的关键所在。对于“未公开”的认定,西方有着一种“有效市场理论”。该理论认为当某项信息对证券市场能产生有效影响时,该消息便被认为已经属于公开的消息。反之,则仍然属于尚未公开的信息。[①] 实践中一般认为信息公开的标准有三个:其一为全国性的新闻媒体上公布该信息;其二为通过新闻发布会公布信息;其三为市场消化了该信息,即市场对该信息已经作出反应。[②] 上述标准实际上属于两种:一种是实质公开标准,另一种是形式公开标准。

依据证券法的规定,依法必须披露的信息,应当在国务院证券监督管理机构指定的媒体发布,同时将其置备于公司住所、证券交易所,供社会公众查阅。《内幕交易行为指引》(已失效)中有关内幕信息公开的态度是信息在中国证监会指定的报刊、网站等媒体披露,或者被一般投资者能够接触到的全国性报刊、网站等媒体揭露,或者被一般投资者广泛知悉和理解。最高人民法院、最高人民检察院《办理内幕交易案件解释》规定内幕信息的公开仅指内幕信息在国务院证券、期货监督管理机构指定的报刊、网站等媒体披露。从我国的相关法律来看,我国采取的是形式公开的标准。主张证券、期货市场对该信息有所反映的实质标准,正如学者所言,可能提前或者滞后实际公开的时点,而且市场交易价格受多种因素影响,很难认定是该信息引起的价格变动,这样的标准既模糊又不具有可操作性且易被内幕交易主体利用作为抗辩理由。[③] 相对而言,司法解释的规定更加明确和具有可操作性。

在认定是否属于未公开的问题上涉及主要的问题是认定秘密的时间段,或称“内幕信息价格敏感期”,《办理内幕交易案件解释》对内幕信息形成时间的认定区分了一般情况和特殊情况。一般情况下,内幕信息形

---

① 参见高西庆、陈大刚主编:《证券法学案例教程》,知识产权出版社2005年版,第97页。

② 参见陈晓:《论对内幕交易的法律规制》,载梁慧星主编:《民商法论丛》第5卷,法律出版社1996年版。

③ 参见肖中华、马渊杰:《内幕交易、泄露内幕信息罪认定的若干问题——以“两高”司法解释和证监会规章的比较为视角》,载《贵州大学学报(社会科学版)》2013年第1期。

成的时间与证券法规定的可能对上市公司股票价格产生重大影响的“重大事件”“计划”“方案”以及《期货交易管理条例》规定的“政策”“决定”的形成时间是一致的;特殊情况下,影响内幕信息形成的动议、筹划、决策或者执行人员,其动议、筹划、决策或者执行初始时间,应当认定为内幕信息的形成之时。一般而言,信息公开后就不再是内幕信息,将信息公开后市场还未消化的时间认定为内幕信息敏感期,会不当扩大内幕交易罪的打击面。

其实,在《办理内幕交易案件解释》出台之前,相关的实务部门在司法中早也是在采取与解释一样的认定标准。如《最高人民法院公报》2013年第1期登载的刘某某、陈某某内幕交易案,①,在该案中,被告人刘某某牵线高淳陶瓷公司资产重组,涉及相对控股5%以上股份的股东持有股份、控制公司的情况发生较大变化的情形,属于《证券法》中规定的重大事件;由十四所受让股权,拟成为第一大股东,属于公司股权结构的重大变化。上述事项均是法定的内幕信息。法院认定内幕信息的形成时间是2009年3月6日的《合作框架》的形成之时较为妥当,法院认为,虽然2009年4月19日双方最终签订《合作框架意向书》,但所涉及的十四所重组高淳陶瓷公司“借壳”上市的总思路从《合作框架》始即已确定。可见,虽然本案宣判之时,《办理内幕交易案件解释》尚未生效,但是法院的裁判思路还是与后来司法解释的规定相一致。如果《办理内幕交易案件解释》当时是生效的,法院的判决不会那么纠结,因为《办理内幕交易案件解释》

① 2009年2月至4月间,刘某某受南京市人民政府指派,代表南京市经济委员会参与中国电子科技集团公司第十四研究所及其下属企业国睿集团有限公司与高淳县人民政府洽谈重组江苏高淳陶瓷股份有限公司。2009年2月上旬,刘某某介绍十四所与高淳县政府有关领导见面商谈、陪同实地考察,双方均表达了合作意向。2009年2月中下旬,刘某某又约双方联系人到其办公室,指导双方磋商出台合作方案。2009年3月6日,由十四所草拟的《合作框架》形成初稿。后洽谈双方对合作框架多次进行磋商、修改。2009年4月19日,十四所将双方最终商定的《合作框架意向书》送至南京市经委,刘某某在该意向书上作为见证方签名并加盖南京市经委公章后,出席洽谈双方签署《合作框架意向书》的签字仪式。2009年2~3月,刘某某在牵线联系高淳陶瓷公司资产重组期间,将重组信息透露给在南京证券有限责任公司工作的配偶陈某某。在刘某某的授意下,陈某某2009年4月1日至15日期间,买入高淳陶瓷股票共计614022股;2009年5月22日至6月24日,将高淳陶瓷股票全部卖出,非法获利人民币共计7499479.22元。

规定的特殊情形恰好符合该案的具体情况,刘某某属于影响内幕信息形成的动议、筹划、决策或者执行人员,其动议、筹划、决策或者执行初始时间,应当认定为内幕信息的形成之时。该内幕信息公开之时为 2009 年 4 月 20 日高淳陶瓷公司发布停牌公告、向社会公开披露重大资产重组事项,在这一段时间内该内幕信息的知悉人控制在很小的范围内,具有秘密性,完全符合内幕信息尚未公开的法定要求。

(二)重大性

在内幕信息中,重大性也称价格敏感性,是内幕信息的一个重要特征。内幕信息应该是能够对证券市场价格产生重大影响的尚未公开的信息。判定内幕信息的重大性需要一个客观的标准。证券市场信息很多,并不是所有的信息都是内幕交易所要求的内幕信息。关于何为重要信息。我国学者有的以影响投资者判断标准为依据,认为内幕信息是足以影响投资者判断的信息,"如果某信息不足以左右投资者作出买进或卖出的决定,内幕人员对该信息的利用就不会在多大程度上对市场构成影响,利用该信息也不会给行为人带来多大利益"①。有的以是否引起证券价格变化为标准,认为内幕信息应该属于价格敏感的信息,即"该信息一旦公布证券的价格就会变动"②。有的提出两个标准,认为某项信息是否是内幕信息需要考虑:第一,该信息公布后是否对证券价格产生影响,不考虑信息的内容是否付诸实行;第二,以该信息公布后对市场、对投资者的影响为依据。③ 有的人认为,判断信息是否是重大信息,应当考虑三个标准:一是平行标准,即理性投资者标准;二是事后判断标准,即价格敏感标准;三是以是否保密为标准,要考虑公司是否采取了保密措施。④ 有的学者认为在司法实践中,除了要考虑以上三个因素外,还要考虑被告在知悉了该信息后是否从事了与该信息内容一致的交易行为。⑤

---

① 白建军:《证券欺诈及对策》,中国法制出版社 1996 年版,第 32 页。

② 王作富:《刑法分则实务研究》(上),中国方正出版社 2007 年版,第 460 页。

③ 参见刘宪权:《内幕交易、泄露内幕信息罪若干疑难问题探析》,载《犯罪研究》2003 年第 2 期。

④ 参见翟金鹏:《何为内幕信息》,载《中国审计》2003 年第 9 期。

⑤ 参见赵秉志:《破坏金融管理秩序犯罪疑难问题司法对策》,吉林人民出版社 2000 年版,第 200 ~ 201 页。

我国的相关法律均规定了内幕信息重大性的要件,但重大性标准比较模糊。《证券法》中规定的是对该公司证券的市场价格“有重大影响的尚未公开的信息”,中国证券监督管理委员会《内幕交易行为指引》(已失效)第9条曾规定,对证券交易价格有显著影响,是指在通常情况下,有关消息一旦公开,公司证券的交易价格在一段时期内与市场指数或相关分类指数发生显著偏离,或者致使大盘指数发生显著波动。从上述规定我们发现,我国其实采用的是事后判断标准,即价格敏感标准。但是如何判断价格敏感,我国法律则缺少进一步的规定。

在国外,美国最高法院是以理智投资者作为认定标准。如果一个理智的投资者,在他作出投资时,可能认为这个被忽略的事实是重要的,那么就是重要的。如果投资者知道这些消息时,非常可能认为该信息对其投资决定有重要影响。美国法院经常就是以这种理智投资者的标准来判断某项消息是否属于重要信息。[①] 在司法实践中,有的法院以涉及的信息的实际市场效果、内幕人员交易行为本身、信息的保密等事实为依据来判断信息是否重要。很多国家在判断信息是否为重要时,一般采用价格敏感兼顾理智投资者判断标准。

我国刑法规定内幕交易、泄露内幕消息罪的目的在于防止知悉内幕信息的人员利用该信息进行不正当交易。如果单一采取理智投资者的判断标准,打击面则过大,而且在实践中不易于操作。而采用价格敏感兼理智投资者标准,则显得累赘,因为引起价格敏感的信息也必然是影响理性投资者的信息。而单独考虑价格敏感性则很恰当,即考虑该信息可能对证券市场价格产生影响,给内幕交易人带来不正当利益。因此判断内幕信息的重要性应该考虑三个方面:一是对证券市场价格产生重大影响;二是掌握这种信息的人可能会获得非法利益或减少损失,不掌握这种信息的人则可能会造成损失;三是内幕信息对证券市场的影响仅指可能性结果,并不要求产生何种结果,也不要求信息所涉及的

---

① 美国最高法院是以理智投资者作为认定标准。如果一个理智的投资者在作出投资时,可能认为这个被忽略的事实是重要的,那么该信息就是重要的。参见张军主编:《破坏金融管理秩序罪》,中国人民公安大学出版社 1999 年版,第 274 页。

事项会实现。

在上述最高人民法院公报的案例中,从重大性上看,因高淳陶瓷公司于停牌期间发布一系列公告信息,在2009年5月22日复牌交易后,高淳陶瓷股票连续10个涨停,充分说明资产重组事项对股票市场价格的重大影响。因此认定价格敏感期为2009年3月6日至4月20日是有充分的事实依据和法律依据。刘某某关于其购买高淳陶瓷股票时内幕信息尚未形成的辩解及其辩护人关于刘某某知悉的信息不属"内幕信息"的辩护意见均不能成立。

(三)确切性

从立法来看,包括我国在内的一些国家也未对此作出规定。但笔者认为,在内幕信息的认定方面,讨论并建立确切性标准并非毫无意义。建立确切性标准,我们可以知道非来自信息源或与真实情况无关的"谣言""猜测""假设"等的确不能成为内幕信息。这对于区分内幕交易与市场操纵、编造传播虚假信息具有十分重要的意义。我国确切性标准尚未确立。内幕信息是否要求是真实、确切的消息,我国法律没有明确规定,从而给我们的司法带来了不适。如投资者利用他人杜撰的可能影响证券市场价格的信息进行交易并且获利,是构成内幕交易还是构成其他违法行为,现无从定论。

在欧盟法律中,确切性是与"谣传"相对的,如果仅仅是谣传而非确切的事实,就不能构成内幕信息。对确切性应当从广义上进行理解,不仅包括事实,也包括那些正在发展中的事物的准确信息。只要不是凭空想象,尽管尚未实现,尚未构成事实,也应当认定为事实。确切性是相对的,只要信息来自信息源且与信息源的信息基本一致,无论该信息最终是否实现或者按知情人预测的方向运行,也无论该信息是否为信息源地的人所编造或事后发现为虚假,都应当构成内幕消息。如两个公司开始商谈兼并事宜情况,就应当属于确切的消息,因为最后尽管兼并没有成功,但该消息一旦泄露,会影响投资者的判断,应当属于内幕信息。因此有学者认为考察确切性应当考虑两个因素:一是考察信息的来源,即是否来自信息的发源地,因为谣言、猜测往往与信息的发源地无关,或者仅仅有间接联系;二是考察信息的内容,即所获信息与信息源的信息是否有相当的一致性,只要大体一致,即具有确切性,而不考虑信息源的信息本身的细节以及事实发展的结果是否与行为人的愿望一致。①

在刘某某、陈某某内幕交易案中,刘某某参与上市公司重大资产重组的筹备工作,虽然在《合作框架意向书》签订之前,资产重组的信息尚未成为现实,但是属于正在发展中事物的准确消息,是来自信息的发源地且与信息源的信息具有相当的一致性,因而应当是属于确切消息。刘某某虽然在正式意向书签订之前买卖股票,但是其利用的消息也当属于确切的消息,符合内幕信息确切性的特征。

三、司法实践中内幕信息的传递问题

从第一信息接受者处接受信息的间接接受者乃至从间接接受者处获得信息后泄露信息是否也构成泄露内幕信息行为,即再泄密行为是否应当属于本罪的规制范围。笔者认为,内幕信息在传递者过程中,无论是直接接受者还是间接接受者,其泄露行为会造成证券市场的异动和股票价格的变化,严重扰乱了证券市场的秩序,具有一定的社会危害性。

(一)内幕信息传递者的刑事责任

在 2012 年 6 月 1 日《办理内幕交易案件解释》实施之前,对再泄密者进行刑事惩处是没有明确的法律依据的,因为我国内幕信息犯罪的主体是内幕信息知情人员和非法获取内幕信息的人员,但是《证券法》并未对非法获取内幕信息人员作出明确界定。2012 年的《办理内幕交易案件解释》第 2 条明确了非法获取内幕信息人员范围:(1)利用窃取、骗取、套取、窃听、利诱、刺探或者私下交易等手段获取内幕信息的;(2)内幕信息知情人员的近亲属或者其他与内幕信息知情人员关系密切的人员,在内幕信息敏感期内,从事或者明示、暗示他人从事,或者泄露内幕信息导致他人从事与该内幕信息有关的证券、期货交易,相关交易行为明显异常,且无

① 参见胡光志:《内幕交易及其法律控制研究》,法律出版社 2002 年版,第 74 页。

正当理由或者正当信息来源的;(3)在内幕信息敏感期内,与内幕信息知情人员联络、接触,从事或者明示、暗示他人从事,或者泄露内幕信息导致他人从事与该内幕信息有关的证券、期货交易,相关交易行为明显异常,且无正当理由或者正当信息来源的。[①] 可以说,通过司法解释解决了主体认定上的一些难题,对于依法有力惩治此类犯罪具有积极意义。需要注意的是,与法定内幕信息知情人员不同,对于非法获取内幕信息的人员,必须要有足够的证据来证明其对相关内幕信息是知悉的,如果行为人有正当信息来源或者有正当理由相信该内幕信息已公开或者事先不知道泄露信息的为内幕人或者泄露的信息系内幕信息的,则不能认定其属于非法获取内幕信息的人员。但是,上述司法解释仅仅是解决了从内幕知情人员处获得内幕信息人员的刑事责任的认定问题,对于内幕信息获取的第二手乃至接下来的获取内幕信息的人员的责任认定并没有界定,笔者认为,从获取内幕信息的层级来看,一般只限于直接从内幕信息知情人员处获取内幕信息的人,才可以认定为非法获取内幕信息人员,对于从非法获取内幕信息人员处获取内幕信息的人员,甚至经过几个层级转手获取内幕信息的人员,对其进行刑事处罚缺乏明确的法律依据,基于罪刑法定的原则,一般不宜认定为非法获取内幕信息人员,否则打击面过宽。刑法不可能也不需要把所有的非法行为都作为刑事处罚对象,刑法只应选取那些社会危害性较大的内幕交易行为进行严惩。

(二)行为人利用相关信息作出预测的情形

在认定内幕信息的传递问题时,需要区分行为人运用公开的信息和资料作出的预测和分析情形,该情形下的预测和分析并不是内幕信息。

---

① 其实该种情形在"杭萧钢构"内幕交易案已经得到了相关判决的承认,该案中陈某某第一次得知关于杭萧钢构国外 300 多亿元订单的信息是在喝茶时,杭萧钢构的事业部总经理罗某某主动透露的,而罗某某的信息又是从上级领导熊某处得知的。陈某某当晚将有关情况告知王某某并指令其次日买入"杭萧钢构"股票,陈某某之后又多次非法打探国外 300 多亿元订单的信息,后期行为非法性比较典型,但该案审判中,公诉机关将陈某某喝茶时第一次得到的信息并据此进行的交易也计算在内幕交易犯罪金额中,法院判决书也得以认定,可见司法实践在早已认可了这种方式也构成内幕交易。参见宋伟:《内幕交易、泄露内幕信息犯罪实证研究——以司法认定为中心》,中国政法大学 2011 年硕士学位论文,第 18 页。

我国《禁止证券欺诈行为暂行办法》第5条明确规定:“……内幕信息不包括运用公开的信息和资料,对证券市场作出的预测和分析。”但是《禁止证券欺诈行为暂行办法》已经被废止。理论上对此有不同观点,有学者认为在具体案件中符合内幕信息的要素,并且造成了严重后果,则按内幕交易处理也不无道理。[①] 笔者认为,构成内幕交易必须以利用内幕信息为要件,内幕信息中的一个重要的特征就是利用的是未公开的信息,而该情形下的分析和预测是基于已经公开的信息,不符合内幕信息的特征,故不能认定为利用内幕信息;但是如果利用的是非公开的信息进行的分析和预测,依然可能会构成内幕信息。证券期货市场具有一定的投机性,允许投资者利用自己的专业知识进行分析和预测,能够增强投资者的投资积极性,这种预测在本质上是一种预测,虽然有些专家因为具有丰富的专业知识、熟悉证券运行规律,其预测的结果正确性非常之高,但是无论精确度有多高,都改变不了预测的性质,更何况金融市场具有一定的投机性,法律并不禁止行为人凭借自己的专业知识去进行相关的投资。法律不能因为一个人的语言相当正确就可以剥夺其发表意见的权利,这是现代法治社会公民享有言论自由的必然结论。

第二节　关于内幕交易犯罪主体的认定

内幕交易、泄露内幕信息罪,是指证券、期货交易内幕信息的知情人员、单位或者非法获取证券、期货交易内幕信息的人员、单位,在涉及证券的发行,证券、期货交易或者其他对证券、期货交易价格有重大影响的信息尚未公开前,买入或者卖出该证券,或者从事与该内幕信息有关的期货交易,或者泄露该信息,或者明示、暗示他人从事上述交易活动,情节严重的行为。

---

① 参见白建军:《证券欺诈及对策》,中国法制出版社1996年版,第29~30页。

一、内幕信息知情人员的认定

依据我国《刑法》第 180 条的规定，内幕交易犯罪的主体是证券、期货交易内幕信息的知情人员和单位，以及非法获取证券、期货交易内幕信息的其他人员和单位。可见，《刑法》将该罪的犯罪主体划分为两类人员，第一类是内幕信息知情人员，第二类是非法获取内幕信息的人员。同时，《刑法》第 180 条第 3 款规定，内幕信息、知情人员的范围，依照法律、行政法规的规定确定。

根据《证券法》第 51 条的规定，证券内幕信息的知情人员有如下几种：(1)发行人及其董事、监事、高级管理人员；(2)持有公司 5% 以上股份的股东及其董事、监事、高级管理人员，公司的实际控制人及其董事、监事、高级管理人员；(3)发行人控股或者实际控制的公司及其董事、监事、高级管理人员；(4)由于所任公司职务或者因与公司业务往来可以获取公司有关内幕信息的人员；(5)上市公司收购人或者重大资产交易方及其控股股东、实际控制人、董事、监事和高级管理人员；(6)因职务、工作可以获取内幕信息的证券交易场所、证券公司、证券登记结算机构、证券服务机构的有关人员；(7)因职责、工作可以获取内幕信息的证券监督管理机构工作人员；(8)因法定职责对证券的发行、交易或者对上市公司及其收购、重大资产交易进行管理可以获取内幕信息的有关主管部门、监管机构的工作人员；(9)国务院证券监督管理机构规定的可以获取内幕信息的其他人员。2012 年 6 月施行的最高人民法院、最高人民检察院《办理内幕交易案件解释》第 1 条规定：下列人员应当认定为《刑法》第 180 条第 1 款规定的"证券、期货交易内幕信息的知情人员"：(1)《证券法》第 51 条规定的人员；(2)《期货交易管理条例》第 85 条第 12 项规定的人员。不难发现，《办理内幕交易案件解释》对内幕信息知情人员的界定，既没有指出内幕信息知情人员的实质特征，也没有明确判定内幕信息知情人员应遵守的可操作性标准，而是仅仅就司法实践中的法律适用问题作了指引说明。对《证券法》第 51 条规定的内幕交易罪主体中的内幕信息知情人员进行归纳，可以发现，《证券法》中规定的内幕信息知情人员大致分为三种人。第一种是与证券发行公司相关的内部人员，包括董事、监事、高级管理人员及持股5%以上的股东。第二种是对公司发行、交易证券负有监管义务的人员。比如中国人民银行、中国证监会等相关金融监管人员;再如,履行自律监管的中国证券业协会、银行业协会、信托业协会等机构也可能会接触到内幕信息。第三种是在公司的证券发行、交易过程中提供特定服务的人员。这主要是考虑到这三种人无论从内幕信息获取的概率上,还是获知的内幕信息的真实性上,都比一般投资者更具有信息优势。

一些国家和地区中的法律对于内幕人员的界定也是均突破了将内幕人员仅限于发行公司内部人员的做法,包括了暂时性内幕人员。其实最早的内幕人员仅指发行公司内部人员,因为他们是最有可能接触到发行公司商业秘密的人员。但司法实践中发现,除公司内部人员外,其他人也有可能预先获取内幕信息并以此获利,且此类人员的范围远远大于公司内部人员,行为涉及的范围及效果的严重性也绝非传统内部人员可比的。因此,世界各国和地区的相关法律中基本上都规定内幕人员包括一切可能优先接触内幕信息,且对此信息负有不得私自泄露或利用得利的人员。在理论上,一般认为,之所以要将暂时性内幕人员包括在内幕交易罪的主体之内,主要是因为:公司为了本身的最大利益,往往会将公司的"内部消息"告诉他们,以便他们为公司提供尽可能好的服务,因此,这些人虽然不是公司的职员,但对公司和股东亦负有"信用义务",不得滥用因工作关系所获悉的信息。①

法定的内幕人员并不是在任何情况下都被禁止从事内幕交易。只有在同时具备以下三个条件时,法律才予以禁止。这三个条件主要包括:其一,知悉特定交易中所利用的内幕信息。如果法定内幕人员并不知悉特定交易中的内幕信息,就不负有披露或者不披露该信息的义务,因而也就不能令其对所进行的证券、期货交易行为承担法律责任。其二,对内幕信息的知悉与其职务或者业务有关。如果因亲友等非职务或者业务关系而知悉内幕信息,则不属于内幕人员。其三,内幕信息是在合法的职务或者业务关系中,而不是非法利用职务之便而知悉的。如果某人的职务范围不包括知悉内幕信息,而他利用熟悉其他岗位上的工作人员或工作环境

① 参见刘宪权:《金融犯罪刑法学原理》,上海人民出版社2021年版,第352页。

的方便条件而超越权限获取内幕信息，就不是内幕信息知情人员。[①]

二、内幕信息非法获取人员的认定

关于非法获取证券、期货交易内幕信息的人员，是指内幕信息知情人员以外的以窃取、骗取、刺探或者收买等方法非法获取证券、期货交易内幕信息或者被动接收他人以明示或暗示的方式告知证券、期货交易内幕信息的人员。对此，我国《证券法》中并未进行明确规定。《办理内幕交易案件解释》第2条规定："具有下列行为的人员应当认定为刑法第一百八十条第一款规定的'非法获取证券、期货交易内幕信息的人员'：(1)利用窃取、骗取、套取、窃听、利诱、刺探或者私下交易等手段获取内幕信息的；(2)内幕信息知情人员的近亲属或者其他与内幕信息知情人员关系密切的人员，在内幕信息敏感期内，从事或者明示、暗示他人从事，或者泄露内幕信息导致他人从事与该内幕信息有关的证券、期货交易，相关交易行为明显异常，且无正当理由或者正当信息来源的；(3)在内幕信息敏感期内，与内幕信息知情人员联络、接触，从事或者明示、暗示他人从事，或者泄露内幕信息导致他人从事与该内幕信息有关的证券、期货交易，相关交易行为明显异常，且无正当理由或者正当信息来源的。"可见，从规范的角度来看，在我国刑法及其前置法中对于内幕信息犯罪的主体进行了较为明确的规定，但是，实践中，内幕信息犯罪的主体复杂多样，需要我们坚持合目的性的解释原则对其科学合理进行确定。

其一，关于"非法性"的认定。理论上对于获取内幕信息的手段的非法性认定曾有一定的争论。行为本身是消极的且并不具有违法性的情形下，如获取的内幕信息系内幕人员主动告知的，或者行为人无意中听见的，或者行为人获取他人遗失的内幕信息资料等是否属于"非法获得"的问题颇有争议。但是，对"非法获得"的理解不能过于狭窄，不能仅仅将其限于积极的且具有违法性的手段，而应从较为宽泛的角度加以解释。从内涵上分析，"非法获得"实际上应指"不该获得而获得"的情况，其中"不该获得"是指行为人与内幕信息之间并无职务或业务上的紧密关系，行为

① 参见张军主编：《破坏金融管理秩序罪》，中国人民公安大学出版社1999年版，第286页。

人属于被相关法律法规禁止接触或获取证券、期货交易内幕信息的人员。由此可见,这里的“不该获得而获得”本身就是对特定范围内幕信息知情权的违背。当然,这里的“不该获得而获得”本身并不构成犯罪,行为人如果进步实施内幕交易或再泄露行为,才构成内幕交易、泄露内幕信息罪。对于“非法获得”作宽泛理解和解释,即不管非内幕信息知情人员是采取什么样的方式,只要最终的结果是获得了其不该知悉的内幕信息,就属于非法获取内幕信息。

其二,关于内幕信息知情人员的近亲属或者其他与内幕信息知情人员关系密切人员的认定。内幕信息相关司法解释将内幕信息知情人员的近亲属或者其他与内幕信息知情人员关系密切的人员作为“非法获取证券、期货交易内幕信息的人员”的主体类型。我国相关法律对于近亲属已有明确规定,但需注意的是,我国民事法律中和刑事法律中关于近亲属的范围认定不一致。《民法典》第1045条将配偶、父母、子女、兄弟姐妹、祖父母、外祖父母、孙子女、外孙子女作为近亲属;而依据我国《刑事诉讼法》的规定,刑事诉讼中的近亲属范围包括:夫、妻、父、母、子、女、同胞兄弟姐妹。笔者认为,由于内幕交易犯罪是发生在刑事诉讼领域,应当适用刑事诉讼法的相关规定。而对于祖父母、外祖父母、孙子女、外孙子女等人员可以参考相关司法解释的规定纳入关系密切人的认定范畴。《最高人民法院、最高人民检察院关于办理受贿刑事案件适用法律若干问题的意见》(法发〔2007〕22号)第11条规定,“特定关系人”,是指与国家工作人员有近亲属、情妇(夫)以及其他共同利益关系的人。对于情妇(夫)的认定应从客观与主观相结合的实际出发综合判断,既要考虑当事人之间的利益关系,也要考虑特殊的感情关系,不能用固定的模式去判断。“其他共同利益关系的人”作为一个兜底条款,说明“共同利益关系”才是特定关系人的本质特征,近亲属和情妇(夫)只是其中的重要表现形式。在实践中,其他关系密切人一般包括:(1)通过“其他亲属关系”形成的关系密切人。如近亲属之外的家庭成员,或者通过近亲属形成的亲属关系等。(2)在日常交往中建立起来的“利益共同体”。(3)内幕信息知情人员的情妇(夫)等具有情感关系的人。(4)通过社会关系而与第三人之间形成的同乡、同事、同学等关系密切人。

其三,关于与内幕信息知情人员联络、接触人员的认定。《办理内幕交易案件解释》第 2 条第 3 项规定,在内幕信息敏感期内,与内幕信息知情人员联络、接触,从事或者明示、暗示他人从事,或者泄露内幕信息导致他人从事与该内幕信息有关的证券、期货交易,相关交易行为明显异常,且无正当理由或者正当信息来源的,构成非法获取内幕信息人员。行为人实施证券交易之前与内幕信息知悉人员之间的联络和接触是一个沟通联系与内幕信息传递的言语互动过程。这种联络和接触的形式多种多样,但是只要在联络和接触过程中获取了相关内幕信息,然后从事交易,就有可能构成犯罪。[①] 这也就表明,内幕信息的传递一般多发于近亲属以及其他关系密切人之间,但这并不意味这些行为主体之外的人就可以直接排除行为人获取内幕信息的可能。内幕信息完全可以在社会关系一般的主体之间进行传递。比如,在上述沟通和联络过程中,内幕信息知悉人员基于故意、口风不严等因素,都可能使行为人获取内幕信息。正是因为认识到上述内幕信息传递的实践特征,上述规定将内幕信息知情人员近亲属、关系密切人之外的内幕信息敏感期内的联络、接触人纳入内幕交易犯罪主体范围。但是,需要注意的是,如果行为人偶然、无意地听到内幕信息,此时由于无主动联络和接触的行为,不宜作为与内幕信息知情人员联络、接触人员进行认定。

第三节　关于内幕交易违法所得的认定

依据我国《刑法》的规定,内幕交易行为对社会的危害程度达到"情节严重"时才能构成犯罪,"情节特别严重"时应加重处罚。由于内幕交易、泄露内幕信息罪典型的行政犯、情节犯特质,内幕交易违法所得的认定,不仅会影响行政罚款和罚金刑的数额,更是行政违法案件是否移送司法机关追究刑事责任以及定罪量刑的重要依据。

---

① 参见钱列阳、谢杰:《证券期货犯罪十六讲》,法律出版社 2019 年版,第 133 页。

一、内幕交易违法所得的认定争议

内幕交易犯罪数额集中表现了此类证券期货犯罪行为的规模及其对证券期货市场交易秩序的危害性,故准确计算内幕交易犯罪数额是内幕交易犯罪情节认定中极为重要的问题。根据《办理内幕交易案件解释》第 6 条与第 7 条的规定内幕交易犯罪数额表现为证券交易成交额、期货交易占用保证金数额、获利或者避免损失数额三种类型。其中,证券交易成交额与期货交易占用保证金数额可以直接根据从事内幕交易犯罪行为的账户交易数据予以计算,这在司法实践中并不存在困难。而获利或者避免损失数额不仅涉及内幕交易犯罪刑法适用与金融实务中的不少疑难问题,而且对于内幕交易犯罪罚金数额裁量具有直接影响。根据《刑法》第 180 条的规定,实施内幕交易犯罪行为,情节严重的处 5 年以下有期徒刑或者拘役,并处或者单处违法所得 1 倍以上五倍以下罚金:情节特别严重的,处 5 年以上 10 年以下有期徒刑,并处违法所得 1 倍以上 5 倍以下罚金。故内幕交易犯罪罚金完全以内幕交易行为的违法所得为依据。同时《办理内幕交易案件解释》第 10 条第 1 款规定:“刑法第一百八十条第一款规定的‘违法所得’,是指通过内幕交易行为所获利益或者避免的损失。”可见,内幕交易获利或者避损数额是罚金刑的直接裁量依据。但是,对于内幕交易获利数额与避免损失数额的认定问题,《办理内幕交易案件解释》并没有制定针对性的数额计算方法,该问题极有可能在实践过程中出现较多争议与分歧。

中国证券监督管理委员会 2007 年 3 月 27 日印发的《证券市场内幕交易行为认定指引(试行)》(已失效)第 22 条规定,违法所得的计算,应以内幕交易行为终止日、内幕信息公开日、行政调查终结日或其他适当时点为基准日期。该指引第 23 条规定,违法所得数额的计算,可参考下列公式或专家委员会建议的其他公式:违法所得(获得的收益) = 基准日持有证券市值 + 累计卖出金额 + 累计派现金额 - 累计买入金额 - 配股金额 - 交易费用;违法所得(规避的损失) = 累计卖出金额 - 卖出证券在基准日的虚拟市值 - 交易费用。前款所称交易费用,是指已向国家交纳的税费、向证券公司交付的交易佣金、登记过户费及交易中其他合理的手续费等。上述文件对基准日期规定了多个日期,且还有“其他适当时点”概括性和兜底性的规定,对列出的违法所得计算公式只是规定可以参考使用,且规定可以参考使用专家委员会建议的其他公式。因此,实际稽查工作中,难免做法不一。

实践中,相关的证券监督管理部门的做法不一,主要有以下几种做法:(1)实际获利以计算截止日期前(包括该日)实际卖出价计算,计算截止日应为调查终结报告确定前调查部门请交易所进行计算的发函日(调查部门负责人签发日):(2)账面获利以内幕信息公开日或首个收盘打开涨跌停板日(如有涨跌停板)收盘价计算;(3)避免损失数额计算方法为:违法所得=累计卖出金额-卖出证券在基准日的虚拟市值-交易费用。其中累计卖出金额为内幕信息公布前被告人实际出售股票收盘价乘以股票数,基准日虚拟市值是内幕信息公布后当日收盘价乘以被告人已经卖出的股票数。[①] 而在刑事司法实务中,对于内幕交易违法所得清仓股价的时间点认定较为统一,利用利好消息在内幕消息公布后全部清仓的,按照卖出股票当日股价计算;利用利空消息买入股票的,以收盘价为计算基准;利用利好消息买入后部分卖出的,实务判决观点不同。有的案件中,利好型内幕信息复牌后未兑现的,法院认为无论在复牌日还是复牌日之后抛售股票,均应以抛售后的实际获利认定为内幕交易的违法所得。如果复牌后没有抛售而是选择继续持股的,则应以复牌日收盘价计算账目获利认定为违法所得。[②]

二、内幕交易违法所得的认定规则

我国证券执法和司法实务中对内幕交易违法所得的计算,以实际所得法和账面所得法为代表,呈现出计算方式趋同,但计算标准各异的特征。之所以将内幕交易的违法所得认定为实际成交的差额,在于我国实务中对违法所得与不法行为之间获利关联性的判断,长久以来都建立在

---

① 参见杨子良:《如何计算内幕交易案件中的违法所得》,载《法律适用(司法案例)》2017年第24期。

② 参见郑军、陈祥玲:《内幕交易违法所得判断规则的探讨——基于142份刑事判决书的定量分析》,载《司法体制综合配套改革与刑事审判问题研究——全国法院第30届学术讨论会获奖论文集(下)》,第1395页。

"事实观察"的视角之上。实际所得以实际成交差额作为计算规则,在操作上具有便捷性。只用将基于内幕信息所实施的交易行为的平仓金额减去建仓成本就可以计算出违法所得的数额。但是,行为人的代理人或辩护律师时常质疑实际所得法的正当性,主张剔除内幕信息以外的因素对单只股票价格的影响,但中国证监会与法院的回应相当简单,各方见解未能充分展现和深入论证。

一般来说,平仓时市场价格对于计算内幕交易违法所得具有重要影响。平仓时市场价格的水平与内幕信息之间在经济上必须具有相当因果关系,如果达到该价格水平是由于其他经济因素推动的,则排除了这种因果关系的相当性受到介入因素影响的金融交易利润不能认定为内幕交易行为的违法所得;如果该价格水平是重大信息与其他介入因素共同作用的,则弱化了内幕信息与价格波动因果关系的相当性,应当在违法所得中扣除非内幕信息作用下的价格波动对违法所得的数量影响。现实生活中股价波动的原因是多方面的,既包括系统性因素,如整体经济衰退、存款准备金率下调、通货膨胀等,也包括非系统性因素,如厂房失火、竞争者降价、工会罢工等的影响,类似信息进入市场后会造成股值大规模普涨或者普跌。在整体环境的负面作用下,即使存在内幕交易,实际股票价格也难以真实反映内幕信息的内在价值。例如,有的行为人在最终卖出股票之前,相关上市公司又披露了新的利好消息,实际卖出价格明显受到其他内幕消息的影响。若按照实际所得法计算违法所得,必然无法剔除其他因素对非法获利或避损的影响,也难以说明违法所得与不法行为之间的获利关联性。因此,在判断实际违法所得数额时应考虑违法所得与内幕交易行为之间的因果关系相当性。

违法所得的本质特征体现在行为人实际取得和支配的财产利益与不法行为之间的规范关联性上,只有足以反映系争犯罪之特殊不法内涵的财产利益,即可归责于刑事不法行为的财产转移结果,才属于刑法意义上的违法所得。[①] 这种"可归责性"需要结合相应构成要件的规范保护目的

① 参见金焱:《内幕交易之违法所得:行刑衔接视角下的实证考察与理论辨析》,载《湖北社会科学》2021年第2期。

才能确定，对内幕交易违法所得的认定亦应以此为出发点。证券买卖本应在信息平等的基础上进行，内幕交易却破坏了证券交易活动所应遵循的“公开、公平、公正”原则。内幕交易与正常的股票买卖之间最大的区别在于其破坏了与其他投资者之间的信息平等地位，为自己创造了不被容许的获利或避损机会。内幕交易被评价为违法的只是从事交易的方式和手段，而非交易行为本身，因此，可归责于内幕交易行为的财产转移结果只是与他人地位不对等的特殊获利或避损机会而已。此种观点对于内幕交易未平仓部分的拟制违法所得核定规则内幕信息形成之后建仓的交易者在案发前全部或者部分未平仓情况的违法所得之核定具有积极意义。在这种情况下，买入与卖出的完整交易行为实际上并未完成，无论是基于利好信息做多金融商品但未全部或者部分抛售，还是基于利空信息做空金融商品且全部或者部分未买入回补，都是只有利用重大未公开信息建仓行为，缺乏将最终实际平仓价格作为直接计算内幕交易违法所得的基准价格，所以须在法律上拟制内幕信息经济价值与内幕交易者持仓利益之间的对应性关系并以此核定内幕交易违法所得。以重大信息公开当日的金融商品价量作为核算全部未平仓的内幕交易违法所得数额并不合理，因为这种做法并未能有效证明信息与价格之间的相当关联性，能整体排除信息公开之后的一段合理时间内市场价格表现对信息与金融商品内在价值评价，有必要在时间范围上予以合理的拓展与延伸，从而更为充分地评估信息价值在未平仓的内幕交易持仓价值中的影响。法律理论、金融立法、判例实务中比较一致的观点是，重大信息对金融商品市场交易价格的影响持续期间通常为 10 个交易日。以重大信息公开后 10 个交易日金融商品市场平均价格为基准核定内线交易量所对应的经济数额，是在缺少实际成交价格的条件下对信价值市场价格化表现的一种相对合理的推算。[①] 也就是说，在此种情形下，对于未平仓的部分，利好消息导致价格上涨的，违法所得应以内幕信息对市场产生影响的 10 个交易日内的平均交易价格与行为人实际建仓平均成本价格之间的价差；利空消息导致证券价格下降的，行为人在内幕信息公开

① 参见刘宪权：《金融犯罪刑法学原理》，上海人民出版社 2021 年版，第 349 页。

之前卖空,尚未平仓部分的避免损失数额不应根据平仓数额计算,仍然需要根据内幕信息对市场影响的 10 个交易日内的平均价格和行为人建仓平均价格之间的价格差进行认定。

第六章

利用未公开信息交易罪的司法适用

我国的金融证券市场成为市场经济体系中的重要组成部分,对市场经济的发展具有举足轻重的影响力。与此同时,金融领域的犯罪现象层出不穷,犯罪种类呈现多样化、复杂化、严重化、网络化的特征,其中极具典型性的违法行为就是利用未公开信息交易的行为,俗称“老鼠仓”。近年来,在我国证券、期货交易活动中,行为人利用因职务便利而获取不公平的信息优势进行违法行为谋取巨额交易利润的违法犯罪行为多发,某些金融机构从业人员利用金融机构的巨额资金作后盾,在用客户资金买入证券、期货等金融产品前,以自己的名义,或假借他人名义,或者告知其亲属、朋友、关系户,先行低价买入证券、期货等金融产品,随后待客户资金拉升至高位由自己率先卖出获得巨额非法利益,通过此种形式将风险与损失转嫁于其他投资者,严重破坏了公开、公平、公正的证券、期货市场秩序,严重损害了一般投资者或处于信息弱势地位的散户利益,极大地败坏了金融行业的良好信誉,影响投资者对金融机构的信任,其社会危害性日益凸显,必须予以严厉惩治。[①]

我国立法机关于2009年2月28日通过的《刑法修正案(七)》中增设了“利用未公开信息交易罪”,明确了该罪的构成要件和刑罚适用内容。为依法惩治利用未公开信息交易犯罪提供了明确具体的法律依据。于2022年修订的《立案追诉标准(二)》进一步明确了利用未公开信息交易

---

① 参见姜永义等:《〈关于办理利用未公开信息交易刑事案件适用法律若干问题的解释〉的理解与适用》,载《人民法院报》2020年4月30日,第5版。

行为的立案追诉标准。然而近年来,利用未公开信息交易犯罪案件呈现出发案领域日趋广泛、犯罪手段网络化、行为主体内外勾结等新特点。为了进一步适应司法实践中打击利用未公开信息交易犯罪的需要,明确该罪的具体定罪量刑标准和法律适用争议问题,2019 年 6 月 27 日最高人民法院、最高人民检察院公布了《关于办理利用未公开信息交易刑事案件适用法律若干问题的解释》;2020 年 3 月 25 日最高人民检察院发布了第十七批指导性案例,"王某等人利用未公开信息交易案"(检例第 65 号)。至此,我国司法机关进一步针对利用未公开信息交易罪的法律适用问题进行了规范和指导,我国对于"老鼠仓"案件的认定与规制进入更加全面、准确的时期。然而,上述相关司法解释或者指导性意见在对于未公开信息的范畴、利用未公开信息的行为方式、因果关系的认定等方面尚存在一定的概括性和抽象性。

第一节 未公开信息的类型化认定

未公开信息是认定利用未公开信息交易罪中不可或缺的要素。在金融证券市场之中,未公开信息具有高度的信息价值,体现在向金融市场参与者提供一种分析当前金融商品市场价格与供求关系引导下的近期价格之间价差的评估依据。[①] 对未公开信息进行类型化认定,是认定和处理"老鼠仓"的关键一步。

一、未公开信息的规范文本分析

对于未公开信息,其"未公开性""价格敏感性""范围限定性""时效性"等特征已是学术界无可争议的事实。然而对于未公开信息的具体范围认定,一直是法律法规中的盲点,缺乏相应的前置性法律法规或规章作出具体规定。一般而言,未公开信息是与内幕信息相对应的,未

---

① 参见胡媛:《利用未公开信息交易罪的疑难问题研究》,辽宁大学 2016 年硕士学位论文,第 12 页。

公开信息是法律法规规定的内幕信息之外的信息，主要是指证券、期货等金融机构使用客户资金购买证券、期货的投资交易信息，一般属于单位内部的商业秘密，法律并未要求此类信息应当公开，不属于内幕信息的范围。既往，由于未公开信息的范围和内涵模糊不清，在司法适用中存在诸多争议。直到2019年6月27日最高人民法院、最高人民检察院公布了《关于办理利用未公开信息交易刑事案件适用法律若干问题的解释》，正式明确了未公开信息的范围。[①] 可以说，此司法解释对于未公开信息的判断和认定，一定程度上有效地解决了认定利用未公开信息交易罪中的"老大难问题"。

《关于办理利用未公开信息交易刑事案件适用法律若干问题的解释》第1条就"未公开信息"作了界定。此条第1项是证券、期货的投资决策、交易执行信息，如基金投资公司即将建仓、出仓的信息等，这是"未公开信息"的常见类型，过去查处的"老鼠仓"案件所涉信息基本上属于此类信息。此条第2项是证券持仓数量及变化、资金数量及变化、交易动向信息，通常是指证券交易所、证券结算中心等金融机构工作人员利用职务便利能够获取，并且应当予以保密的重要信息，如本单位受托管理的资金的运营情况、客户的交易信息等。因这类信息不属于证券法规定的内幕信息，但又对证券交易活动具有影响，故作为"未公开信息"。需要注意的是，《期货管理条例》明确规定此类信息属于"内幕信息"，不属于"未公开信息"，若利用此类信息于期货领域进行非法交易，应当以内幕交易、泄露内幕信息罪论处。此条第3项是其他可能影响证券、期货交易活动的信息。司法实践中，对是否属于"未公开信息"难以认定的，《关于办理利用未公开信息交易刑事案件适用法律若干问题的解释》第2条作了提示性规定，即对于"未公开信息"难以认定的，司法机关可以在有关行政主管、监管部门认定意见的基础上，根据案件事实和法律规定作出认定。

由此可见，上述司法解释以"明确列举＋兜底条款"的方式对"未公

---

① 该司法解释第1条规定：《刑法》第180条第4款规定的"内幕信息以外的其他未公开的信息"包括下列信息：(1)证券、期货的投资决策、交易执行信息；(2)证券持仓数量及变化、资金数量及变化、交易动向信息；(3)其他可能影响证券、期货交易活动的信息。

开信息”进行了初步界定,对于司法解释未作明确规定的其他信息是否属于“未公开信息”,则需要依据有关行政主管、监管部门的意见基础作出认定。因此,行政机关作出的利用未公开信息交易案件对于刑事案件的认定也具有重要的参考意义。我国证券、期货领域的相关政策以及相关法律法规正处于不断改革、完善之中,如证券领域中设立科创板并实行注册制改革,新三板也在不断改革、完善等。在此背景下,很可能出现某些案件中所涉信息是否属于“未公开信息”存在争议的情形。

二、未公开信息的司法类型化认定

实践中涉及的未公开信息类型可归纳如下几种。

1. 金融机构投资计划、决策或拟投资决策等相关信息

此类未公开信息是指证券公司、商业银行、保险公司、期货公司等金融机构或代客投资理财机构在从事所在机构的证券、期货交易业务时,进行有关投资业务所形成的信息,包括投资交易的标的股票的名称、数量、价格、盈利预期、交易时点、投资比例等内容。这些投资信息代表了二级市场的投资者判断或者资金投资动向,一般属于单位内部的商业经营秘密。典型案例如袁某、区某某案,区某某利用从袁某处获得的泰信先行基金股票投资决策等未公开信息,使用其控制的“陆某某”“杨某某”“陈某2”证券账户,先于、同期于或稍晚于泰信先行基金买卖相同股票非法获利324.03万余元。[①] 再如,中国证监会于2014年10月10日所作的第85号行政处罚决定,时任交银施罗德基金管理有限公司基金经理的郑某,负责交银稳健基金的投资管理工作,其对交银稳健基金投资股票的种类、数量、价格及时间具有决定权或建议权,郑某通过职务便利获得了相关投资的未公开信息,伙同他人从事非法交易活动,非法获利1242万余元。[②] 这种类型案件的基本特征为相关管理人员利用证券公司、商业银行、基金管理公司等金融机构在其业务范围内作出的有关投资决策、投资计划等未公开信息进行非法交易。

① 参见上海市高级人民法院刑事判决书,(2018)沪刑终95号。

② 参见中国证监会〔2014〕85号行政处罚决定书。

2. 金融机构之间开展投顾合作所形成的信息

在金融领域中，以投资管理为主要业务的金融机构会与期货管理公司开展相应合作。双方可能形成投资—顾问合作关系，即由金融机构在约定系统中设定相应的风控阈值，再由擅长提出投资建议与投资指令的金融机构发出建议指令，经风控端审核通过之后，符合风控指标要求的投资建议指令会直接发送报单至券商柜台下单。在此过程中，相关人员因授权而知悉投资建议、具体交易执行等未公开信息，利用此类信息开展非法交易活动，进而破坏了资本市场基本的法治原则，严重损害投资人的利益。如中国证监会于2019年12月5日所作的第145号行政处罚决定，北京佑瑞持投资管理有限公司的从业人员李某，担任佑瑞持债券稳利集合资管计划的投资顾问，负责在约定的投资范围内提出投资建议，由安信证券进行风险合规性审核，若投资建议符合交易条件、流动性要求、估值要求等指标要件，安信证券参考投资建议内容下达交易指令。李某利用知悉的佑瑞持债券稳利集合资管计划权益部分的投资决策，进行非法交易操作，从而被中国证监会认定为利用未公开信息交易的违法行为，对其作出了责令改正，给予警告，并处以40万元罚款的行政处罚。①

3. 金融机构开展管理、咨询业务中形成的经营信息

此类未公开信息是指证券公司、基金管理公司、期货公司、资产管理公司等金融机构在从事证券、期货资产管理业务、咨询业务等过程中形成所管理股票组合、年金和专户产品等的相关经营信息。这类未公开信息属于公司内部管理股票范围内的信息，包括各个股票组合、年金产品的交易指令、交易品种、交易方向、交易数量、交易时间、交易价格、持仓情况等信息，不少基金管理公司或资产管理公司的工作人员，因职务便利获取上述信息，实行“暗箱”操作，在信息未公开之前抢先一步，低买高卖最终获得丰厚利益。利用此类未公开信息开展违法活动是此罪常见的手段，典型案例如某资产管理股份有限公司投资经理周某某，获知了所管理股票组合的交易品种、交易数量、交易时间和持仓情况等未公开信息，通过四川省某投资有限公司投资总监陈某提供的名为“邓某1”“沈某”“赵某2”

---

① 参见中国证监会〔2019〕145号行政处罚决定书。

“王某2”“黄某2”的证券账户及资金,违反相关规定,在上述证券账户内,先于或同期于公司进行股票交易,累计趋同交易金额达48125.851245万元,获利额达564.8924699万元,最终二人均因利用未公开信息交易罪受到法律的制裁。[①] 再如中国人保资产管理股份有限公司股票投资部投资经理卓某,同样是获取了所管理股票组合的交易品种、交易方向、交易数量、交易时间和持仓情况等,通过其实际控制的名为“王某某”的证券账户,先于、同期或稍晚于中国人保资产管理股份有限公司进行股票趋同交易累计交易金额达6659.309146万元,非法获利196.9994942万元,最终被判处有期徒刑3年6个月,并处罚金人民币200万元。[②]

4.证券经营机构、信托公司等金融机构产品变动情况信息

此类未公开信息包括证券账户所持有的股票代号(名称)、变更日期(交易日期)、变更股数(增减股数)、结余股数(持股数量)等未公开信息。如中国证券登记结算有限公司深圳分公司的涂某1,其利用相关信托产品、金融机构资管产品的股票拥有及变动情况等,包括前述证券账户所持有的股票代号、变更日期、变更股数等,指使其弟弟涂某2通过“白某某”“张某某”“卢某某”“曹某某”“姚某某”“宋某某”“骆某某”等证券账户交易,趋同交易盈利3475387.60元,对证券市场的公平秩序和中国证券登记结算有限公司的经济利益均造成严重损害。[③] 此类未公开信息与上述列举的第三类信息具有较大相似性,均为金融机构内部产品的相关信息,但此类信息更侧重于证券账户所持股票的变动信息,因具有独特性,故单独作为一种类型进行论述。

总而言之,随着我国金融证券市场飞速发展,金融领域的变化日新月异,新型的交易方式接连出现,在复杂多变的金融环境之中从事交易活动,必然接触纷繁复杂且数量庞大的信息与数据,现有的法律规制并不能包罗万象,上述类型化的非公开信息只是实践中常见的信息类型。目前对于未公开信息的界定,远未达到与现实需求同等水平的预期,仍存在较

---

① 参见重庆市第一中级人民法院刑事判决书,(2017)渝01刑初22号。

② 参见重庆市高级人民法院刑事判决书,(2017)渝刑终156号。

③ 参见广东省高级人民法院刑事裁定书,(2018)粤刑终479号。

大空间需要做进一步明确。是以,2019 年的《关于办理利用未公开信息交易刑事案件适用法律若干问题的解释》第 3 条明确规定,“违反规定”包括违反法律、行政法规、部门规章、全国性行业规范有关证券、期货未公开信息保护的规定,以及行为人所在的金融机构有关信息保密、禁止交易、禁止利益输送等规定。因此,司法实践中需要结合行为人所在的金融机构有关信息保密、禁止交易、禁止利益输送等规定予以进一步认定,唯有如此,才能更好地适应金融市场的发展需求,更高效精准地处理“老鼠仓”案件。

第二节　利用未公开信息交易的行为方式认定

明确了未公开信息的范围和类型之后,紧密衔接的是对利用未公开信息交易的行为方式认定。《刑法》第 180 条第 4 款对于此罪行为模式的表述为:证券交易所、期货交易所、证券公司、期货经纪公司、基金管理公司、商业银行、保险公司等金融机构的从业人员以及有关监管部门或者行业协会的工作人员,利用因职务便利获取的内幕信息以外的其他未公开的信息,违反规定,从事与该信息相关的证券、期货交易活动,或者明示、暗示他人从事相关交易活动。从法条规定之中可以看出,此罪的行为模式共有两种,一种为特定主体直接从事与该信息相关的证券、期货交易活动,此行为可称为交易行为;另一种是特定主体采用“明示或暗示”的形式使他人从事相关交易活动,是一种建议行为,此种形式更多涉及共同犯罪问题,分析此模式结构需要准确理解明示、暗示他人从事相关交易活动的具体表现形式。

一、特定主体单独直接从事证券、期货等交易活动

此种行为方式的主体为证券交易所、期货交易所、证券公司、期货经纪公司、基金管理公司、商业银行、保险公司等金融机构的从业人员,既包括普通的股票交易员、证券交易员、债券交易员、证券研究员、基金管理公司等一般职工,也包括在上述金融机构中出任管理岗位的人员,以基金经理、投资经理、投资顾问居多。实践中,具体行为方式的操作步骤大同小

异,表现为上述金融机构的从业人员利用职务便利获悉的未公开信息,操作一个或数个他人股票账户、证券账户等,先于、同期于或稍晚于基金账户买卖相同股票若干只,从而非法获取巨额利益。这种模式多是行为人控制他人账户进行交易活动,以“李某案”为例,作为太平洋资产管理有限责任公司权益投资部投资经理,李某利用所获取的股票交易情况等未公开信息,使用“薛某”“陈某”“翁某”3个证券账户,先于、同期于或稍晚于太平洋财产保险和太平洋人寿保险证券投资组合账户买入或卖出相同股票共计73只,累计成交金额7.66亿余元,非法获利428.84万余元。[①] 再如,曾任中国人寿养老保险股份有限公司投资管理中心高级经理的曾某,通过操作其实际控制的“王某某”的股票账户,先于或同期于年金账户买入或卖出相同股票卖出金额共计2.03亿余元,非法获利共计1199456.05元。[②]

二、“特定主体+特定主体”共谋实行违法交易行为

此种行为方式的主体均为特定主体,即金融机构的从业人员,作为金融领域的专业人士,共同利用一方或双方的便利地位和条件,获取一系列未公开信息,从事相关交易活动共同牟取私利,构成利用未公开信息交易罪的共同犯罪。此种行为方式通常手段较为高明,主体均为精通证券、股票或基金专业知识的尖端人才,熟悉所在行业的发展情况和资本市场运作规则,了解金融市场的发展规律,且容易获得相关具有重要经济价值的未公开信息,两者“强强联合”共同整合信息和数据,进行不易察觉的“高智商犯罪”活动,行为人往往不采取邮件、短信等书面形式而用口头形式进行信息交流与沟通,以事前精心策划交易的时间、价格、方式相互利用未公开信息,这类犯罪行为给司法机关开展工作增加了诸多难度,侦查机关不易侦查立案,检察机关不易收集证据进行有效控诉,审判机关不易审理裁决。此种行为方式是惩处“老鼠仓”案件的难点情形,因此需要做更深层的了解和研究,以期寻求更加有效的应对措施。具有代表性的案例如“田某某、刘某某案”,田某某担任华夏基金管理有限公司投资经理、机构投资部总经理助理,刘某某担

---

① 参见上海市高级人民法院刑事裁定书,(2017)沪刑终18号。

② 参见北京市第二中级人民法院刑事判决书,(2015)二中刑初字第209号。

任华夏基金管理有限公司投资顾问、理财中心经理，二人作为金融机构从业人员共谋出资从事证券交易活动。2009 年 3 月至 2014 年 4 月，田某某利用其职务便利知悉了所管理基金产品的未公开信息，后将信息以电话、面谈等方式告知刘某某，刘某某则负责实际操作“刘某 12”“彭某 1”两个证券账户，先于或同期于华夏基金管理有限公司进行股票交易，累计趋同交易金额人民币 20486.44 万元，趋同交易盈利金额达人民币 362.130416 万元，二人构成利用未公开信息交易罪的共同犯罪。[①] 此种行为方式涉及金额巨大，破坏性极强且不易被监管部门及时发觉，严重损害了我国基金业和证券市场的健康发展，必须准确把控，坚决严惩。

三、“特定主体＋特定主体”于业务交流之中产生趋同交易

需要注意与区分此种方式与上述第二类方式的异同，行为主体方面两类方式一致，且具有共谋的意思表示，但主要的差别在于具体的合作方式是通过“交流”行为开展。此类方式主要发生于基金行业之间，相关从业人员在一定的业务交流活动中，涉及证券、期货交易的信息，不同基金公司的人员可能会对某只或某类股票、证券的发展态势达成共识，或者是通过互相推荐的形式了解到其他从业人员对于证券、股票的看法和态度，进而导致买卖股票的趋同交易行为。针对特定身份主体之间的“交流”行为，虽在表面上构成“共谋”，但司法实践中未将此以共同犯罪看待，而是将行为人分开做另案处理，均能分别构成利用未公开信息交易罪。例如上海紫石投资有限公司的设立人张某，与中金公司基金经理杨某某结识，此后，二人相互推荐股票，主要在 MSN 群里推荐，杨某某比较隐晦地表达股票利好形势，将中金公司纳入股票池拟交易的股票推荐给张某，张某则根据双方“交流”所得信息买卖股票，后张某于 2017 年被法院依法裁判认定构成利用未公开信息交易罪，判处有期徒刑 3 年，缓刑 5 年，而杨某某于 2018 年因利用未公开信息交易罪判处相同刑罚。[②]

---

① 参见重庆市第一中级人民法院刑事判决书，(2016)渝 01 刑初 99 号。

② 参见北京市第二中级人民法院刑事判决书，(2017)京 02 刑初 111 号。

四、“特定主体+一般主体”共谋，由前者明示或暗示后者实行

在这种行为模式之下，一般由特定主体主导，并非自己直接从事与该信息相关的证券、期货等交易活动，而是采用明示或暗示的手段使一般主体具体操作交易活动，特定主体依旧为金融机构的从业人员，而一般主体则是金融领域之外的非专业人士，实务中多以与特定主体具有密切关系或利益联系的亲属、朋友为主，如父母、兄弟姐妹、同学等。那么，何为“明示或暗示”呢？对此要点的认定是处理此类型案件的关键，在司法实践中应当对此予以准确把握与判断，有学者认为，明示是以口头、书面或其他形式进行明确清楚的指示；所谓暗示则是不明确，较为含蓄隐晦的提示，创造某种气象、氛围使对方自己领会。[①] 笔者认为，无论是明示还是暗示，其本质并无区别，即都是令相对人产生一定的想法并从事相应活动，不同之处在于表现方式，明示是明确清楚地将未公开信息的内容告知对方，包括具体的交易种类与方向，或提供确定性的建议，从而指示对方开展相关的证券、期货等交易活动；暗示则是不直接将未公开信息告知对方，采取含蓄委婉的形式建议其从事交易活动。因此，应当将未公开信息的内容是否披露作为判断明示还是暗示的重要标准。在特定主体与一般主体合谋利用未公开信息实行交易行为中，由特定主体通过职务便利或其他优势条件获取未公开信息，之后以明示或暗示的方式令他人从事证券、期货等交易活动，两者构成了利用未公开信息交易罪的共同犯罪。虽然此罪在刑法之中属于真正身份犯，法律规定的主体是特殊主体，即证券交易所、期货交易所、证券公司、期货经纪公司、基金管理公司、商业银行、保险公司等金融机构的从业人员以及有关监管部门或者行业协会的工作人员，但基于已有的立法和司法解释等法律依据以及权利义务一致性原则，一般主体完全能够成为此罪的教唆犯或帮助犯。[②] 相较之下，因职务便利而获取未公开信息的金融机构

---

① 参见古加锦：《利用未公开信息交易罪司法适用的疑难问题研究》，载《政治与法律》2015年第2期。

② 参见刘宪权、林雨佳：《利用未公开信息交易共同犯罪的认定》，载《政治与法律》2019年第4期。

从业人员，明示或暗示他人相当于教唆或帮助他人实行犯罪活动，而被明示或暗示的一般主体，缺乏利用未公开信息交易罪的主体身份，不能成为该罪的正犯，只能以从犯对待。[①] 如 B 公司证券及衍生品投资总部权益投资主管张某，因职务便利获取"深发展 A""辽通化工"等股票交易情况的未公开信息，根据上述信息，伙同指令妻兄杨某控制、操作"左某""黄某"证券账户，先于、同期于或稍晚于其管理的自营账户，同方向交易相同股票共计 83 只，累计买入趋同交易金额人民币 150643850.37 元，累计卖出趋同交易金额 128399456.72 元，趋同股票累计亏损金额 307913.27 元。[②] 法院依法认定张某、杨某二人构成利用未公开信息交易罪的共同犯罪，张某作为特定主体为本案的正犯，杨某作为一般主体构成从犯。

第三节 交易活动与未公开信息关联性的刑事推定

金融犯罪本身的特殊特点和性质凸显了刑事推定的重要性，尤其是在认定交易活动与未公开信息之间关联性的阶段，即便被告人拒不供认犯罪事实，但根据证据之间的相互佐证，能够形成完整清晰的证据链证明利用了未公开信息，交易品种与金融机构买卖的交易品种趋同，便可以依此认定案件事实，依法作出判决。

一、运用刑事推定的现实必要性

行为人利用未公开信息进行非法交易，实施此类金融犯罪，大多在网络平台上实现，空间性和时间性特征明显，且具有专业性和抽象性，多以无纸化、信息化交易操作为主，在司法实践中令司法机关倍感头疼，举证困难在相当程度上影响了对利用未公开信息交易罪的认定和裁判。例如，侦查机关通过查明涉案账户与金融机构账户所做的交易呈高度趋同，

---

① 参见沈言：《内幕信息以外的其他未公开信息的认定》，载《人民法院报》2017 年 5 月 11 日，第 7 版。

② 参见上海市第一中级人民法院刑事判决书，(2017)沪 01 刑初 83 号。

但行为人坚决否认利用了未公开信息，此时如何认定未公开信息与交易行为之间的关联关系则成为司法适用中的疑难问题。在最高人民检察院于2020年3月25日发布的第十七批指导性案例，即王某、王某1、宋某某利用未公开信息交易案中，就面临这样的举证问题。在此案中，身为华夏基金管理有限公司债券交易员的王某辩称自己不拥有获取未公开信息的便利条件，且也未向其父王某1、其母宋某某提供相关的未公开信息，其对王某1、宋某某交易股票的事情并不知情。王某与其辩护人均辩称，现有的证据只能说明王某本身确实具有获得未公开信息的便利条件，但不能证明实际获取了未公开信息，亦未利用此未公开信息开展相关交易活动。王某1、宋某某同样否认王某向其提供未公开信息，称二人从事的股票交易活动均根据自身判断进行。因三名被告人在讯问笔录中未作任何有罪供述，此案例被学术界称为国内首例“零口供老鼠仓”案件，引发广泛关注与讨论。

为了解决上述举证问题，运用“刑事推定”规则在利用未公开信息犯罪中具有重要现实意义。由于交易行为和未公开信息之间并不具备客观证据的形态和物质特征，因此证明较为困难。在信息型证券犯罪中，特别是金融机构等特殊主体与相关人员合谋利用未公开信息进行交易的情形之下，案件线索少、取证困难、行为与危害结果之间的因果关系证明难度较大。[①] 对于在刑事诉讼中无法认定或者是难以获得直接客观证据加以证明的构成要件事实，基于司法经济和司法效率的考量，运用刑事推定不失为一种高效科学的方式。[②] 刑事推定是指在刑事诉讼中，司法机关根据法律规定或事实之间的常态联系，以某一已查明的事实推断另一难以证明的待证事实存在与否。刑事推定的基本构造是“基础事实 + 常态联系→推定事实”。由于刑事推定是基于已被证明的基础事实，依据法律的具体规定，在不存在反证或者反证不能成立的情况下，得出待证事实存在的事实认定方法。[③] 其是发生于已证事实和推定事实之间的一种常态联系，包

---

① 参见商浩文：《美国首例“幌骗”型高频交易刑事定罪案及其借鉴》，载《华东政法大学学报》2019年第2期。

② 参见商浩文：《论信息型操纵证券市场犯罪的司法认定路径——以2019年“两高”最新司法解释切入》，载《法学》2020年第5期。

③ 参见赵俊甫：《刑事推定论》，知识产权出版社2009年版，第23页。

括三个要件:已证事实、推定事实、已证事实与推定事实之间客观存在的推断与被推断关系,此规则是基于经验法则和论理法则而得的高度盖然性,[①]刑事推定必须是法律推定,推定适用也须以法定化的常态联系为依据。然则,由于常态联系是或然性而非必然性,证明推定事实相关的证据标准并不如一般的事实证明达到"确实、充分"的标准,因而是在刑事诉讼高度盖然性的标准下实现对案件事实的认定。因此,为了避免刑事推定造成对被告权利的不必要侵犯,保障被告人的合法权益,必须允许刑事推定能够被反驳,也即行为人可以通过有效证据来推翻司法机关的刑事推定。[②]

二、运用刑事推定的司法路径

德国著名刑法学家、法哲学家英格博格·普珀曾说,法律人的技艺在于论证,[③]刑事推定规则便是论证过程中的重要规则。处理"老鼠仓"案件,笔者认为在司法实践中可从以下几个层面进行司法认定。

1. 判定行为人进行交易所利用信息的来源

从《刑法》第 180 条第 4 款的规定来看,若行为人从事证券、期货交易活动,或者明示、暗示他人从事相关交易活动未利用因职务便利获取的未公开信息,便不能认定为利用未公开信息交易罪。"利用"体现为交易活动与行为人知悉的未公开信息间存在因果关系。需要认识到"利用"具有"必要性","必要性"不只是体现在法条构成的完整性之上,即"利用"未公开信息进行相应交易活动是《刑法》第 180 条第 4 款对利用未公开信息交易罪的明确规定。此外,"利用"体现出证券、期货等交易行为与未公开信息的关联性。若金融机构从业人员未实际利用未公开信息进行相应的投资、买卖股票等行为,而只是在正常的交易流程下,通过自身的专业知识和技能开展活动,既符合法律的要求,又不违背金融证券市场的交易规则,未损害信托机构和投资人的利益,那么这种行为便是合法合规的正常活动,便不能受到法律处罚和抵制。因此,判断行为人所利用的信息是否

---

① 参见肖飒:《利用未公开信息交易罪 应上升到刑法规制高度》,载《证券时报》2017 年 5 月 27 日。

② 参见邓子滨:《刑事法中的推定》,中国人民公安大学出版社 2003 年版,第 16 ~ 17 页。

③ [德]英格博格·普珀:《法学思维小课堂》,蔡圣伟译,北京大学出版社 2011 年版。

是法律规定的未公开信息,其来源是否是行为人通过职务便利违规获取,是进行刑事推定的一大要点。

2. 推定获取信息时间与交易时间的关联性

认定利用未公开信息交易罪名成立,须确定行为人获取未公开信息的时间与自己或他人从事交易活动的时间具有关联性。具体应考察未公开信息的形成时间、开户或销户时间、资金变化时间、交易时间等证据。也就是说,从上述时间的关联性中判断行为人有无利用未公开信息开展交易活动,抑或行为人明示或暗示他人从事交易活动。如行为人系某金融机构工作人员,因职务便利获悉相关未公开信息,自身或他人根据此信息从事交易活动的时间与金融机构从事交易活动时间具有重合性,时间重合区间越紧密,说明行为人利用未公开信息开展非法交易的可能性越高。此重合性须从行为人是否"先于"、"同期于"或"稍晚于"金融机构买入或卖出同只股票或同份期货的层面予以判断。具体做法是将金融机构买卖股票或期货的时间节点与行为人开展交易活动的时间节点加以比照,结合中国证监会等机构对于正常交易日所作的规定,判断是否在合理范围内。所谓"先于"是指涉案人员账户在金融机构买入或卖出同只股票或期货 X 个交易日之前进行交易活动。"同期于"是指涉案人员账户在金融机构买入或卖出同只股票或期货当日或此后 Y 个交易日之内进行交易活动。在司法实践中,处理"老鼠仓"案件一般遵循"前五后二",即"T-5""T+2"时间节点的标准,T 指交易日。行为人在买卖同一只股票的过程中,个人账户的交易行为与大盘的交易时间节点存在前 5 日、后 2 日的趋同买卖行为。实践中,大部分判决书中写明被告人是"先于"、"同期于"或"稍晚于"××账户进行买卖交易活动。如在"李某某案"中,交银成长基金于 2009 年 4 月 9 日买入"建设银行"股票,而李某某控制的账户却在同年 4 月 7 日即已买入该股票,[①]两个时间区间相差两日,属于"先于"金融机构买入股票的行为,因此结合相关因素可认定李某某开展的交易活动与利用未公开信息之间存在关联性。再如,"许某某案"中,光大红利基金于 2008 年 12 月 8 日 14 时买入"新华百货"股票,而许某某于当日 10 时、14 时分两批次买入同只股票,可以认定为"同期于"金融机构买入或卖出同

① 参见王涛、汤琳琳:《利用未公开信息交易罪的认定标准》,载《法学》2013 年第 2 期。

只股票,其交易活动与未公开信息之间同样具有明显的关联性。[①]

3. 从交易内容层面是否具有趋同性进行合理推定

证券交易中的趋同性指的是行为人的交易行为与金融机构的交易行为存在趋同,可分为单边趋同和双边趋同。其中单边趋同仅指买入趋同或卖出趋同;而双边趋同指的是买入或卖出均趋同。[②] 具体来说是指涉案的证券账户,与行为人管理的基金账户在股票交易的品种和交易时机上具有高度的关联性。应从未公开信息所涉及的证券、期货等品种、内容与行为人从事交易的证券、期货等品种、内容进行对比。若两项交易内容确属同一种类,或重合度较高,司法机关便可以依此认定行为人利用未公开信息与交易活动具有一定的关联性。利用未公开信息交易中的趋同交易指的是行为人使用私人账户进行与其管理基金方向相同的交易行为。譬如某一涉案账户与金融机构账户的交易内容一致,属于同一只股票或期货,或股票、期货品种高度相似,此即实践中常说的"高度趋同性"。例如,在最高人民检察院指导性案例中,王某1、宋某某开设并使用的牛某、宋某1、宋某2三个债券账户所进行的交易与华夏基金公司交易指令高度趋同,2009年3月2日至2011年8月8日期间,趋同度平均达到90%。[③] 据此,司法机关认定其具有利用未公开信息交易的事实。

4. 考虑行为人与"他人"之间的关联关系

在利用未公开信息交易罪的共同犯罪之中,未公开信息的知情者与实际交易人之间的关联关系是进行刑事推定的重要部分。判断他人从事交易活动是否受到了未公开信息知悉者的明示或暗示,需以两者之间是否存在关联关系为重点考虑层面。在司法实践中,绝大多数"老鼠仓"案件的共同犯罪,行为人之间存在密切的关联关系。以亲属关系、朋友关系、利益关联、交易终端关联关系为主要表现形式。如上述最高人民检察院指导性案例中,王某系王某1、宋某某的儿子,三者为最为密切的直系亲属关系,且王某获得查看未公开信息权限期间为2009年1月15日至

---

① 参见中国证监会〔2011〕52号行政处罚决定书。

② 参见周逸舒:《利用未公开信息交易罪中证券交易金额及非法获利金额如何认定?》,载 http://www.sohu.com/a/250269598_742027,2022年7月20日访问。

③ 参见陈崇良:《从首例"零口供老鼠仓案"谈利用未公开信息交易罪的认定规则》,载 http://www.110.com/ziliao/article-761215.html,2022年7月20日访问。

2011年8月9日，而王某1、宋某某控制的证券账户实行交易的期间为2009年3月2日至2011年8月8日，前一段时间区间涵盖了后一时间区；检察机关通过身份关系、资金往来等证据，证明双方具备获取、传递信息的动机和条件。因此，若行为人与交易者之间存在上述关联关系，结合交易行为的具体情况，一般可以推定未公开信息知悉者明示、暗示他人从事交易活动的嫌疑较大，二者可能构成未公开信息交易罪的共同犯罪。

5. 从交易活动的交易习惯及专业判断进行推定

行为人作为金融机构的专业人员，其进行的交易活动或专业操作应当受到行业规范以及机构规定的规制和约束。以股票交易员为例，其在金融机构授权范围内，可通过合法账号登录进行股票交易指令查询，进一步可以获知股票买卖方向、投资种类、股票价格、下达人情况等未公开信息。若股票交易员进行上述活动的时间明显异常，次数明显增多，涉案个人账户的抢先交易行为不是偶发的、巧合的，而是有意识的、习惯性的，那么可以认定此交易活动不符合交易习惯及专业判断的要求。另外，根据交易下单电脑MAC记录及下单交易IP地址等相关证据可以证明行为人的交易活动异常，涉案账户交易行为与以往交易习惯背离，从金融人员或者操作人员本身的专业角度考虑，其操作行为不具有专业性与正常性，与实际常规标准存有差异，且行为人自身未能作出合理可信的说明或解释，那么可以推定行为人从事的交易活动具有违规违法性，其利用未公开信息进行非法交易的可能性便明显增大。例如，在最高人民检察院指导性案例中，王某作为债券交易员，通过工作账户多于正常登录次数查看未公开信息，王某入职华夏基金前，王某1、宋某某的交易习惯具有较为明显的散户特征，而之后王某作为债券交易员，王某1、宋某某使用上百万的资金买入1~2只股票，且快进快出。与之前正常活动相比交易金额、频率均大幅增加，对此王某1、宋某某未能作出合理解释。通过专业背景、职业经历、接触人员及交易习惯等证据，证明交易行为并不符合王某1、宋某某的个人能力经验，然后借助证券市场的基本规律和一般人的经验常识，对上述客观事实进行综合判断，认定了案件事实。[①]

---

① 参见《指导性案例》，载最高人民检察院官网，http://www.spp.gov.cn/spp/jczdal/202003/t20200325_457287.shtml，2022年5月20日访问。

第四节　利用未公开信息交易罪的刑罚配置与司法适用的优化

通过对中国裁判文书网中收集整合的47例利用未公开信息交易刑事案件进行分析研究,发现此罪在刑罚配置以及司法适用层面均存有问题,刑法条文对于此罪的刑罚配置为"情节严重的,处五年以下有期徒刑或者拘役,并处或者单处违法所得一倍以上五倍以下罚金;情节特别严重的,处五年以上十年以下有期徒刑,并处违法所得一倍以上五倍以下罚金"。笔者认为,此刑罚配置已不能较好适应社会实际发展的需要,量刑标准与幅度尚存探讨空间。基于此,通过提出相应完善建议,以不断优化司法适用、探寻合理有效的司法路径,从而为更好打击并规制利用未公开信息交易行为提供新的方向与思路。

一、利用未公开信息交易罪司法样态分析

利用未公开信息交易罪司法样态分析如表6－1、图6－1、图6－2、图6－3所示。

表6－1　部分已判决"老鼠仓"案件处罚情况

姓名	成交额	违法所得金额	罚金	判处刑期
马某	10.5亿余元	1883.3374万元	1913万元	有期徒刑3年
卓某	6659.309万元	196.99949万元	200万元	有期徒刑3年6个月
李某	7.66亿余元	428.84万余元	500万元	有期徒刑5年6个月
贾某	14.28亿余元	896.9849万元	897万元	有期徒刑5年
吴某	1.8亿余元	774万余元	775万元	判3缓5
刘某某	6700万余元	亏损32万余元	10万元	判3缓3
欧某某	9.36亿余元	1594万余元	1600万元	有期徒刑1年6个月
李某	18亿余元	2060万余元	2100万元	判3缓5

续表

姓名	成交额	违法所得金额	罚金	判处刑期
李某某	5226 万余元	1071.57 万元	1800 万元	有期徒刑 4 年
许某某	9500 万余元	209 万余元	210 万元	判 3 缓 3
曾某	2.03 亿余元	119.9456 万元	120 万元	有期徒刑 5 年
厉某某	9.15 亿元	1682.8048 万元	1700 万元	有期徒刑 3 年 6 个月
李某	4.2 亿余元	18 万余元	50 万元	有期徒刑 2 年
陈某某	18.84 亿余元	2826.0587 万元	2830 万元	有期徒刑 4 年
朱某	3.8 亿余元	1124 万余元	1400 万元	有期徒刑 3 年,缓刑 4 年

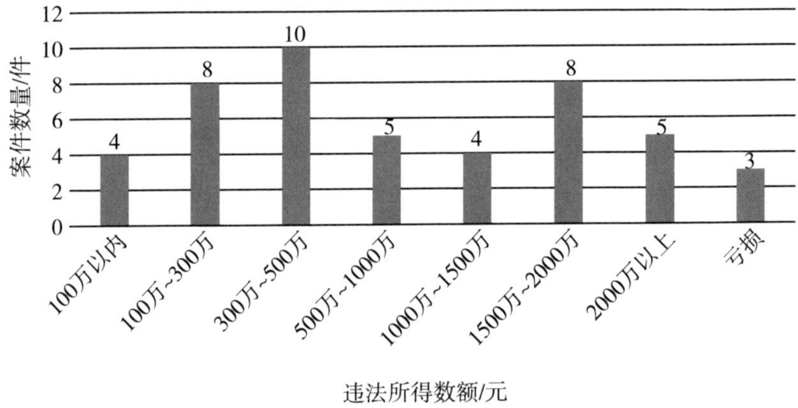

图 6-1 47 例案件违法所得数额统计

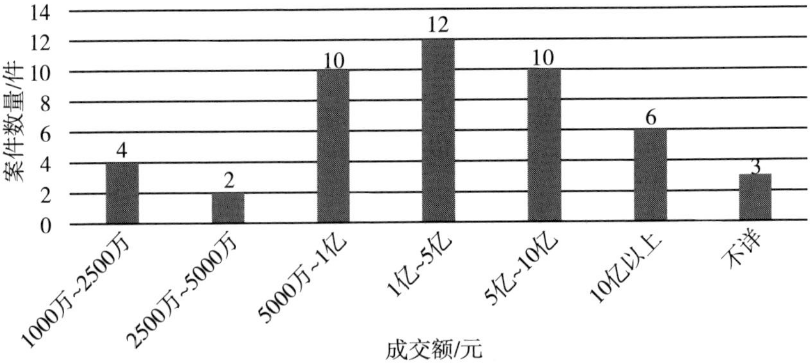

图 6-2 47 例案件成交额统计

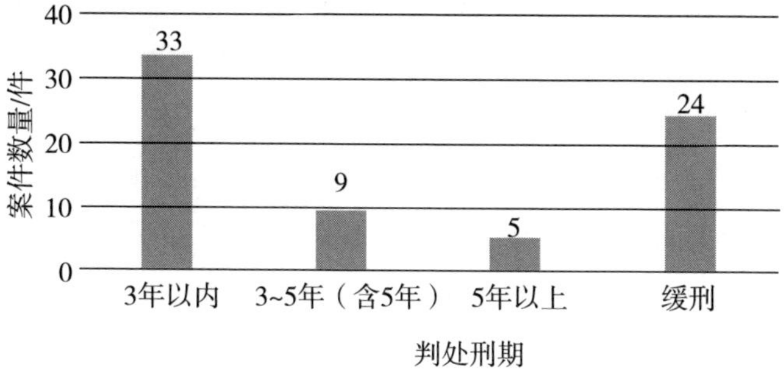

图6－3　案件判处刑期统计

通过上述图表及判决信息，可发现利用未公开信息交易罪在司法适用层面存在如下问题。

(一)立案标准及定罪量刑标准存有不足，刑罚呈轻刑化特点

利用未公开信息交易罪的刑罚处罚力度偏轻，被众学者诟病。此罪定罪量刑标准不足，刑事案件中判处主刑的严厉度在一定层面上与行为人所造成的危害结果不匹配，无法体现罪责刑相一致的原则，不利于达到惩罚犯罪和预防犯罪的目的。

首先，在2022年最高人民检察院、公安部联合下发的《立案追诉标准(二)》中对于利用未公开信息交易罪的立案标准作出了明确规定：(1)获利或者避免损失数额在100万元以上的；(2)2年内3次以上利用未公开信息交易的；(3)明示、暗示3人以上从事相关交易活动的；(4)具有其他严重情节的。利用未公开信息交易，获利或者避免损失数额在50万元以上，或者证券交易成交额在500万元以上，或者期货交易占用保证金数额在100万元以上，同时涉嫌下列情形之一的，应予立案追诉：(1)以出售或者变相出售未公开信息等方式，明示、暗示他人从事相关交易活动的；(2)因证券、期货犯罪行为受过刑事追究的；(3)2年内因证券、期货违法行为受过行政处罚的；(4)造成其他严重后果的。从此规定可以看出，相关机关立案或认定“老鼠仓”案件，可以成交额、期货交易占用保证金、获利额或避免损失额等指标作为参考标准，然而结合上述图6－1、图6－2统计情况，多数“老鼠仓”案件成交额在亿元以上，违法所得数额以300万元以上居多，可从侧面反映出立案标准过于轻缓。其次，在最高人民法

院、最高人民检察院《关于办理利用未公开信息交易刑事案件适用法律若干问题的解释》中明确了“情节严重”和“情节特别严重”的认定标准,违法所得数额在 100 万元以上,或违法所得数额在 50 万元以上、证券交易成交额在 500 万元以上、期货交易占用保证金数额在 100 万元以上,符合任一标准,具有受过行政处罚或刑事责任追究、造成过恶劣社会影响等法定情节的,应当认定为“情节严重”;若违法所得数额在 1000 万元以上,或违法所得数额在 500 万元以上、证券交易成交额在 5000 万元以上、期货交易占用保证金数额在 1000 万元以上,符合任一标准,具有上述同类法定情节的,则应当认定为“情节特别严重”。

笔者认为“情节严重”和“情节特别严重”的认定标准同样呈轻缓特点,有重构标准的现实必要。利用未公开信息交易罪作为近些年频发不止的重要经济型犯罪,成交金额与违法所得数额往往巨大,成交金额达数千万元乃为“小数额案件”,大多数案件达数亿元,甚至是数十亿元;违法所得数额也以千万元以上居多。因此,笔者认为此罪的立案标准及定罪标准均有较大的探讨与完善空间,入刑门槛明显偏低,使法律条文层面上的打击面过于宽泛,由此给司法机关带来了偌大负担,可能造成刑法对于金融违法行为的过度规制,浪费司法资源。此外,《刑法》第 180 条对于此罪量刑标准的表述为:“情节严重的,处五年以下有期徒刑或者拘役,并处或者单处违法所得一倍以上五倍以下罚金;情节特别严重的,处五年以上十年以下有期徒刑,并处违法所得一倍以上五倍以下罚金。”单从刑法规定来看,利用未公开信息交易罪作为破坏社会主义市场经济秩序罪的一类,其法定量刑标准相较其他侵犯人身权利、财产权利的犯罪而言明显偏低。如诈骗罪的量刑标准为“数额较大的,处三年以下有期徒刑、拘役或者管制,并处或者单处罚金;数额巨大或者有其他严重情节的,处三年以上十年以下有期徒刑,并处罚金;数额特别巨大或者有其他特别严重情节的,处十年以上有期徒刑或者无期徒刑,并处罚金或者没收财产”。再如,盗窃罪同样设置了三档量刑幅度,分别为 3 年以下有期徒刑、拘役或者管制,并处或者单处罚金;3 年以上 10 年以下有期徒刑,并处罚金;10 年以上有期徒刑或者无期徒刑,并处罚金或者没收财产。由此,我国对于利用未公开信息交易罪一贯量刑畸轻,无论从此罪侵害客体的重要性还是造成危害的严重性来说，笔者认为此罪的量刑幅度不足以发挥刑法规制的威慑力，无法有效实现刑法预防犯罪、惩罚犯罪的机能。法律规定如此，司法实践亦是如此，47 例刑事案件中有 42 例案件的判决均属于第一档次的量刑幅度，即 5 年以下有期徒刑或拘役，仅有 5 例判决为 5 年以上 10 年以下有期徒刑，继而使利用未公开信息交易行为成为“高收益、低处罚”的典型代表，因此大量金融领域的人才不惜铤而走险，故意违规违法妄图获取巨额回报。此 42 例被判处 5 年以下有期徒刑或拘役案件中仅有 8 例的量刑情节为“情节严重”，34 例案件却为“情节特别严重”，这从侧面反映出法律规定与实际裁判中的矛盾性，现实司法裁判以“情节严重”相对应的刑罚裁判实际属于“情节特别严重”的现象常态化越发明显。

（二）罚金刑适用僵化

通过表 6－1，可得出规律，罚金数额与违法所得数额基本一致，且罚金数额略微高于违法所得数额。《刑法》第 180 条对于利用未公开信息交易罪罚金刑的规定采用倍比制，法条规定“情节严重”的，并处或者单处违法所得 1 倍以上 5 倍以下罚金；“情节特别严重”的，并处违法所得 1 倍以上 5 倍以下罚金。从法律条文可见，“情节严重”与“情节特别严重”两种情节之下的罚金刑差别不大。另外，一些案件并不存在违法所得，即在开展交易活动中结果为亏损，未获得利益，在此情形下，如何适用罚金刑是当前刑法规制的模糊不明之处。罚金刑在上述层面不具有合理性，单纯采取倍比制，而未规定具体数额的范围，使罚金刑的适用弊端重重。回顾上述统计的案例中，剔除因交易亏损而受到处罚的 3 起案件，余下 44 例案件所作的罚金数基本为违法所得 1 倍左右。这反映出司法机关对于“老鼠仓”案件的罚金处罚过于僵化死板，大量案件成交金额与违法所得数额巨大，完全符合“情节特别严重”的量刑情节，但所作的罚金处罚仅仅是违法所得 1 倍，几乎未出现处罚 2 倍以上 5 倍以下的判决，在罚金层面同样是轻缓不适宜，不利于惩治打击行为人的犯罪行为。此是司法裁判之中的重要缺陷，使刑法条文对于附加刑的规定于一定程度上显得“多余”且不合理，无法实现罚金刑设立的立法目的与司法效果。

（三）资格刑严重缺失，从业禁止规定亟须完善

笔者认为，资格刑欠缺是利用未公开信息交易罪在金融证券领域屡

禁不止的重要原因。此罪行为主体特定且所属行业为薪酬丰厚、待遇优良的“高精尖”行业，不断吸引着众多人才涌入金融领域，这便增加了利用未公开信息交易罪的犯罪机会，使犯罪风险大幅提升。在以往处理的刑事案件之中，法院几乎未对行为人判处一定的资格刑，在研究样本 47 例刑事案件中，法院对于被告人作出从业禁止规定的案件数量为零，而根据《刑法》第 37 条之一的规定，因利用职业便利实施犯罪，或者实施违背职业要求的特定义务的犯罪被判处刑罚的，人民法院可以根据犯罪情况和预防再犯罪的需要，禁止其自刑罚执行完毕之日或者假释之日起从事相关职业，期限为 3 年至 5 年。在行政处罚之中对从业禁止的规定，主要体现在《证券法》第 221 条，证券市场禁入，是指在一定期限内直至终身不得从事证券业务、证券服务业务，不得担任证券发行人的董事、监事、高级管理人员，或者一定期限内不得在证券交易所、国务院批准的其他全国性证券交易场所交易证券的制度。在郑某案、韩某案、许某某案、李某某案中①，虽然上述行为人受到了终身市场禁入的处罚，但仅仅是基于判决之前中国证监会所作的行政处罚，刑事意义上并未对被告人作出从业禁止的规定，由此，刑法意义上的从业禁止规定尚未上升至实践层面，在司法实务中未得到充分运用与体现，在一定程度使《刑法》第 37 条之一于金融证券领域为虚无条款。

从中可以发现存在的问题，《证券法》仅仅规定了从业禁止的大致处罚程度，未对此进行细化，可能导致行政机关处罚裁量自由度过大，因此应努力寻求行政处罚与刑法关于从业禁止的规定契合点，使两者协同搭配，尽量实现从业禁止的刑事化。可喜的是，2020 年 5 月 26 日，证券领域刑法意义上首次“从业禁止”宣判。上海市第二中级人民法院认定宁某构成内幕交易罪，对其判处有期徒刑 1 年，同时对其处以“从业禁止”，即禁止宁某自刑罚执行完毕之日起 3 年内从事与证券相关的职业。② 这是全

---

① 参见中国证监会官网“行政处罚决定”，http://www. csrc. gov. cn/pub/zjhpublic/，2022 年 6 月 5 日访问。

② 参见《证券领域刑法意义上首次“从业禁止”宣判》，载每经网，http://www. nbd. com. cn/articles/2020 – 05 – 26/1439002. html。

国首例对涉证券领域犯罪的从业人员适用“从业禁止”的案件,真正将刑法意义上的“从业禁止”引入证券领域,极大地完善了“从业禁止”制度体系,对于防范金融风险、规制金融犯罪具有深远意义。综上所述,资格刑的缺失是以往我国打击“老鼠仓”案件的一大遗憾与不足,如今情况得到明显改观,势必应当广泛借鉴,继续优化资格刑于金融证券犯罪之中的适用。

(四)刑罚与行政处罚衔接失当,刑事认定与行政认定错位混同

首先,最高人民法院、最高人民检察院《关于办理利用未公开信息交易刑事案件适用法律若干问题的解释》第 11 条规定,犯罪情节轻微的,可以依法不起诉或者免予刑事处罚。在司法实务中,若行为人利用未公开信息进行交易,情节轻微的,一般由中国证监会给予行政处罚,只有达到一定程度和情节,才会被追究刑事责任。然而,当前面临的主要问题与不足在于针对利用未公开信息交易犯罪行为所作的刑罚与对于一般违法行为所作的行政处罚,二者的衔接度存有不足,在刑事认定之中,存在过度依赖行政认定的情形。

综观 2019 年 12 月 28 日修订通过的《证券法》,对于利用未公开信息进行交易的处罚幅度设置为:“责令依法处理非法持有的证券,没收违法所得,并处以违法所得一倍以上十倍以下的罚款;没有违法所得或者违法所得不足五十万元的,处以五十万元以上五百万元以下的罚款。”而《证券投资基金法》中,第 123 条对于利用未公开信息交易违法行为的处罚为:责令改正,没收违法所得,并处违法所得 1 倍以上 5 倍以下罚款;没有违法所得或者违法所得不足 100 万元的,并处 10 万元以上 100 万元以下罚款。基金管理人、基金托管人有上述行为的,还应当对其直接负责的主管人员和其他直接责任人员给予警告,暂停或者撤销基金从业资格,并处 3 万元以上 30 万元以下罚款。由此可见,同样对于利用未公开信息交易的行为规定了重罚,但《证券法》与《证券投资基金法》的行政处罚存有差异,且前者处罚力度明显重于后者。针对基金从业人员利用未公开信息交易案件究竟是适用新《证券法》还是《证券投资基金法》进行行政处罚还有待进一步明确,若优先适用《证券投资基金法》,将可能导致《证券

法》从严从重打击利用未公开信息交易行为的立法本意难以实现。此外,《证券法》《证券投资基金法》中的行政处罚规定与《刑法》所作的刑罚规定对比,行政处罚多侧重罚款,且罚款数额以"一倍以上,五倍以下"或"一倍以上,十倍以下"为基准,反观刑罚规定为"违法所得一倍以上五倍以下罚金"。由此可见,处罚程度中刑罚与行政处罚衔接度不够,呈现混乱无序的特点。

另外,刑事认定与行政认定在实践中存在错位及混同。以罚代刑是二者错位的主要表现形式,除此之外在证据运用方面也存在较大问题。利用未公开信息交易行为中的行政认定是由证监会等机关依据事实和法律对于金融行为所做的法律评价活动,在一定程度上可以为刑事处罚提供基础和重要支撑证据,对于刑事认定具有补充与辅助功能,[①]若某一利用未公开信息交易行为涉嫌利用未公开信息交易罪,根据先前行政认定所确定的案件事实、交易品种、交易方向、交易数量、交易时间、交易价格、持仓情况等信息,可极大减轻司法机关的工作负担,其可借鉴行政认定做进一步刑事认定。然而,行政认定同样存在一定的局限性,在现实情况中,司法机关对于利用未公开信息交易犯罪行为的判断与认定,多依赖于行政认定,倘若行政机关所作的行政认定存在错误或瑕疵,便会给司法机关作正确认定带来负面影响,司法机关可能会陷入行政认定所带来的错误斡旋之中,刑事处罚的主动性和科学性便会大大降低,不利于其作出公正合理的司法认定,阻滞正确定罪量刑。

二、利用未公开信息交易罪刑罚配置优化路径

其一,立法机关应顺应时代潮流,结合我国司法现状以及金融市场的发展需求创设合理的法律规定,及时调整、完善立案标准及定罪量刑标准,因我国刑法分则规定援引被援引条款的全部法定刑,而非仅援引基本量刑幅度。因此,利用未公开信息交易罪应援引内幕交易罪定刑所涉及的各量刑幅度,确定此罪为"情节严重"与"情节特别严重"两个量刑幅

① 参见林慧慧:《刑事与行政认定的关系探析》,华东政法大学 2015 年硕士学位论文,第 3 页。

度，将之明确纳入刑法之中。[①] 另外，适当提高立案追诉及定罪入刑的构成标准，对立案金额标准及量刑数额标准进行重构搭建，尤其是有待提高“情节严重”与“情节特别严重”的数额标准，增加新的立法解释对量化标准进行丰富填充。司法机关根据法律法规、犯罪情节以及造成的危害程度准确定罪量刑，忌讳一成不变地照搬法条，更应避免不同案却同判，尽量使情节不同的案件所作的判决有所差异，清晰界分“情节严重”与“情节特别严重”。另外在审理“老鼠仓”案件时，虽然应当对法定从宽情节予以考量，充分考虑行为人的自首、坦白、积极退缴等情节，但应在犯罪事实与犯罪情节的基础上合理运用，不可一贯局限于第一档次的刑罚幅度，此举有“为了减轻处罚而有意降低量刑幅度”之疑，将会造成打击犯罪收效甚微的负面影响。各级法院应不断完成更加多样且完善的司法判例，给予其他机关一定的借鉴参考样本，使刑法设置的相关内容得到应用，实现其理论意义和实效价值。

其二，提高刑罚力度，可适当延长刑期期限，将此罪提升至同侵犯人身犯罪相平衡等级，主要调整罚金处罚强度，可将现今以违法所得的倍比制作进一步优化，改为违法所得以上交易金额以下数额的倍比制，增加限额罚金制，厘清罚金与行政罚款之间的关系。笔者认为可借鉴刑事羁押折抵刑期的做法，罚金与行政罚款同样可以相互折抵，行政机关所作的行政罚款可以计算在罚金刑之中，不足部分可由其补充追缴，以此避免对行为人重复处罚，保护其合法的财产权利，于经济层面实现“罪刑相一致”。除此之外，对于行为人是否能够适用缓刑也应做严格把控，根据图 6－3 可得，47 例案件中适用缓刑高达 24 例，高频次适用能够体现此罪的轻刑化特点。因此，建议司法机关对于利用未公开信息交易的犯罪行为审慎适用缓刑，需区分情节差异对待。若行为符合“情节特别严重”的量刑标准，即成交额、违法所得数额均达到数额巨大程度，在没有减轻处罚条件的情况下，直接在“处五年以上十年以下有期徒刑，并处违法所得一倍以上五倍以下罚金”的法定刑幅度内处罚，限制行为人适用缓刑，从而排除

---

① 参见张琳：《利用未公开信息交易罪的司法认定》，中央民族大学 2015 年硕士学位论文，第 24 页。

利用未公开信息交易数额惊人却刑罚较轻的矛盾局面。

其三,完善对于资格刑的相关设置,明确“从业禁止规定”在金融犯罪领域适用的条件和幅度。证券领域刑法意义上首次“从业禁止”案例,为“从业禁止规定”在刑法层面适用提供了借鉴范例,此举具有开拓创新的重大价值与意义。司法机关在定罪量刑之初,应对此予以准确把握,对构成利用未公开信息交易罪的行为人,倘若符合“情节严重”的量刑情节,司法机关可以根据需要作出相应程度的从业禁止判决,或是建议行政机关作出从业禁止处罚,两者可取其一。如若符合“情节特别严重”,则在判处主刑、罚金刑之时,同时作出从业禁止的附属判决,即便行政机关已经进行了相应的从业禁止处罚,仍须将此纳入刑事判决之中,禁止其自刑罚执行完毕之日或者假释之日起从事金融证券类职业,期限为 3 年至 5 年。通过对行为人作出从业禁止的刑事处罚,剥夺其再次进入金融证券市场的资格,以此防止获得机会二次破坏金融市场的秩序,危害证券、期货市场的良好环境,从根本上规避犯罪行为复发。对于身处此行业的其他工作人员或准备涉足的人员,也能够起到较好的警示作用,以儆效尤,利于从根源抵制新的“老鼠仓”。

其四,着力构建刑事处罚与行政处罚衔接机制。应明确行政违法行为与刑事犯罪行为在表现形式上并未有特别明显的差异,刑事犯罪的成立需建立在行政违法的基础之上,两者最直观的差别就是危害结果不同,需根据法益侵害程度及不同性质来判断是“质”的差异还是“量”的差异。[①] 通过此步骤对运用行政处罚还是刑事处罚有大致判断。另外,可于《证券法》《证券投资基金法》《刑法》等法律法规中增添衔接条款,专门赋予行政处罚与刑事处罚衔接机制司法属性。严格遵从法律规定,明晰利用未公开信息交易行为的危害程度,对于情节未达到严重程度、未达到定罪量刑标准的一般违法行为,通过行政处罚妥善解决,积极发挥行政程序对利用未公开信息交易行政违法者予以经济处罚、市场禁入的监管功能,对同一违法行为究竟适用行政处罚还是刑事处罚予以原则性把握。明确证监会内部可以移送相关违法行为的部门,可将此权限授予证监会调查

① 参见刘宪权:《操纵证券、期货市场罪司法解释的法理解读》,载《法商研究》2020 年第 1 期。

部门、审理部门以及其他派出机构。[①] 刑事认定应力求避免过度依赖行政认定，司法机关应具有属于自身特点的认定方式与过程，保障刑事认定的独立性，确认刑事认定优先原则，尤其是对于利用未公开信息交易行为中的相关证据与事实，应加强对行政认定结果的审查，行政机关所获取的证据材料或信息不能直接被司法机关使用，需经刑事司法部门认定，由司法人员重新调取和审查才能被刑事法庭认可，对于行政认定明显不符合事实和法律规定的证据坚决不予采纳。司法机关宜在衔接机制框架内自主开展审理活动，查明事实与真相后准确定罪量刑，发挥其独有的司法功效。

总之，意欲铲除“老鼠仓”，维护证券、期货市场的正常交易秩序，进而有效防控社会风险，法律尤其是刑法一定是最为坚强有力的手段。应当意识到利用未公开信息交易犯罪行为不仅是一个法律问题，更是一个金融问题。因而，有必要拓展分析视角，用更契合金融市场行为与金融问题的范式反思违法犯罪行为及其法律问题。[②] 相较于传统型经济犯罪而言，证券、期货类犯罪发生在具有高度创新特质的金融实务领域，因此立法需要一定程度的超前性、预判性、宣示性，为尚未在金融实践中完整凸显、暂时未被法律明确规定的违规行为预留控制防范的空间。司法机关也应当根据法律法规、犯罪情节以及造成的危害程度准确定罪量刑，在具体认定案件过程中，不断拓宽对于案件证据的证明思路和证明方法，灵活把握间接证据，善于结合刑事推定规则，准确构建证明体系，以此揭示案件当中交易活动与未公开信息之间的关联性。

---

① 参见“证券行政处罚与刑事制裁衔接问题研究”课题组：《证券行政处罚与刑事制裁衔接的问题及解决思路》，载《证券法苑》2013 年第 1 期。

② 参见刘宪权：《论利用未公开信息交易罪法定刑的设置及适用》，载《现代法学》2016 年第 5 期。

第七章

证券操纵犯罪定量标准的司法适用：基于法益侵害视角

证券操纵是资本市场中较为复杂的一类违法行为，也是最为严重的破坏证券交易秩序的行为之一。① 近年来，随着人工智能、大数据等金融科技的发展，证券操纵行为呈现出专业化、隐蔽化、复杂化等特点，相关刑法规范已难以适应打击新型证券操纵行为的现实需要。鉴于此，2021 年 3 月 1 日开始实施的《刑法修正案(十一)》明确将“虚假申报操纵”“蛊惑交易操纵”“抢帽子交易操纵”三种新型证券操纵行为纳入刑法叙明条款规制范围。但是，较之于传统的证券操纵行为，新型证券操纵行为呈现出不同的证券市场影响模式，影响了该罪的法益保护内涵，原有的定量标准也难以适应实践的现实需要。有必要从证券操纵犯罪的行为危害、证券市场改革等角度重新梳理证券操纵行为的法益侵害，并思考其犯罪定量评价机制的深层逻辑，以有助于证券操纵犯罪规范的妥善适用。

第一节　新型证券操纵行为入刑对法益侵害界定引发的冲击

证券操纵犯罪作为我国证券中最为复杂的犯罪类型之一，也是实践

① 参见许永安主编：《中华人民共和国〈刑法修正案(十一)〉解读》，中国法制出版社 2021 年版，第 118 页。

中常见多发的违法行为类型。证券操纵行为扭曲了证券价格形成的正常机制,破坏市场诚信和市场效率,引起市场波动,导致市场流动性不足,危害证券市场资源配置的基本功能。[①] 从2021年我国证券稽查执法部门查办的案件类型分布来看,虚假陈述、操纵市场及内幕交易等类型化案件依然是稽查执法部门打击的重点对象。2021年稽查执法部门向公安机关移送相关犯罪案件同比增长1.5倍。[②] 近年来,新型证券操纵行为不断出现,操纵证券市场犯罪呈现出专业性强、犯罪手段隐蔽、操纵方法多样等特点,给证券操纵犯罪相关刑法规范的适用带来了挑战。[③]

为了进一步在刑法上规制新型操纵证券行为,厘清证券犯罪与证券市场创新的行为界限,《刑法修正案(十一)》进一步明确对"虚假申报操纵""蛊惑交易操纵""抢帽子操纵"三种新型操纵市场行为追究刑事责任。[④]《刑法修正案(十一)》中新型证券操纵行为的入刑,进一步拓展了证券操纵的行为类型,但同时也在行为模式上对刑法规范的体系化阐释带来冲击,尤其是对证券操纵犯罪的法益侵害的界定带来挑战。刑法法益是刑事立法确立犯罪行为定性不可逾越的边界。在我国现有刑法分则中依据犯罪客体分类排列模式下,一般是以罪名所处的体系位置探寻刑法规范所保护的法益。由于刑法立法者将操纵证券、期货市场罪分布在

---

① See Fletcher, *Gina-Gail Legitimate Yet Manipulative: The Conundrum of Open-Market Manipulation*, Duke Law Journal, Vol. 68:3, p. 479 – 554(2018).

② 参见《中国资本市场投资者保护状况蓝皮书——证券期货稽查执法投资者保护评价报告(2022)》,载中国证券投资者保护基金有限责任公司网,http://www.sipf.com.cn/images/zwz/dcpj/tbzkpj/2022/05/14/6231B9EF292932129C457579C558D74E.pdf。

③ 参见商浩文:《论信息型操纵证券市场犯罪的司法认定路径——以2019年"两高"最新司法解释切入》,载《法学》2020年第5期。

④ 《刑法修正案(十一)》将《刑法》第182条第1款修改为:"有下列情形之一,操纵证券、期货市场,影响证券、期货交易价格或者证券、期货交易量,情节严重的,处五年以下有期徒刑或者拘役,并处或者单处罚金;情节特别严重的,处五年以上十年以下有期徒刑,并处罚金:(一)单独或者合谋,集中资金优势、持股或者持仓优势或者利用信息优势联合或者连续买卖的;(二)与他人串通,以事先约定的时间、价格和方式相互进行证券、期货交易的;(三)在自己实际控制的帐户之间进行证券交易,或者以自己为交易对象,自买自卖期货合约的;(四)不以成交为目的,频繁或者大量申报买入、卖出证券、期货合约并撤销申报的;(五)利用虚假或者不确定的重大信息,诱导投资者进行证券、期货交易的;(六)对证券、证券发行人、期货交易标的公开作出评价、预测或者投资建议,同时进行反向证券交易或者相关期货交易的;(七)以其他方法操纵证券、期货市场的。"

我国刑法“破坏金融管理秩序罪”一节中。因此,一般观点认为本罪所保护的法益属于国家对证券市场的管理秩序。[①]《刑法修正案(十一)》修改之前,我国1997年《刑法》中第182条中所明确列举的连续交易、约定交易和自买自卖等三种操纵行为中,行为人客观上以证券交易行为来直接影响证券交易价格和交易量,操纵行为本质上体现为直接价量操纵,行为的法益侵害表征为妨害国家对证券市场的管理秩序。[②] 但是,对于新型证券操纵行为而言,传统证券操纵行为所体现出来的“秩序法益”已不能准确界定新型证券操纵犯罪。在金融创新和金融监管的协同下,一些新型证券操纵行为超越了“秩序法益”的侵害范畴,不能以仅仅侵害金融监管秩序作为入罪的依据。例如,运用高频交易等金融工具频繁的报撤单行为客观上有可能是2019年修订的《证券法》中规定的价格发现和交易策略的程序化交易方式。如果从秩序法益的角度考量,此种行为往往会对证券市场的监管秩序造成损害,有可能得出构成《刑法修正案(十一)》中新增的虚假申报型操纵证券犯罪的结论。同时,程序化交易属于法律规定的金融工具创新方式,对于提升证券市场效率具有积极作用。因此,在法秩序统一的视野下,此种行为不具刑事违法性,难以认定为虚假申报操纵。法益对于刑事立法中的犯罪构成要件具有解释机能,对构成要件能起到实质解释的作用。[③]

因此,法益的确定需要解决该罪的刑事处罚范围,应当能对司法实践中达成共识的违法犯罪行为澄清边界。在《刑法》最新修正后,需要重新定位证券操纵犯罪的法益侵害,才能准确界定犯罪的本质;同时,以法益侵害来检视证券操纵犯罪的定量标准,才能妥当确立刑法规范的处罚范围。

---

① 参见刘宪权:《金融犯罪刑法学原理》,上海人民出版社2017年版,第206页;张勇:《存贷犯罪刑法理论与实务》,上海人民出版社2012年版,第69页;张军主编:《刑法[分则]及配套规定新释新解》,人民法院出版社2016年版,第577页。

② 参见商浩文:《论信息型操纵证券市场犯罪的司法认定路径——以2019年“两高”最新司法解释切入》,载《法学》2020年第5期。

③ 参见马春晓:《中国经济刑法法益:认知、反思与建构》,载《政治与法律》2020年第3期。

第二节　证券操纵犯罪的法益界定

一、证券操纵犯罪法益侵害的时代省思

犯罪的本质是侵犯法益,刑法的目的是保护法益。法益不仅是刑事立法规范设置的依据,也是对具体构成要件司法适用理解的重点。因此,探寻证券操纵犯罪的法益侵害对于相关刑法条文的理解与适用具有重要意义。正如上所述,既往我国刑法理论界和实务界倾向于将“秩序法益”作为证券操纵犯罪的侵害法益。然而,“秩序法益”不仅因为其自身的局限性而招致学者的批判;[①]而且随着证券制度的改革,操纵证券市场犯罪的法益侵害也具有了时代语境,既往的法益保护观点无法适应证券市场发展的客观情况。

1. 证券市场管理秩序并非证券操纵侵害法益的本体

秩序指的是“在自然进程中和社会进程中所存在的某种程度的一致性、连续性和确定性”。[②] 秩序是人们进行社会交往活动和从事经济生活的外部安全存在的保障,对人类的社会生活具有基础性的地位。刑法处于国家法律体系的最末端,以强有力的刑罚保证各种规范的有效性,这就决定了用刑法保护秩序是必要的。这种秩序在证券领域体现为国家对证券市场的管理秩序。但是,法规范所保护的法益应当是一种核心利益。证券交易市场的管理秩序是证券市场内各要素正常运行的重要保障。证券市场管理秩序得以保障,市场的资源配置功能才能有效发挥,市场主体的各种利益才能有实现的可能性。但是,证券市场的有序状态具有抽象

---

① 参见劳东燕:《金融诈骗罪保护法益的重构与运用》,载《中国刑事法杂志》2021 年第 4 期;魏昌东:《中国金融刑法法益之理论辨正与定位革新》,载《法学评论》2017 年第 6 期;钱小平:《中国金融刑法立法的应然转向:从“秩序法益观”到“利益法益观”》,载《政治与法律》2017 年第 5 期;等等。

② 参见[美]E. 博登海默:《法理学:法律哲学与法律方法》,邓正来译,中国政法大学出版社 1999 年版,第 219 页。

性,难以还原为具体的利益,不能作为利益的本体,而只能是利益得以实现的外部条件。

而且,综上所述,对证券市场秩序的违反不一定会产生具体利益受损的结果。将单纯违反秩序的行为犯罪化,不符合法益损害原则为基础的立法正当性要求。[①] “如果某种规范只保护特定的秩序,而不去避免具体的损害,那这些规定在刑法中就没有任何地位。”[②]因此,国家对证券市场的管理秩序利益仅仅是为了更为周延的保护此核心利益的辅助手段,其本身尚不是刑法罪名所欲保护的法益。实质的法益概念所要达到的目的,是向立法者提供刑事处罚的合法界限。[③] “秩序法益”有可能导致刑法规制范围过于模糊从而无法确定刑罚处罚界限,极易导致刑法适用的扩大化,陷入刑法“新工具主义”的危机。[④] 因此,这就决定了我们要慎重将秩序法益作为证券操纵犯罪侵害的本体。

2. 秩序法益难以发挥犯罪构成界限定位的作用

正如有论者所言,经济刑法法益不仅需要发挥审视刑事立法的功能,而且还需要明晰经济违法与经济犯罪行为的界分功能。[⑤] 既往的秩序法益观点将行为是否违反经济管理秩序作为犯罪成立与否的判断标准。而经济管理秩序在经济刑法中主要体现在行政法规所确立的秩序,行政法规的历时性、易变性决定了秩序法益的流变性。经济刑法的“法益稀薄性”决定了需要对经济犯罪行为进行目的限缩性解释。[⑥] 因此,对于法益的确证,我们必须置身于刑法规范所处的时代背景,坚持法秩序统一性。法秩序统一性原理要求我们在行政执法和刑事司法中,相关规范秩序不

---

① 参见魏昌东:《中国经济刑法法益追问与立法选择》,载《政法论坛》2016 年第 6 期。

② 乌尔斯·金德霍伊泽尔、陈璇:《法益保护与规范效力的保障——论刑法的目的》,载《中外法学》2015 年第 2 期。

③ 参见张明楷:《论实质的法益概念——对法益概念的立法批判机能的肯定》,载《法学家》2021 年第 1 期。

④ 参见涂龙科、郑力凡:《经济刑法法益二元“双环结构”之证成、判断与展开》,载《国家检察官学院学报》2020 年第 6 期。

⑤ 参见马春晓:《中国经济刑法法益:认知、反思与建构》,载《政治与法律》2020 年第 3 期。

⑥ 参见袁子轩:《秩序法益观:困境及突围》,载《中国社会科学报》2022 年 6 月 22 日,第 4 版。

能相互矛盾,尤其是不能将前置法上的合法行为认定为犯罪。[①] 具体到证券法领域,证券法与刑法等都保护证券交易秩序,但是不同部门法所保护的交易秩序具有层次性。秩序法益本身具备的抽象性、流变性特征,导致其难以凸显法秩序统一性下的层次性,甚至会将合法行为认定为刑事犯罪。例如,上市公司股份回购制度是资本市场的一项基础性制度安排,在客观行为上体现为上市公司通过资金和持股优势,连续买卖股票;上市公司主观上回购股份的目的也在于稳定股价。如果简单地从"秩序法益"的视角审视,很有可能导致将上市公司合法的回购行为认定为连续交易型证券操纵犯罪。但上市公司回购股份并不会对相关主体的利益造成实质损害,并不属于操纵证券市场行为,其是上市公司实施并购重组、优化治理结构、稳定股价的必要手段。[②]

3. 证券发行注册制等资本市场改革对秩序法益产生消解效应

在中国经济转型初期,基于计划经济的运作惯性,形成管制型的金融体系。发轫于彼时的经济刑法所保护的法益体现为行政管理性利益。这在证券领域有着较为明显的体现。在 2019 年修订的《证券法》实施之前,我国证券发行经历了审批制、核准制的发展阶段,这体现了管制型金融体系的特点,即是以政府替代市场选择发行上市公司,以行政关系主导了市场机制与民事法律关系。[③] 在此金融制度下,经济刑法在刑事立法和司法中形成了以优先保护经济秩序为主的模式,经济自由属于刑法保护的附属品。这种单边的秩序法益保护立场体现为对管理秩序的重点保护,对金融交易秩序和交易利益的保护则明显不足。[④] 随着我国金融体系正在由管制模式转向监管模式转变,"秩序法益观"已难以契合金融市场的发展情况。管制模式强调以政府为主导,计划经济的色彩浓重,国家对交易之前的市场准入环节发挥作用;监管模式则突出市场的主导作用,重点规范市场主体的交易行为,防范出现市场失灵行为,目的是要构建符合市场

---

① 参见周光权:《法秩序统一性原理的实践展开》,载《法治社会》2021 年第 4 期。

② 参见周友苏主编:《证券法新论》,法律出版社 2020 年版,第 233 页。

③ 参见席涛:《〈证券法〉的市场与监管分析》,载《政法论坛》2019 年第 6 期。

④ 参见钱小平:《中国金融刑法立法的应然转向:从"秩序法益观"到"利益法益观"》,载《政治与法律》2017 年第 5 期。

经济特征的金融体系。[①]

因此,在金融监管模式下,国家金融管理的重心由市场的准入机制转向市场的交易机制。[②] 在1997年证券操纵行为入罪时,我国的证券市场是采取严格的准入机制,国家以家长主义的理念介入到证券市场的管控。但是,随着2019年《证券法》的修改,证券发行注册制改革等资本市场改革逐步推进,政府适度干预,充分发挥市场在证券市场的资源配置中的决定性作用,市场风险交由理性投资者自行决定。我们坚持放松管制的市场化改革方向,让市场配置资源,切实提升市场运行效率。[③] 因此,"秩序法益观"在证券发行注册等资本市场改革的背景下失去了其赖以生存的制度基础。法益源于社会生活,且具有社会发展的适应性,因此它的内容并不是一成不变的,需要随着社会生活中保护的利益的变化而不断变化。[④]

二、证券操纵犯罪法益侵害的确证:证券市场效率

近年来,传统秩序法益的立场逐渐为学者所扬弃,利益法益观的知识聚集日益展开。[⑤] 笔者认为,要明确证券操纵犯罪的侵害法益需要回归到证券操纵的行为危害中来判定,只有明确其行为危害才能妥当确定其法益侵害。

1. 基于行为危害的法益侵害判断:证券操纵的可归责基础

犯罪的本罪在于法益侵害。因此,对于犯罪行为所造成的法益侵害,

---

① 参见劳东燕:《金融诈骗罪保护法益的重构与运用》,载《中国刑事法杂志》2021年第4期。

② 参见钱小平:《中国金融刑法立法的应然转向:从"秩序法益观"到"利益法益观"》,载《政治与法律》2017年第5期。

③ 参见郭锋:《大金融视野下的证券监管理念和〈证券法〉修改路径》,载《金融服务法评论》2013年第1期。

④ 参见[德]弗兰茨·冯·李斯特:《德国刑法教科书》,徐久生译,北京大学出版社2021年版,第6页。

⑤ 参见魏昌东:《中国经济刑法法益追问与立法选择》,载《政法论坛》2016年第6期;劳东燕:《金融诈骗罪保护法益的重构与运用》,载《中国刑事法杂志》2021年第4期;蓝学友:《互联网环境中金融犯罪的秩序法益:从主体性法益观到主体间性法益观》,载《中国法律评论》2020年第2期;等等。

应当从行为的危害中进行寻找。证券操纵行为的危害主要在于破坏了证券市场正常的价格形成机制以及影响了市场的流动性,损害市场资源配置的效率。

第一,破坏证券市场正常的定价机制。证券价格的真实性是指反映证券内在价值的证券价格。[①] 一般而言,在完整的证券交易市场上,投资者通过投资决策买进和卖出证券,形成反映市场的正常供求关系,促进证券真实价格的形成,进而引导资本的流向,从而实现资源的合理配置。但是,无论是传统的连续交易操纵、约定交易操纵和自买自卖操纵等传统的操纵行为,还是《刑法修正案(十一)》中新增的"虚假申报操纵""蛊惑交易操纵""抢帽子操纵"等新型证券操纵行为,行为人均是通过滥用资金、持股、持仓、信息、技术等市场优势,[②]产生市场控制,利用其市场力量来垄断或"挤压"市场。证券市场被垄断导致的证券定价并不是由市场驱动的,而是人为产生的。[③] 证券交易形成证券价格,而人为价格却不能反映出市场驱动的供求关系和真实地反映证券价值。这样被扭曲的市场价格释放了虚假的市场信号,会导致市场资源的错配。因此,证券操纵通过错误信息的注入、流动性假象两种方式干扰市场的定价准确性,引发资本错配,市场参与者可能会直接用于未准确定价的资产进行资本的配置,从而降低了市场对整体投资者的效用、削弱资本配置、影响市场效率。[④] 禁止操纵证券市场的主要理由在于防止市场机制被破坏或经由自然供需关系而形成证券价格的机制被破坏。[⑤]

第二,影响证券市场的高流动性。证券市场上适度的流动性能够促进市场交易的效率,降低交易成本,促进资本市场健康平稳发展。因此,

---

① 参见杨朝军主编:《证券投资分析》,格致出版社、上海人民出版社 2018 年版,第 36 页。

② 参见商浩文:《大数据时代证券市场虚假申报操纵犯罪的司法认定》,载《中国刑事法杂志》2020 年第 6 期。

③ Markowski v. SEC,274 F. 3d 525,527 (D. C. Cir. 2001).

④ See Fletcher, *Gina-Gail S. Legitimate Yet Manipulative: The Conundrum of Open-Market Manipulation*, Duke Law Journal, Vol. 68:3, p. 479 – 554 (2018).

⑤ See Charles Mills & Karen Dildei, *The Necessity of Price Artificiality in Manipulation and Attempted Manipulation Claims*, 37 Futures and Derivatives Law Report, 1 (2017).

流动性是衡量金融市场质量最为重要的标志之一。流动性是指其他交易者在市场上交易的随时可用性,以及交易者执行交易而不发生重大市场波动的可能性。[①] 流动性包含交易成本和交易速度等维度。做市商愿意买入和卖出某种证券的价格所形成的买卖价差是用来衡量市场流动性的重要标志。正常情况下,价差越小,流动性越高。虽然随着市场环境的变化、市场预期的修订以及新信息的出现,市场会经历一定程度的波动,但是异常的价格波动可能表明该证券资产的价格正在远离其基本价值。在金融市场上,从订单决策与价格形成的博弈过程和模型来看,操纵行为人通过对资产价格施加压力增加了市场的波动性,投资者感知到波动性后的投资策略趋于保守,一般会在远离最佳买入卖出价的价格上进行交易,减少流动性供给,进而增大买卖价差,降低证券交易的流动性。[②] 在境外证券市场,从美国证券交易所、美国纽约证券交易所、加拿大多伦多证券交易所等交易所10余年来的证券操纵案件的实证研究结果来看,股票在被操纵期间的买卖价差会显著增大。[③] 在中国证券市场上,学者基于对中国证监会所公布的证券操纵案件的研究结果表明,股票在被操纵期间的日收益率、有效价差、价格波动性及交易规模均明显上升。[④] 这些研究结果从数据实证的角度证明了证券操纵行为会导致证券交易成本增加,扩大了证券买卖价差,加剧了证券市场的波动性,从而降低了市场的流动性。

2. 基于经验事实的法益确定:证券市场效率

法益是先于法律规范而独立存在的经验事实,是立法者进行价值评判以发掘法益、建构规则所必需的事实根据。[⑤] 经济刑法所要保障的是经

---

① See Amihud, Y. & H. Mendelson, *Asset Pricing and the Bid-Ask Spread*, Journal of Financial Economics(1986).

② See Aitken, M. J., et al, *Market Fairness: The Poor Country Cousin of Market Efficiency*, Journal of Business Ethics(2015).

③ Comerton - Forde, C. & T. J. Putnins, *Measuring Closing Price Manipulation*, Journal of Financial Intermediation(2011).

④ 参见李梦雨:《中国股票市场操纵行为及预警机制研究》,载《中央财经大学学报》2015年第10期。

⑤ 参见田宏杰:《刑法法益:现代刑法的正当根基和规制边界》,载《法商研究》2020年第6期。

济领域中个人实现自由的各种外部条件。[①] 在经济系统中,合理的资本配置是国家、社会、市场主体及其他市场参与者能够实现其财产性利益或利益机会的重要条件。正因如此,有学者将经济刑的法益界定为资本配置利益,并根据资本配置关系的差异,将证券犯罪的法益侵害确定为破坏信用资本配置。[②] 诚然,此种观点注意到了法益确定与经济系统的契合性,在欺诈发行证券市场罪,[③]违规披露、不披露重要信息罪等犯罪中能够得以确认。但是,该种法益观点无法对证券操纵犯罪进行合理解释。例如,在金融市场基准操纵中,行为人仅凭自身的资金优势等便可达成操纵的结果,其并不具备诱骗其他投资者的主观动机。[④] 正如有学者指出:"操纵行为的成立,不以欺罔为构成要件。"[⑤]

因此,对于证券操纵的法益侵害,还需在其行为模式下基于经验事实探讨其妥当的法益侵害。在证券市场中,真实的证券价格能够反映未来资源配置的流向;市场充足的流动性能够保障资本配置的成本能够更低。资产价格越精确,套利机会和买卖价差越小,流动性也就越大;随着市场流动性的增加,证券价格逐步趋向于证券真实价格,买卖价差将会缩小,这又有助于真实价格的形成。流动性的增加提高了市场资产价格的准确性。准确的定价和流动性对金融市场资本的有效配置有重要影响,二者相辅相成、相互促进,共同促进证券市场效率的提升。因此,证券价格的真实性和充足的流动性是证券市场有效运行的重要机制。[⑥] 证券市场通过有效运行来合理配置资源,发挥资本市场提升实体经济效率的作用。可见,资本市场功能的发挥在于证券市场效率,证券市场效率是评估证券

---

① 参见马春晓:《中国经济刑法法益:认知、反思与建构》,载《政治与法律》2020 年第 3 期。

② 参见魏昌东:《中国经济刑法法益追问与立法选择》,载《政法论坛》2016 年第 6 期。

③ 参见商浩文:《论欺诈发行证券罪的规范构造——以〈刑法修正案(十一)〉为视角》,载《中国政法大学学报》2021 年第 5 期。

④ 参见樊健:《禁止操纵证券市场的理论基础:法律与金融的分析》,载《财经法学》2022 年第 3 期。

⑤ 张进德编著:《证券交易法》,台中,聚德企业管理顾问股份有限公司 2018 年版,第 371 页。

⑥ 参见樊健:《禁止操纵证券市场的理论基础:法律与金融的分析》,载《财经法学》2022 年第 3 期。

市场质量的重要维度。因此,证券市场效率是证券市场功能发挥程度的表征,是衡量证券市场资源配置、运作规范程度与市场完整性的重要指标,其已成为市场监管政策制定和投资者投资决策的基础性依据。[①] 证券操纵行为扭曲了证券市场正常的定价机制和损害了市场的流动性,而证券市场价格的准确性和高流动性恰恰是影响证券市场效率的两大重要因素。故而,基于证券操纵行为的危害性考察,证券操纵行为在事实上损害了证券市场的效率,进而影响了证券市场资源配置功能的发挥。

经验事实经由立法者的价值评判和规范建构,以责任和制裁的形式,对调整性规范确立的法益予以保护。[②] 就证券操纵犯罪而言,将证券市场效率作为刑法规范保护的法益,是符合证券操纵行为的危害机制,且对于刑法条文中明确规定的操纵行为具有涵摄性。在连续交易、约定交易和自买自卖等传统的操纵方式中,行为人直接通过证券交易行为来影响证券交易价格和交易量,进而扭曲证券价格,影响市场流动性,损害了证券市场效率。《刑法修正案(十一)》中新增加的三种新型证券操纵行为也体现了立法者对证券市场效率的保护。在蛊惑交易操纵中,行为人利用投资者存在的迷信内部消息、追捧热点信息的心理,通过公开传播虚假、重大误导性信息,诱导投资者进行证券交易;该虚假或不确定的重大信息致使证券价格失真,加剧了证券市场的波动性。在"抢帽子交易操纵"中,行为人利用其身份优势作出的评价、预测或者投资建议等不符合标的证券的真实情况,诱导普通投资者进行证券买卖,也会导致证券价格失真,加剧证券市场的波动性。在虚假申报操纵中,行为人"不以成交为目的,频繁或者大量申报并撤销申报",其核心特征是通过不以成交为目的的挂单,影响证券交易的数据,进而诱骗其他投资者交易或者放弃交易,使证券价格偏离其基本面,加剧了证券市场的波动性。这三种新型的证券操纵行为均致使证券价格失真,降低了证券流动性,减损了证券市场效率,

---

① 参见易荣华等:《证券市场效率及其计量研究方法综述:回顾与展望》,载《国际商务研究》2013 年第 3 期。

② 参见田宏杰:《刑法法益:现代刑法的正当根基和规制边界》,载《法商研究》2020 年第 6 期。

损害了资本市场功能的发挥。因此,将证券市场效率作为证券操纵犯罪的侵害法益是符合证券操纵的行为本质,也可以从法益论角度对新型证券操纵行为进行妥当解释,有助于相关刑法规范的体系性解释。

第三节　证券操纵犯罪定量标准的审视

犯罪定量标准为刑罚权之司法动用确立了具体的规范标准和操作尺度。因此,定量标准需要足以反映行为的社会危害性或者说法益侵害性和主观恶性。[①] 可以说,定量标准是法益危害性程度的体现。对证券操纵犯罪的法益侵害进行时代更新后,在此基础上探讨证券操纵犯罪定量标准的制度逻辑,有助于促进相关规范的科学适用。

一、法益侵害视野下证券操纵犯罪的定量标准的审视

根据 2022 年 4 月最高人民检察院、公安部联合印发修订后的《立案追诉标准(二)》以及 2019 年 6 月最高人民法院、最高人民检察院公布的《操纵证券、期货市场刑事适用解释》的有关规定,我国司法解释中对于操纵证券市场犯罪的定量模式借鉴了贪污贿赂等犯罪的"数额 + 情节"的混合认定模式,[②]其中,数额为犯罪数额,情节包括主体身份、社会影响、对象受害程度等。[③] 以虚假申报操纵为例,《操纵证券、期货市场刑事适用解释》主要规定了以下"情节严重"的定量标准:(1)撤单量要达到该交易日市场总申报量的50%以上,且证券撤回申报额在1000 万元以上;(2)违法所得数额在 100 万元以上;(3)违法所得数额在 50 万元以上,具有 7 种情

---

① 参见郭旨龙:《信息时代犯罪定量标准的体系化实践》,载《上海政法学院学报(法治论丛)》2015 年第 1 期。

② 参见商浩文:《论受贿罪数额与情节定罪量刑标准之调和》,载《政法论丛》2018 年第 6 期;商浩文:《贪污受贿犯罪"但书"规定之出罪机制研究》,载《江西社会科学》2018 年第 11 期。

③ 参见刘宪权:《操纵证券、期货市场罪司法解释的法理解读》,载《法商研究》2020 年第 1 期。

形之一的。[①] 可见,上述相关司法解释进一步完善了《操纵证券、期货市场刑事适用解释》出台前虚假申报操纵行为的定罪标准,在保持原有“撤回申报量占当日该种证券总申报量百分之五十以上的”定量标准基础上,补充规定了证券撤回申报额的标准,这样就将单一的比例标准调整为“比例+数额”标准,同时将违法所得数额纳入定量标准范围。[②]

可见,操纵证券市场犯罪的认定也采取的是“定性”与“定量”的司法模式。在操纵证券犯罪的认定逻辑中,既要立足于“罪质”的要求,也要符合“罪量”规定。[③] 因此,在司法实践中,对案涉行为模式的市场操纵法律性质进行定性,依据《操纵证券、期货市场刑事适用解释》等定量标准的规定确定市场操纵是否构成“情节严重”考虑定量因素。

综上所述,定量标准是法益侵害的具体体现。“操纵行为的危害性主要体现在通过扭曲市场定价机制来破坏市场的效率,并且它损害市场的完整性。”[④]证券操纵的行为危害在于影响正常的价格形成机制以及危害市场的流通性,行为侵害的法益在于证券市场效率。疑似具有操纵属性的交易行为,须要扭曲具体证券价格或交易量形成机制,损害证券市场效率,方能将交易行为与危害结果结合起来认定行为构成操纵证券市场犯罪。[⑤] 虽然,《操纵证券、期货市场刑事适用解释》明确了相关的定量标准,但是在高频交易等新技术实施的证券操纵行为中,即使达到司法解释

---

① 依据2019年《操纵证券、期货市场刑事适用解释》第3条的规定,主要是指以下7种情节:(1)发行人、上市公司及其董事、监事、高级管理人员、控股股东或者实际控制人实施操纵证券、期货市场行为的;(2)收购人、重大资产重组的交易对方及其董事、监事、高级管理人员、控股股东或者实际控制人实施操纵证券、期货市场行为的;(3)行为人明知操纵证券、期货市场行为被有关部门调查,仍继续实施的;(4)因操纵证券、期货市场行为受过刑事追究的;(5)2年内因操纵证券、期货市场行为受过行政处罚的;(6)在市场出现重大异常波动等特定时段操纵证券、期货市场的;(7)造成恶劣社会影响或者其他严重后果的。

② 参见缐杰、吴峤滨:《〈关于办理操纵证券、期货市场刑事案件适用法律若干问题的解释〉重点难点问题解读》,载《检察日报》2019年8月18日,第3版。

③ 参见陈庆安:《操纵证券、期货市场罪的历史流变、犯罪本质及刑法完善》,载《现代法学》2022年第6期。

④ Gina-Gail S. Fletcher, *Legitimate Yet Manipulative: The Conundrum of Open-Market Manipulation*, 68 DUKE L. J. 479 (2018).

⑤ 参见谢杰:《市场操纵犯罪司法解释的反思与解构》,载《法学》2020年第1期。

中规定的相关数额或者情节要求,也不一定能够得出影响证券市场效率的结论。例如,在高频交易的情况下,行为人通过程序化交易很容易就能盈利 100 万元以上或者在特定情形下获利 50 万元以上,但是从证券市场整体来看并不能对证券交易价量产生实质性的影响,更难对证券市场效率产生损害。而程序化交易恰恰是我国证券法中规定的合法交易方式,有助于促进市场流动,提高证券市场的效率。[①] 因此,现行司法解释中规定的作为证券操纵犯罪的定量标准虽然可以作为证券操纵犯罪危害性的评价因素之一,但是并不会对证券市场效率这一犯罪所保护的法益产生实质损害。因此,上述司法解释对虚假申报操纵行为具体的定量标准有可能产生形式化判断之虞。

故而尽管 2019 年《操纵证券、期货市场刑事适用解释》中对于证券操纵犯罪确定的定量标准主要是以当日的申报量为基础,并以违法所得作为重要认定标准。但是此种定罪标准存在形式化的判断问题,容易出现刑事处罚范围不当的问题,并不能适应虚假申报操纵等新型证券操纵的现状,需要确立准确反映证券操纵犯罪行为法益侵害的实质判断标准。

二、定量标准的实质建构:市场波动程度之合理判断

法益是社会观念与法律基础的集中体现。明确相关犯罪的法益侵害,可以避免不具有实质法益侵害的行为进入犯罪圈,进而确定刑事处罚的边界。[②] 操纵证券市场犯罪的定量标准直接关系着该类犯罪刑法制裁范围的广度,因此依据证券犯罪的特点确定合理的定量标准涉及操纵证券犯罪行为的打击力度。证券犯罪领域较之于传统犯罪领域具有很大的不同,这就要求我们不能局限于传统经济犯罪对行为严重性的判断标准,不仅要考察犯罪数额、犯罪次数等固定情节标准,还要针对市场操纵等证券犯罪的行为特点探索出既能充分反映行为法益侵害,又能紧密联系证

① 参见徐文鸣、张玉美:《新〈证券法〉、程序化交易和市场操纵规制》,载《财经法学》2020 年第 3 期。

② 参见孙国祥:《由形式入罪到实质出罪:实质刑法观的新征程——评刘艳红教授〈实质出罪论〉》,载《人民检察》2021 年第 13 期。

券市场实质特征的“情节严重”的判断标准。[①]

综上所述，操纵行为的法益侵害主要体现在通过扭曲市场定价机制和影响证券市场的流通性来破坏市场的效率。只有通过交易行为与危害结果的综合评价才能确定行为是否损害证券市场效率。在金融市场上，市场波动程度已经成为反映金融市场运行效率的关键指标。波动率指数自诞生以来在预警资本市场风险、行情判断、宏观审慎监管等方面发挥重要作用。[②] 行为人实施证券操纵行为后，对资本市场交易的实际结果虽然不是证券操纵犯罪的构成要件，但是在具体案件中，将正常情形下的同类市场反应指标作为对比，通过量化数据能够从直观的价格指标上反映出操纵行为对于证券市场效率的损害程度。[③] 因此，可以考虑可引入“市场波动程度”作为操纵证券市场犯罪定量的实质判断标准，即以在限定时间内引起一定的价格涨跌幅度或者指数偏离幅度为标准来认定行为的实质危害性。市场波动幅度越大，说明行为人通过滥用市场优势影响证券市场所导致的市场效率损害就大，侵害法益的程度越大，对其追究刑事责任的必要性也就大。事实上，2007 年中国证监会印发的《证券市场操纵行为认定指引（试行）》（已失效）第 14 条就明确指出，影响证券交易价格或者证券交易量，是指行为人的行为致使证券交易价格或者交易量出现异常、虚拟的价格水平、虚拟的交易量水平和明显偏离等。[④] 欧盟法院在打

---

① 参见谢杰：《内幕交易犯罪情节认定疑难问题研究——“两高”最新证券期货犯罪司法解释相关条款刑法解析》，载《上海公安高等专科学校学报》2012 年第 4 期。

② 参见刘玄、单景辉：《波动率指数及其衍生品的功能和经济意义》，载《中国证券期货》2020 年第 5 期。

③ 参见谢杰：《内幕交易犯罪情节认定疑难问题研究——“两高”最新证券期货犯罪司法解释相关条款刑法解析》，载《上海公安高等专科学校学报》2012 年第 4 期。

④ 该指引第 14 条曾明确规定：“本指引所称影响证券交易价格或者证券交易量，是指行为人的行为致使证券交易价格异常或形成虚拟的价格水平，或者行为人的行为致使证券交易量异常或形成虚拟的交易量水平……行为人的行为致使证券交易出现下列情形之一的，可认定为影响证券交易价格或者证券交易量：（一）致使新股或其他证券上市首日出现交易异常的；（二）致使相关证券当日价格达涨幅限制价位或跌幅限制价位或形成虚拟的价格水平，或者致使相关证券当日交易量异常放大或萎缩或形成虚拟的交易量水平的；（三）致使相关证券的价格走势明显偏离可比指数的；（四）致使相关证券的价格走势明显偏离发行人基本面情况的；（五）证券交易所交易规则规定的影响证券交易价格或者证券交易量的情形；（六）中国证监会认定的影响证券交易价格或者证券交易量的其他情形……”

击金融犯罪的过程中,在评估内幕交易法律制裁强度环节时,也是高度重视与内幕信息有关的金融工具交易价格事实上的变动情况,并将其作为法律制裁比例性的重要尺度。[①]

随着大数据、金融工程模型等新兴科技的发展,给我们精确度量某一操纵行为对市场波动的影响提供了可能。例如,上海证券交易所和中证指数公司于2016年11月28日推出的上证50ETF波动率指数,又称为中国波指(iVIX),可以基于相关的金融模型对中国股票市场未来日、周和月波动率进行预测。[②] 因此,针对具体的操纵行为,可以考虑将操纵行为的法益侵害程度置于证券市场的正常波动程度维度进行考量。但是,具体的"引起市场波动程度"的量化因素应当考虑不同的市场操纵犯罪行为类型。就虚假申报操纵证券市场等具有短线操纵的行为类型而言,可以选取该证券交易内开盘或收盘集合竞价时段、报撤单行为介入前的极短时间段内的价格或者交易量数据,[③]测算虚假申报行为"引起市场波动程度"。如果频繁报撤单时间段内的特定证券交易的市场价格或者交易量的波动程度,偏离了能够合理推论或计算的证券市场正常的波动幅度,在符合定量标准基础上,就应判定行为人具备了影响证券交易价量的危害结果,损害了证券市场效率;反之,即使行为人本身的交易量超标,但是没有使证券市场价格或者交易量波动程度偏离正常的波动幅度,并未对证券市场效率带来损害,也不能认定构成操纵证券市场犯罪。比如,文中所指出的高频交易型的虚假申报操纵,违法所得数额并不能作为证券市场波动的表征,难以反映行为的法益侵害性。而操纵期相对更长的操纵行为类型,如传统的连续交易、相对委托等操纵行为,可以考虑选取同期行业指数、盘块指数、大盘指数、同类个股价格或交易量数据等作为测算的依据。[④]

故而,鉴于操纵行为使得证券交易的价量处于明显异常水平更能反

---

① 参见谢杰:《内幕交易犯罪情节认定疑难问题研究——"两高"最新证券期货犯罪司法解释相关条款刑法解析》,载《上海公安高等专科学校学报》2012年第4期。

② 参见刘勇、白小滢:《投资者情绪、期权隐含信息与股市波动率预测——基于上证50ETF期权的经验研究》,载《证券市场导报》2020年第1期。

③④ 参见谢杰:《市场操纵犯罪司法解释的反思与解构》,载《法学》2020年第1期。

映行为的实质危害,可考虑在运用大数据等金融科技的基础上将“引起市场波动程度”作为操纵证券市场犯罪的实质判断标准,更能体现操纵行为法益侵害的本质特征。

随着我国资本市场的进一步变革,尤其是证券注册制改革,多层次资本市场发展迅速,金融市场中涉证券等新型违法犯罪行为层出不穷、传统犯罪异化的现象尤为突出,亟须加强对证券等金融犯罪的有效治理。《刑法修正案(十一)》增加了新型证券操纵行为类型,进一步扩充了证券操纵的行为模式,如何对相关规范进行妥当适用是司法机关应当高度关注的现实问题。法益的价值是衡量侵害犯之间的严重性的唯一标准,也是决定刑法处罚正当化的根据。证券操纵作为典型的法定犯,其在法益侵害性的问题上存在“法益性的欠缺”,应倡导对法定犯通过法益的判断进行限制解释。[①] 因此,应坚持“形式入罪、实质出罪”基本理念,在刑事犯罪圈扩张化的立法背景下,应以法益侵害作为犯罪的实质判断标准,做到“合法入罪、合理出罪”。在司法实践中,相关行为即使符合证券操纵的行为模式,也达到了有关司法解释中规定的犯罪定量标准时,是否构成证券操纵犯罪,还需要进行法益侵害的判断。只有基于相关数据认定的基础上判定行为造成证券价格失真,影响市场的高流动性,损害了证券市场效率,才能进行入罪考量。

---

① 参见刘艳红:《“法益性的欠缺”与法定犯的出罪——以行政要素的双重限缩解释为路径》,载《比较法研究》2019 年第 1 期。

第八章

虚假申报操纵犯罪的司法适用

证券操纵犯罪是当代中国金融市场行为结构最为复杂、刑事认定最为疑难的一种犯罪类型,也是当下我国理论界与实务界关注的热点和难点问题。传统的操纵行为主要体现为“坐庄”模式,即行为人利用资金或持股优势来操纵证券交易价格和交易量。但是,随着国际上高频交易等金融科技的创新并逐渐被引入我国,目前我国证券市场虚假申报操纵行为出现了新情况、新特点。高频交易通过计算机程序作出交易选择,决定是否申报和撤单,而程序化的交易往往蕴含追踪市场交易价量等内在的交易策略,进而导致某些特殊时段产生大量频繁的报撤单交易。但是,我们并不能简单地以频繁报撤单来认定行为人操纵证券市场。如何准确把握正常报撤单和虚假申报操纵犯罪的界限、科学适用相关的法律规范,是刑事司法实践中面临的重大法律挑战。因而,应对高频交易技术运用带来的刑事司法认定难题,加强对虚假申报操纵的刑法规制,提高证券市场法治化治理水平,成为当下中国刑事法理论界和实务界重点关注和亟待解决的重大现实问题之一。

我国最高司法机关高度重视证券领域金融犯罪的有效治理,及时出台了相关规范性文件和指导性案例,这对于保障金融市场稳定、防范系统性的金融风险具有重要意义。作为信息化时代出现的一种新型证券操纵行为,虚假申报操纵在刑事司法实践中面临刑法定性差异化、操纵行为入罪标准复杂化、主观认定客观化等现实挑战。应进一步优化刑事司法认定的思路,将“滥用优势”界定为操纵证券市场犯罪的本质特征;在入罪标准的判定上,要以市场优势的滥用作为违法所得认定的基本原则,并坚持整体性评价的判断方法;对“不以成交为目的”这一主观要件的认定,要科学适用刑事推定规则。

第一节　虚假申报操纵犯罪的新态势及司法认定问题的引出

在证券市场全流通时代,传统的长线“坐庄”操纵模式逐步减少,虚假申报等短线操纵日趋活跃。虚假申报操纵往往会借助于程序化的高频交易技术,扭曲市场定价机制,破坏证券市场的效率和完整性,极大地损害正常的证券市场秩序。[①] 我国司法机关高度重视虚假申报等操纵行为的司法治理,及时出台了相关的规范性文件和指导性案例。但是,相关的刑事裁判规则尚未明确,有待于进一步优化司法认定路径。

一、虚假申报操纵犯罪的新样态及其危害

从中国证监会公布的近年证券领域违法犯罪的数据来看,证券操纵与内幕交易、信息披露违法已经成为我国证券市场最主要的三类违法行为。[②] 虽然各国和各地区关于虚假申报操纵的名称不同,但其核心行为模式基本一致,即操纵主体通过不以成交为目的的申报撤单,制造特定时段内的虚假证券供求关系,影响该时段内证券交易价格或者交易量,通过反向交易获利,扰乱正常的市场价格形成机制,破坏资本市场秩序。[③] 特别是在信息化、智能化时代,随着证券市场上高频交易等高科技手段的运

---

① See Gina-Gail S. Fletcher, *Legitimate Yet Manipulative: The Conundrum of Open-Market Manipulation*, 68 Duke Law Journal 479 (2018).

② 参见商浩文:《证券领域行政执法与刑事司法衔接之实证研究》(2019 年 10 月),中国法学会部级研究课题结项报告,第 3 页。

③ 参见鲍晓晔:《幌骗的“罪”与“罚”——美国行政监管与司法实践的借鉴》,载《证券市场导报》2017 年第 10 期。

用,虚假申报操纵的社会危害性将会更大。

高频交易主要是通过算法设定复杂的计算机程序进行大量的交易决策。[①] 算法交易在程序化的运作下,以毫秒为单位来计算相关交易时间,大量快速地进行证券买卖交易活动。[②] 高频交易主要是借助于复杂的算法程序和先进的技术系统,通过特定时间内大量、快速的证券买卖,以证券交易的微小价格差获取巨大利益。从本质上来说,高频交易属于中性的交易技术,是证券领域金融工具与科技手段的深层次结合,其借助于算法的技术优势,在市场的瞬时定价差之间进行套利。高频交易技术的运用有助于证券价格的发现,提高证券市场交易的流动性。但是,如果行为人具有非法牟取利益之目的,借由高频交易技术进行虚假申报操纵,则会释放虚假的证券供求信息,引发市场交易秩序的混乱。[③] 滥用高频交易的行为人比普通投资者更能提前看到市场行情和作出判断,通过偏离市场最新价格的报单,诱导市场一般投资者的买卖策略,然后迅速撤单,进行反向交易获利。因而,证券市场上的虚假申报行为如果滥用了高频交易这一中性技术工具,将会给证券市场造成极大的损害。例如,众所周知的美国证券市场2010 年5 月6 日发生的“闪电崩盘”事件,主要就是因行为人滥用高频交易技术进行虚假申报而引发的系统性危机。[④] 再如,作为我国高频交易操纵市场的刑事第一案,在上海市第一中级人民法院于2017 年6 月宣判的伊世顿国际贸易有限公司操纵期货市场案中,行为人利用高频技术进行频繁的虚假申报操纵,严重破坏了股指期货市场的公平交

---

① See United States v. Pu,814 F. 3d 818,821(7th Cir. 2016).

② See United States v. Aleynikov, 676 F. 3d 71, 73 (2d Cir. 2012); United States v. Aleynikov,737 F. Supp. 2d 173,175 (S. D. N. Y. 2010).

③ 参见张孟霞、尹小为:《美国“幌骗”案例的监管处罚与司法审判实践》,载《证券市场导报》2017 年第5 期。

④ 2010 年5 月6 日,美股发生剧烈波动,道琼斯指数大跌千点,过万亿美元资产在几分钟内蒸发,原因就是交易员萨拉沃(Navinder Singh Sarao)在交易中采取了幌骗的高频交易行为。参见邢会强:《证券期货市场高频交易的法律监管框架研究》,载《中国法学》2016 年第5 期。

易秩序。[①] 各国立法、司法及监管机关高度警惕高频交易被滥用所产生的风险,对于利用高频技术手段实施的虚假申报的行为都进行了重点打击。例如,欧洲议会和欧洲理事会于 2014 年制定了《市场滥用监管条例》[REGULATION(EU) No 596/2014],在第 12 条“操纵市场”下新增第(2)(c)款,禁止虚假申报等三类违法行为。[②] 美国于 2010 年出台《多德 - 弗兰克法案》(Dodd Frank Act),明确界定了虚假申报交易的行为方式,[③]并且在执法实践中采取了行政处罚和司法诉讼并用的多重手段。尤其是 2016 年 10 月,美国联邦巡回法院在针对高频交易操纵的全球首例刑事指控案件中,最终裁定被告人柯西亚(Michael Coscia)利用高频交易实施的幌骗罪成立。[④]

总之,虚假申报操纵行为,尤其是滥用高频交易技术,将会导致证券价格与其内在价值的关联性被人为切断,证券价格并不能反映市场的真实需求,市场偏离了价格发现的基本功能,使其成为高频交易者纯粹的套

---

① 2015 年初,张家港保税区伊世顿国际贸易有限公司(以下简称伊世顿公司)将自行开发的报单交易系统非法接入中金所交易系统,直接进行交易。同年 6 月 1 日至 7 月 6 日,该公司利用以逃避期货公司资金和持仓验证等非法手段获取的交易速度优势,大量交易中证 500 股指期货主力合约、沪深 300 股指期货主力合约共 377.44 万余手,从中获取非法利益人民币 3.893 亿余元。2017 年 6 月 23 日,上海市第一中级人民法院宣判,对伊世顿公司以操纵期货市场罪判处罚金人民币 3 亿元,没收违法所得人民币 3.893 亿元。伊士顿公司的两名直接负责的主管人员高某和梁某某也分别被判刑。参见《张家港保税区伊世顿国际贸易有限公司、金某某等操纵期货市场案》,载中国法院网,https://www.chinacourt.org/article/detail/2020/09/id/5471343.shtml。

② 参见鲍晓晔:《幌骗的“罪”与“罚”——美国行政监管与司法实践的借鉴》,载《证券市场导报》2017 年第 10 期。

③ 该法将其界定为“以在成交前撤销该报单为目的的买单或卖单行为”(bidding or offering with the intent to cancel the bid or offer before execution)。See Commodity Exchange Act § 4c(a)(5).

④ 迈克尔·柯西亚(Michael Coscia)是美国黑豹能源交易公司(Panther Energy Trading LLC)的一名期货交易员。2011 年 8 月至 10 月,柯西亚使用其开发的交易系统在芝加哥商品交易所和洲际交易所的多个品种上进行了高频交易。其核心交易策略为:进行小额申报并同时进行反方向大额申报以影响价格,使小额申报以有利于自己的价格成交,并最终根据正反订单之间的价格差异获利。2014 年 10 月 2 日,芝加哥联邦检察官办公室对柯西亚提起刑事指控,包括 6 项幌骗罪和 6 项商品交易欺诈罪。2015 年 2 月 17 日,柯西亚的申诉被法院宣布无效。2015 年 11 月 3 日,法院认定柯西亚罪名成立,判处 3 年有期徒刑、2 年监外看管。2016 年 10 月,联邦第七巡回法庭驳回了柯西亚的上诉。See United States v. Michael Coscia, 177 F. Supp. 3d 1087 (2016).

利工具。这种行为既损害了市场参与者公平的交易机会,也扰乱了金融市场的定价机制,尤为严重的是,还将会导致金融业成为虚拟的交易场所,不利于金融脱虚向实进而更好地服务实体经济。

二、虚假申报操纵犯罪司法认定问题的引出

我国高度重视对证券等金融违法犯罪的治理。2020 年 7 月 22 日最高人民检察院《关于充分发挥检察职能服务保障"六稳""六保"的意见》明确提出,要依法惩治金融犯罪,加大对证券期货领域金融犯罪的惩治力度,依法"全链条"从严追诉扰乱资本市场秩序、侵害投资者利益的犯罪行为,切实维护金融安全。[①] 2020 年 10 月闭幕的党的十九届五中全会提出,要"激发各类市场主体活力,完善宏观经济治理,建立现代财税金融体制"。[②] 2020 年 11 月 2 日,中央全面深化改革委员会第十六次会议强调指出,依法从严打击证券违法活动,是全面深化资本市场改革的重要制度安排。这对我们进一步推进资本市场法治化建设、切实规范金融市场秩序提出了更高的要求。

但是,长期以来,作为证券操纵中危害严重的虚假申报操纵行为,我国《证券法》《刑法》并未有直接的相关法律规制。现行《刑法》第 182 条规定的操纵证券、期货市场罪并未将虚假申报操纵作为法定的操纵行为类型;2007 年证监会发布的《证券市场操纵行为认定指引(试行)》[③](已失效)将虚假申报操纵作为一种独立行为类型予以明确规定,但该文件属

---

① 参见《最高人民检察院关于充分发挥检察职能服务保障"六稳""六保"的意见》,载《检察日报》2020 年 7 月 25 日,第 3 版。

② 参见《中国共产党第十九届中央委员会第五次全体会议公报》,载人民网,http://cpc.people.com.cn/big5/n1/2020/1029/c64094-31911510.html。

③ 《证券市场操纵行为认定指引(试行)》第 38 条曾规定:"本指引所称虚假申报操纵,是指行为人做出不以成交为目的的频繁申报和撤销申报,误导其他投资者,影响证券交易价格或交易量。"其第 39 条规定:"频繁申报和撤销申报,是指行为人在同一交易日内,在同一证券的有效竞价范围内,按照同一买卖方向,连续、交替进行 3 次以上的申报和撤销申报。"其第 40 条规定:"具有下列情形的,可以认定为虚假申报操纵:(一)行为人不以成交为目的;(二)行为人做出频繁申报和撤销申报的行为;(三)影响证券交易价格或者证券交易量。(四)特定时间的价格或价值操纵认定。"

于中国证监会的内部规定,能否适用于刑事案件存在不同意见;[①]最高人民检察院、公安部于2022年修订的《立案追诉标准(二)》[②]虽有撤回申报量占比的量化标准,但缺少操作细则。因此,在我国长期的刑事司法实践中,由于我国相关法律对此类操纵行为的法律规范不明以及证明标准、裁判规则模糊等问题,我国司法机关在运用刑事手段惩治新型操纵证券市场犯罪方面往往显得力不从心。直到2019年7月1日最高人民法院、最高人民检察院《操纵证券、期货市场刑事适用解释》对虚假申报操纵行为的定罪量刑进行了相关规定以及2020年3月1日施行的《证券法》也明确将虚假申报操纵作为法定的操纵行为类型后,[③]我国才出现了第一起虚假申报操纵证券市场的刑事案件——"唐某某等人操纵证券市场案",该案也入选为最高人民检察院联合中国证监会于2020年11月6日召开新闻发布会发布的12起证券违法犯罪典型案例之一。[④] 但是,从有关虚假申报操纵犯罪的整体法律规范来看,有关规定并未进一步细化和明确,相关统一的裁判规则仍未形成。尤其是在高频交易情况下,虚假申报操纵行为的定罪量刑标准略显局促,难以适应证券操纵的新情况、新特点,有待于进一步优化刑事认定的路径。

2020年12月26日全国人大常委会通过的《刑法修正案(十一)》明确将虚假申报行为确定为操纵证券、期货市场罪的行为类型之一,并将其界定为"不以成交为目的,频繁或者大量申报买入、卖出证券、期货合约并撤销申报"。虽然此举使刑法规制虚假申报操纵行为的法律依据更为明确充分,但是高频交易技术的运用给证券操纵犯罪司法认定带来的现实

---

① 参见徐荷生、余萍:《"虚假申报"操纵证券市场犯罪认定标准解析》,载《检察调研与指导》2018年第3期。

② 《立案追诉标准(二)》第34条第1款规定:"操纵证券、期货市场,影响证券、期货交易价格,或者证券、期货交易量,涉嫌下列情形之一的,应予立案追诉:……(十二)不以成交为目的,频繁或者大量申报买入、卖出证券、期货合约并撤销申报,当日累计撤回申报量达到同期该证券、期货合约总申报量百分之五十以上,且证券撤回申报额在一千万元以上、撤回申报的期货合约占用保证金数额在五百万元以上的……"

③ 参见《操纵证券、期货市场刑事适用解释》第1条的规定和《证券法》第55条的规定。

④ 参见徐日丹:《最高检证监会联合发布12起证券违法犯罪典型案例》,载《检察日报》2020年11月7日,第1版。

挑战仍然存在。随着虚假申报操纵刑事案件的不断出现,操纵行为的认定、入罪标准的把握,"不以成交为目的"的判定等具体的司法适用问题亟待解决。如何在刑事司法领域应对高频交易的现实境况,对虚假申报操纵行为进行科学的定罪量刑,关系到证券犯罪的有效治理,值得我们深入研究。

第二节　虚假申报操纵刑事司法认定的法律挑战

滥用高频交易技术实施的虚假申报操纵行为,与正常的报撤单行为具有外在行为的相似性,且操纵行为极其隐蔽、收集证据困难。这导致其与正常的程序化交易行为界限不易厘清,从而为刑事司法的认定带来了法律挑战。

一、虚假申报操纵行为定性的差异化

《刑法修正案(十一)》颁行前,我国《刑法》第 182 条以列举的形式明确了连续交易操纵、约定交易操纵、自买自卖操纵三种行为方式,还规定了"以其他方法操纵证券交易价格的"兜底条款。显然,具有严重社会危害性的虚假申报操纵行为,并不能被纳入此三种操纵方式中,而只能以兜底条款进行规制。然而,对于兜底条款的司法适用,在刑法理论界和实务界存在不少争议。毋庸置疑的是,对于刑法中兜底条款的解释应遵循同质性解释规则。也就是说,动用刑法兜底条款进行规制的犯罪行为须与该刑法条文所明确列举的行为具有同质性,方能在解释论上坚持罪刑法定原则,以确保兜底条款的适用能够在国民的可预测范围内。[①] 既往,我国刑法理论界和实务界的主流观点认为,操纵证券、期货市场罪的罪质表

---

① 参见朱刚灵、孙万怀:《论滥用高频交易的刑法规制——以伊世顿公司操纵期货市场案为例》,载《海南金融》2017 年第 4 期。

现为价量操纵。[①] 在此理论下,我国《刑法》原第182条明确列举的三种操纵方式,体现的也是行为人以证券、期货的交易来直接影响证券的交易价格和交易量,交易行为对价量控制直接施加了具有决定意义的影响。故而,按照刑法解释的同质性原则,《刑法》第182条兜底条款所规制的证券市场操纵行为,其行为本质也应是直接影响证券、期货的交易价量。

然而,在行为人滥用高频交易进行虚假申报的情形下,虽产生了大量的报撤单,但行为人主观上并不具有成交的目的;而是通过大量高速的报撤单制造出市场交易的假象,其他投资者在市场表现出来的不真实信息基础上作出投资决策,这种决策恰恰是有利于滥用高频交易的行为人。在有效的金融市场上,金融投资者能够依据公开接受的市场价格信息作出相应的证券买卖策略,而行为人利用高频交易技术的速度优势可以比一般投资者预先了解到相关证券的报价信息,进而通过频繁的报撤单推动证券价格朝着其设定的价格趋势运行,这样就使其他普通投资者基于证券表面的价格趋势作出证券买卖策略。而高频交易者在成交之前基于技术优势获取的交易速度迅速进行反向操作,使市场的报价系统难以反映其真实投资意图。[②] 这样,虚假申报操纵行为人通过向证券市场的普通投资者传递不全面、不真实的买卖信息,诱导投资者作出相关的证券投资决策,进而通过反向交易获得不法利益。

但是,需要注意的是,行为人在证券成交之前频繁报撤单并不会直接引起证券实际交易价格的波动,证券交易价量产生波动的直接原因是其通过虚假申报操纵诱导普通投资者作出证券买卖决策,进而导致相关证券交易量的大量注入或者撤离,影响证券交易价格。行为人通过低位买入和高位卖出,利用证券买卖价格的差异进行套利交易。可见,虚假申报操纵者本身没有直接通过交易行为控制证券交易价格,或者其报撤单的

---

① 参见刘树德、喻海松:《从法治的立场解读〈刑法修正案(六)〉》,载《中国审判》2006年第6期。

② 参见商浩文:《美国首例“幌骗”型高频交易刑事定罪案及其借鉴》,载《华东政法大学学报》2019年第2期。

行为强度不足以对证券交易价格施加具有直接意义的作用力。[①] 虚假申报操纵者实现对证券市场控制的关键在于通过报撤单行为影响投资者证券买卖决策,因而,其对于证券市场交易价格的控制只能是一种预期,很大程度上依赖于对普通投资者的诱导交易,并不是如传统操纵手段那样通过行为人的直接交易来操纵证券交易价格。因此,虚假申报操纵并不会直接对证券交易的价格或者交易量直接产生影响,而是对一般投资者的投资决策产生影响。这大大区别于现行《刑法》原第 182 条明确规定的三种传统操纵方式通过证券交易直接影响交易价量的行为本质。

因此,虚假申报操纵的行为方式与原刑法典中明确列举的三种操纵方式存在相关差异。如若以兜底条款的相关规定予以制裁,将会面临刑法规范的扩大适用问题。尽管《刑法修正案(十一)》将虚假申报操纵行为明确为法定的操纵行为类型,但是,虚假申报操纵与传统操纵方式在行为性质上的差异性客观存在,就会导致刑法同一法条中不同操纵方式的行为性质不一致,不利于司法实践中准确把握操纵犯罪的罪质,这有待于在刑法教义学上进行解释和阐明。

二、虚假申报操纵入罪标准的复杂化

根据《立案追诉标准(二)》第 34 条和《操纵证券、期货市场刑事适用解释》的有关规定,我国司法解释对于操纵证券市场行为入罪标准的确定,借鉴了贪污贿赂等犯罪的“数额 + 情节”的混合认定模式。其中,数额为犯罪数额(包括行为数额和结果数额),情节包括主体身份、社会影响、对象受害程度等。[②] 就虚假申报操纵而言,《操纵证券、期货市场刑事适用解释》主要规定了以下“情节严重”的入罪标准:(1)撤单量要达到该交易日市场总申报量的 50% 以上,且证券撤回申报额在 1000 万元以上、撤回申报的期货合约占用保证金数额在 500 万元以上;(2)违法所得数额在

① 参见谢杰:《操纵证券、期货市场罪的实质解释——〈刑法〉第 182 条兜底条款的立法完善与司法解释优化》,载《证券法律评论》2017 年卷。

② 参见刘宪权:《操纵证券、期货市场罪司法解释的法理解读》,载《法商研究》2020 年第 1 期。

100万元以上;(3)违法所得数额在50万元以上,具有相应的7种情形之一。[①] 可见,上述司法解释进一步完善了虚假申报操纵行为的入罪标准,在保持原有"撤回申报量占当日该种证券总申报量或者该种期货合约总申报量百分之五十以上的"入罪标准基础上,补充规定了证券撤回申报额和占用期货保证金数额的标准。这样就将单一的比例标准调整为"比例+数额"标准,同时将违法所得数额补充作为独立的入罪标准。[②]

可见,《操纵证券、期货市场刑事适用解释》将撤回申报量和违法所得数额确定为虚假申报操纵证券市场行为入罪的两个独立并行的条件,只要符合其中一项条件就达到了入罪的标准。在实践中,对于撤回申报量,由于数据相对固定,一般可以根据交易所当天的交易数据的统计情况经计算较为容易得出。然而,违法所得数额的认定则较为复杂,往往是司法实务中认定的焦点和难点。尽管《操纵证券、期货市场刑事适用解释》第9条将违法所得界定为通过操纵证券、期货市场所获利益或者避免的损失,然而相关的计算规则却没有规范性文件予以明确。在上述全国首例虚假申报操纵证券市场的刑事案件中,违法所得的认定就曾成为控辩双方争议的焦点。[③] 在司法实践中,对于违法所得的认定,其中有两个问题尤其值得关注和有待明确。

一方面,违法所得数额计算的时间点如何确定?虚假申报操纵行为一般是通过建仓和平仓进行反向交易获取不法利益,因此,违法所得数额

---

① 《操纵证券、期货市场刑事适用解释》第3条的规定,操纵证券、期货市场,违法所得数额在50万元以上,具有以下7种情形之一的,即为"情节严重":(1)发行人、上市公司及其董事、监事、高级管理人员、控股股东或者实际控制人实施操纵证券、期货市场行为的;(2)收购人、重大资产重组的交易对方及其董事、监事、高级管理人员、控股股东或者实际控制人实施操纵证券、期货市场行为的;(3)行为人明知操纵证券、期货市场行为被有关部门调查,仍继续实施的;(4)因操纵证券、期货市场行为受过刑事追究的;(5)2年内因操纵证券、期货市场行为受过行政处罚的;(6)在市场出现重大异常波动等特定时段操纵证券、期货市场的;(7)造成恶劣社会影响或者其他严重后果的。

② 参见姜永义等:《〈关于办理操纵证券、期货市场刑事案件适用法律若干问题的解释〉的理解与适用》,载《人民法院报》2020年3月12日,第5版。

③ 参见朱一峰、於智源:《虚假申报型操纵证券市场行为公诉审查要点——以全国首例以虚假申报手段操纵证券市场案件为样本》,载《中国检察官》2020年第14期。

的认定一般是以行为人平仓成本和建仓成本之间的价差计算。但是,在一些虚假申报操纵的案件中,案发后行为人并未实施平仓操作。对于未平仓部分的违法所得的认定,存在较大争议。有论者认为,此部分不应当计入违法所得的认定。也有论者认为,应当计入违法所得认定,但到底是以操纵行为停止后的市场价格还是以行为人被立案调查后的市场价格作为违法所得计算的标准,存在一定的争论。[①] 对于违法所得数额计算的期间,究竟是以撤回申报量超过50%标准的交易日当天的获利为计算标准,还是以操纵证券行为实质关联建仓时间到出售时间为范围来计算违法所得,也尚未达成统一的定论。

另一方面,违法所得的计算是否应当扣除操纵行为过程中的损失数额?《证券市场操纵行为认定指引(试行)》(已失效)第51条曾规定,已向国家交纳的税费、向证券公司交付的交易佣金、登记过户费、交易中其他合理的手续费等应当予以扣除。但是,如果行为人在虚假申报证券的过程中因为市场因素而遭受损失,那么,在计算违法所得数额时是否应当采取"盈亏相抵"原则进行扣除呢?在中国证监会针对郑某某虚假申报操纵的行政处罚案件中,当事人就提出抗辩,认为违法行为发生时正值2014年至2015年牛市期间,认定违法所得时应考虑证券市场大盘及行业的影响,要求采用"盈亏相抵"原则减轻或免除对申请人违法所得的认定。[②] 对此,相关司法解释并未予以明确。由于违法所得的认定直接关系到行为人是否构成刑事犯罪,如不明确相关的裁判规则,不利于刑事司法裁判的统一性,也会很大程度上影响证券操纵犯罪的刑事司法治理效果。

总之,虽然《操纵证券、期货市场刑事适用解释》将违法所得作为虚假申报入罪的重要认定标准,但是,实践中违法所得认定情况复杂多样,对该入罪标准的判定存在诸多争议。因此,相关的裁判规则和判定方法有待确立,以有效指导司法实践。

---

① 参见刘宪权:《操纵证券、期货市场罪司法解释的法理解读》,载《法商研究》2020年第1期。

② 参见郑某某操纵四川长虹电器股份有限公司等19只股票价格案,中国证监会行政处罚决定书〔2018〕127号。

三、虚假申报操纵主观认定的客观化

关于虚假申报的主观目的,无论国外的相关立法,还是我国相关的法律规范均将“不以成交为目的”作为虚假申报的主观目的。例如,《证券市场操纵行为认定指引(试行)》第40条就曾明确规定虚假申报须以“行为人不以成交为目的”;《证券法》《操纵证券、期货市场刑事适用解释》亦规定虚假申报操纵须具备“不以成交为目的”的主观目的。事实上,“不以成交为目的”是反映虚假申报操纵违法性的重要标准,也是行政执法与刑事司法实践中区分正常的程序化交易和虚假申报操纵的具体标准。例如,在全球首例高频交易刑事定罪案中,美国联邦第七巡回法院就以客观事实来认定被告人具备“不以成交为目的”这一主观目的,进而认定其构成幌骗罪。[①] 因而,在认定虚假申报操纵时,必须要证明行为人主观上具备“不以成交为目的”的主观目的。既往,我国行政执法实践一般是根据行为人报撤单的客观行为来推定其主观上是否具有不成交的目的。在证券立法严格的英美等国家,面对智能化、信息化的操纵手段,其在执法和司法实践中也是通过对客观的“外化行为”予以类型化并进行推论,这样就绕开了对主观方面的直接证明。[②] 因此,将犯罪构成主观方面的证明内容转化为实践中具有客观性的证据事实,具有重要的司法价值。

但是,在关于虚假申报行为“不以成交为目的”的主观目的的判定方面,高频交易对虚假申报操纵的认定逻辑带来了挑战。高频交易下的操纵犯罪具有智能化与隐蔽化等诸多特征,其本源上就是通过拆单和频繁报撤单的方式来降低交易成本。[③] 高频交易由计算机程序自动按事先设定的条件进行,其频繁报撤单行为主要源于算法交易内在跟量跟价的追踪逻辑,并非申报时没有成交意愿。而且,高频交易源于欧美市场,其交易策略是依据欧美市场逐笔行情而设置的,报单时间较之于我国沪深交易所三秒提供一次的行情设置时间大大缩短,因而,在算法程序设置的更

---

① United States v. Michael Coscia,177 F. Supp. 3d 1087 (2016).

② 参见王新:《金融刑法导论》,北京大学出版社1998年版,第179页。

③ 参见徐文擎:《算法交易被动跟踪可致频繁报撤单》,载《中国证券报》2015年8月5日。

短时间内高频交易行为人能够进行多次报撤单。[①] 故而,在某种程度上说,频繁报撤单是程序化算法交易的伴生现象,不宜简单仅以报撤单的外观行为来简单判定交易主体是否存在虚假申报操纵行为。最高人民检察院联合证监会于2020年11月6日召开的有关依法从严打击证券违法犯罪的新闻发布会上公布的6起证券犯罪典型案例中,在案例“唐某某等人操纵证券市场案”的典型意义部分,就明确指出,司法实践中要着重审查行为人的主观目的,是否进行反向交易,相关交易数据、申报撤单之间的关联性等情况,综合判断行为性质,要准确把握虚假申报操纵行为和合法的报撤单交易行为的界限。[②] 因此,在算法交易的环境下,用“频繁报撤单”作为“不以成交为目的”虚假申报操纵的司法认定标准,尚不能完全准确认定行为人的主观目的。

总之,虚假申报操纵具有智能化、隐蔽化等特征,在刑事司法实践中不能简单地以频繁申报和撤单行为来判定“不以成交为目的”的主观目的,需要综合考虑相关的客观要素。而如何择定能够表明行为人主观目的的客观要素,关乎合理区分相关行为到底是属于正常的高频交易还是滥用高频交易进行的市场操纵行为,这是司法实践中需着力解决的重要问题。

第三节　虚假申报操纵刑事制裁的域外概览

虚假申报操纵行为在美国等国家也称为“幌骗”。滥用高频技术进行“幌骗”型交易是虚假申报操纵的典型方式。其常见的做法是:行为人不以实际成交为目的,以低于市场卖价的价格挂出卖单,这样其他卖家就会被迫挂出同样或更低的价格以获得成交,当发现更低的卖价后,幌骗行为

---

① 参见夏中宝:《算法交易对虚假申报操纵法律认定逻辑的新挑战》,载《证券市场导报》2017年第10期。

② 参见《最高检、证监会联合发布证券违法犯罪典型案例》,载最高人民检察院官网,https://www.spp.gov.cn/spp/xwfbh/wsfbh/202011/t20201106_484204.shtml。

人迅速撤单，反手做多，这样通过诱骗交易对手得以以更低的价格获取头寸。同理，用高于市场买价的价格挂出买单诱骗买家，以更高的价格结清头寸。[①] 行为人利用国家交易所出现的证券或商品价格的微小差异，通过买入低位和高位卖出，使用计算机软件以极高的速度执行大量的交易，在交易所之间进行套利交易。

以幌骗为代表的交易策略或行为往往借由程序化高频技术进行实施，其不以成交为目的的大量报撤单，释放虚假供求信息、扰乱正常的价格形成机制，引发市场跟随，造成证券市场的混乱，进而获取不法利益。2010年美国证券市场"闪电崩盘"[②]事件的发生更是引起了监管者对于此类交易行为的高度关注。[③] 面对这种新型的恶性市场操纵行为，世界各国通过相关法律进行积极回应，其中，以美国的相关立法和司法实践较为突出。美国监管和司法机构紧密关注并通过法律修正加强对此类行为的治理，特别是2016年10月，美国联邦巡回法院最终裁定高频交易员柯西亚(Michael Coscia)商品交易欺诈以及幌骗(spoofing)罪名成立，这是全球针对这种违法交易行为的首例刑事指控，也是美国《多德－弗兰克法案》出台以来关于"幌骗行为"定罪的首个案例，[④]具有里程碑意义。而在中国，"幌骗"型高频交易逐步增多，给我国的证券期货市场造成的危害日益扩大。但是，我国刑法典中并未有明确规制此类行为的刑法规范，上海伊世顿公司高频交易刑事第一案定罪量刑也引发了相关的理论争议，因而如何在现有的刑法框架内对严重的滥用高频交易行为进行刑事制裁，更

---

① 参见张孟霞、尹小为：《美国"幌骗"案例的监管处罚与司法审判实践》，载《证券市场导报》2017年第5期。

② 2010年5月6日，美股发生剧烈波动，道琼斯指数大跌千点，过万亿美元资产在几分钟内蒸发，原因就是交易员萨拉沃(Navinder Singh Sarao)在交易中采取了幌骗行为。参见邢会强：《证券期货市场高频交易的法律监管框架研究》，载《中国法学》2016年第5期。

③ 参见王飞云：《美国首例高频交易操纵刑诉案宣判》，载《检察风云》2015年第24期。

④ 在美国还有一起高频交易的案件处于刑事调查之中。Sarao被指为造成2010年美国证券期货市场"闪电崩盘"的元凶，但直至2015年4月21日才被英国执法部门逮捕并于2016年3月引渡到美国受审。美国司法部对其提出了22项指控(包括1项电信欺诈、10项大宗商品欺诈、10项价格操纵和1项幌骗)，Sarao已对其中的1项电信欺诈和1项幌骗认罪。参见张孟霞、尹小为：《美国"幌骗"案例的监管处罚与司法审判实践》，载《证券市场导报》2017年第5期。

是我们亟待解决的理论和实践问题。以下以美国首例“幌骗”型高频交易刑事案为研讨对象，希冀为我国相关“幌骗”型高频交易的刑事规制提供有益的法治借鉴。

一、美国“幌骗”型高频交易行为刑事规制之基本规范

美国对于“幌骗”型高频交易行为的法律规制也是处在不断完善的过程中，原《商品交易法》(Commodity Exchange Act, CEA)并未对幌骗行为进行明确规定，直至2010年美国出台《多德－弗兰克法案》(Dodd Frank Act)，才对幌骗交易的行为方式进行了明确界定。并且在执法实践中，美国逐渐确定了监管和处罚幌骗行为的法律标准，采取了行政处罚和司法诉讼并用的多重手段，力图厘清幌骗行为与一般程序化交易的区别。具体来说，美国对于高频交易之幌骗行为的法律规制主要体现在两个阶段。

第一阶段是2010年CEA修订前的禁止操纵条款。在美国CEA修订之前，破坏期货交易秩序的禁止性行为集中在内幕交易、虚假交易、欺诈和操纵。当幌骗这一新型恶性行为伴随程序化交易兴起的浪潮产生时，相对滞后的CEA显然没有完全精准对应的约束条款。司法层面最为可行的是将CEA第6(c)条“禁止操纵”理解为对幌骗类行为的概括性约束，以此作为监管机构或此类行为受损的民事主体对幌骗行为人提起诉讼的法律依据。① 实际上，在这一阶段，美国证券交易委员会(Securities and Exchange Commission, SEC)已经注意到幌骗这一不法交易行为的存在，并在若干案例中将幌骗定性为市场操纵行为进行规制。② 但是，CEA第6条禁止操纵条款要求被告满足操纵能力、操纵的主观故意、人为价格的存在以及因果关系这四个要件，然而这些要件在司法实践层面存在过于原则、定罪标准过于严格、缺乏实施细则等，因此大部分幌骗行为难以纳入CEA第6(c)条的规制范围之内。故而在原CEA立法框架下，以打

---

① See Catriona Coppler, *The Anti-Spoofing Statute: Vague as Applied to the Hypothetically Legitimate Trader*, 5 Am. U. Bus. L. Rev. 261, 290 (2016).

② 参见谢贵春：《证券市场如何规制幌骗交易——以美国为例》，载《证券法苑》2017年第3期。

击欺诈和市场操纵为首要使命的美国期货交易监管委员会(Commodity Futures Trading Commission,CFTC)在反操纵司法诉讼方面鲜有案例。[①]

第二阶段是2010年7月21日《多德－弗兰克法案》(2011年7月正式执行)对美国CEA第747节做出修订。2010年美国证券期货市场"闪电崩盘"后,《多德－弗兰克法案》第747条修正了CEA第4c(a)条的规定,在洗售交易、配合交易、虚假交易以及造成不实价格被报道、登记和记录等四类违法行为的基础上,新增了第五类扰乱市场行为,具体包括幌骗、违反买卖报价规则、尾盘交易等,其中明确指出了禁止幌骗交易。该法案对幌骗定义为"在买卖申报时就意图在执行前撤单"(Bidding or offering with the intent to cancel the bid or offer before execution)。《多德－弗兰克法案》也是美国首例高频交易刑事指控定罪量刑的主要法律依据。2011年3月,CFTC针对《多德－弗兰克法案》提出了一个"解释性文件"的初稿(proposed interpretive order)。文件中指出以下三种行为可认定为幌骗:(1)申报和撤单使报单系统超负荷;(2)申报和撤单来延迟其他人的交易执行;(3)申报和撤单来制造虚假的市场深度。CFTC直到2013年5月28日才发布了该解释性文本的最终版本,并增加了第四种幌骗交易行为:申报和撤单来人为制造价格变动。违反CEA的有关规定实施幌骗行为将会构成犯罪。[②] 目前在针对幌骗的监管处罚中,CFTC通常适用CEA第4c(a)条,认定期货市场中的幌骗行为扰乱了市场。

二、美国首例"幌骗"型高频交易刑事案件及其司法裁决

尽管美国的相关立法中对于"幌骗"型高频交易行为进行了明确规定,但是在美国的司法实践中,对于犯罪成立的判断标准则更多地依据判例法。因而如何判断行为是否属于"幌骗"型的高频交易行为,在司法裁判中则有较为详细的论证和说明,故而有必要对美国首例"幌骗"型高频

---

① CFTC可以采取直接通过内部行政程序以命令形式处罚或者是以CFTC名义向联邦地区法院起诉,由法院以判决形式处罚。

② See Meric Sar, *Dodd-Frank and the Spoofing Prohibition in Commodities Markets*, 22 Fordham J. Corp. & Fin. L. 383, 416 (2017).

交易案中相关案情以及法院的相关裁判进行认真的梳理和研析,以便明确“幌骗”型高频交易行为的定罪量刑标准。

(一)美国首例“幌骗”型高频交易刑事案件之基本案情

迈克尔·柯西亚(Michael Coscia)(以下简称柯西亚)是美国黑豹能源交易公司(Panther Energy Trading LLC)的一名期货交易员。2011 年 8 月至 2011 年 10 月柯西亚使用其开发的交易系统在芝加哥商品交易所和洲际交易所的多个品种上进行了高频交易。其核心交易策略为:进行小额申报并同时进行反方向大额申报以影响价格,使小额申报以有利于自己的价格成交。其操作手法为:在期货市场上,先以高频交易软件挂出少量卖单(这些交易单将要被实际交易、数量相对较小);他将反向在市场的另一端输入大量的交易买单,制造了买方市场深度充分的假象,其他市场交易者误认为市场流动性非常好,跟风挂出买单。在交易指令被执行前,柯西亚利用高频交易策略在毫秒内撤销全部未执行的买单,并几乎同时挂出的卖单与之前被引诱挂出买单的交易者成交,并最终根据正反订单之间的价格差异获利。整个交易借助于高频软件在几毫秒的时间内完成。同时,这个过程也可能以完全相反的方向操作,即先挂出少量买单,后挂出大量卖单并随即撤单。通过这种高频交易策略诱使市场价格朝有利于自己的方向变化。该案中,柯西亚能够实现低买高卖,并从中获取了约 140 万美元的收益。

2014 年 10 月 2 日,芝加哥联邦检察官办公室对柯西亚提起刑事指控,并特别指出“这是第一次针对幌骗的刑事指控”,包括六项幌骗罪和六项商品交易欺诈罪。其中,关于幌骗行为,检察官指控柯西亚在 2011 年 8 月 8 日至 10 月 18 日从事期货交易期间,多次利用高频策略,引导价格操纵市场,牟取非法利益。柯西亚的行为违反了《多德 - 弗兰克法案》关于禁止扰乱市场和禁止操纵市场条款的规定,是一种典型的欺诈和价格引导型操纵。2014 年 12 月 15 日柯西亚以“有关幌骗的法规过于不清晰”(The CEA's anti-spoofing provision is void for vagueness)和“商品交易欺诈的认定在法律上无效”(The commodities fraud counts are legally invalid and similarly vague)为由要求驳回该指控。2015 年 2 月 17 日,柯西亚的申诉被法院宣布无效;2015 年 11 月 3 日,柯西亚被正式定罪,罪行全部成立,判处柯西亚 3 年有期徒刑加 2 年监外看管。2016 年 10 月,联邦第七巡回法庭驳回了原告的上诉。[①]

(二)美国首例"幌骗"型高频交易刑事裁判之要点

通过对美国首例"幌骗"型高频交易司法裁判的研读,我们发现,法院和被告方对于"幌骗"型高频交易案定罪量刑的裁判要点主要聚焦在以下几方面。

1. 反"幌骗"规范适用的明确性问题

柯西亚在答辩状和上诉状中均坚持,针对幌骗行为进行定罪的法条规范是不明确的,应当认定为违宪性规定而视为无效。[②] 被告人之所以提出这样的主张,主要是美国宪法第五修正案明确规定,"没有正当程序,任何人不得被剥夺生命、自由和财产,法律禁止模糊不清的刑事法规"。[③] 由此宪法规定引发的基本原则要求"模糊的刑法规范不能给予其将要处罚的民众以公正的通知,其也会因为处罚标准的不确定而引起任意性的裁判,因而禁止国家依据模糊不确定的刑法规范给予公民制裁"。[④] 故而,"规范个人或实体的法律必须明确的,模糊不确定的法律规定是不允许的,否则有违正当程序条款,或者是法律适用标准不明确,将有可能导致严重不当的歧视性执法。"[⑤]

据此,双方的争议主要体现在:

(1)柯西亚主张,国会立法在对幌骗进行界定时并未进行明确说明。"幌骗"在证券交易中具有公认的定义,国会已经明确将其确定为行业专门术语,但是 CEA 中并未进行明确说明。因而"幌骗"的法条结构如同 CEA 中关于"洗售"规定一样,国会将"幌骗"行为定义交由法律文本以外的规定来确定,这是不符合刑罚明确性要求的。对此联邦第七巡回法院

---

① See United States v. Michael Coscia, 177 F. Supp. 3d 1087 (2016).

② See United States v. Michael Coscia, 100 F. Supp. 3d . 653 (2015).

③ U. S. Const. amend. V.; Johnson v. United States, 135 S. Ct. 2551 (2015).

④ Welch v. United States, 136 S. Ct. 1257 (2016).

⑤ United States v. Williams, 128 S. Ct. 1830 (2008).

认定,CEA 中关于"幌骗"与"洗售"的规定并不一样,CEA 中 7 U. S. C. §6c(a)(5)解释"幌骗"时在其后面用括号特备强调,"幌骗是一种在成交前撤销该报单为目的的买单或卖单行为"(bidding or offering with the intent to cancel the bid or offer before execution)。因而"幌骗"行为已经通过法条中的附加说明进行了明确界定。而 CEA 7 U. S. C. §6c(a)(2)(A)(i)中并未对"洗售"具体内容用附加说明进行界定,因而二者在法条结构上具有重大区别。

(2)柯西亚还提出,"幌骗"行为界定中的附加性说明所强调的内容仅仅是对"幌骗"行为进行列举,并非对"幌骗"的明确界定,并以"印第安博彩管理法"中的附加性说明进行证明,进而认为 7 U. S. C. § 6c(a)(5)中关于"幌骗"行为的认定仍然属于不确定的规范。[①] 对此,美国联邦第七巡回法院认为,在"印第安博彩管理法"中对相关内容作附加性说明时,使用了"包括"(including)[②]这样的词语,因而使用"包括"一词使界定的术语具有列举性。但是,CEA 中对于"幌骗"的界定却没有使用这样的词语,[③]对此,法院认定,美国最高法院通过洛佩斯诉冈萨雷斯案判例已经明确说明,附加性说明是对法条术语的界定,而不是列举。而被告被指控的行为显然属于法规明确禁止的行为。[④]

(3)由于"幌骗"界定的模糊性使行为人对自己行为的规范性不够,也会使法律适用具有随意性。对此,法院认为,在确定一项法规是否因模糊性而无效时,调查的重点是法条的明确性。[⑤]"法院必须努力解释,而不是谴责国会的立法"。[⑥] 美国最高法院也指出,美国"宪法"不允许国会的立法"设置一个足够大的网络来抓住所有可能的罪犯,并且决定谁可以被

---

① See United States v. Michael Coscia, 100 F. Supp. 3d 653 (2015).

② See The provision at issue in Chickasaw Nation, a portion of the Indian Gaming Regulatory Act, Pub. L. No. 100 – 497, 102 Stat. 2467 (1988), referred to "[t]he provisions of Title 26 (including sections 1441, 3402(q), 6041, and 6050I, and chapter 35 of such title)." 25 U. S. C. § 2719(d) (1).

③ See Chickasaw Nation V. United States, 534 U. S. 84 (2001).

④ See Lopez v. Gonzales, 549 U. S. 47 (2006).

⑤ See United States v. Jones, 689 F. 3d 696 (2012).

⑥ Skilling v. United States, 130 S. Ct. 2896(2010).

合法拘留,谁应该被拘禁”。[①] “如果一个合理的人依据法律能够预见到自己行为的危险性,并且存在合理的执法准则,那么就模糊条款的正当程序问题将不复存在。”[②]在该案中,国会特别制定了反“幌骗”条款来制裁幌骗行为,而且美国商品期货委员会 CFTC 针对《多德-弗兰克法案》的“解释性文件”中也对“幌骗”行为作出了明确的定义,依据相关法条,被告人的行为已经被明确是构成犯罪的。[③]

2.“幌骗”客观行为的认定

美国期货市场通过 CEA 第 4c(a)条和《解释指引》,具体规定了幌骗的客观要件(包括行为场所、行为方式等)。《解释指引》明确幌骗报撤单的行为场所可以是任何注册机构,包括指定合约市场(DCM)和互换交易平台(SEF),且前述注册机构不限于具备完善订单簿的交易平台,只要是能够发出可执行报单或具备办理潜在订单能力的市场参与者,都可被认定为是发生幌骗报撤单行为的场所。在确定特定交易行为是否构成幌骗时,CFTC 会权衡市场环境、交易者的交易行为模式和特点以及其他相关事实和证据,依据解释性文件来认定“幌骗”行为类型。[④] 在该案中,CFTC 认定被告人“利用计算机程序在期货市场上非法下单并快速撤单”的行为构成幌骗,并对柯西亚及其所在交易公司提出诉讼。

那么,在高频交易机制下,如何界定交易员撤单行为是属于正常的市场行为,还是属于“幌骗”行为呢?柯西亚在起诉状中辩护说,他的订单命令能够完全被执行,而且受制于市场风险,不能构成法律上的欺诈。订单命令在市场上一直保持足够长的开放时间,其他交易者可以进行交易,因而他的订单命令不具有欺骗性或者是诱导性,而是合法的市场交易行为。[⑤]

而美国联邦第七巡回法院主要是从交易模式来认定上诉人的行为属

① City of Chicago v. Morales, 119 S. Ct. 1849 (1999).

② United States v. Pitt-Des Moines, Inc., 168 F. 3d 976 (1999).

③ See United States v. Michael Coscia, 177 F. Supp. 3d 1087 (2016).

④ See Meric Sar, *Dodd-Frank and the Spoofing Prohibition in Commodities Markets*, 22 Fordham J. Corp. & Fin. L. 383, 416 (2017).

⑤ See United States v. Michael Coscia, 100 F. Supp. 3d 653 (2015).

于“幌骗”行为,而不是正常的市场交易行为。(1)柯西亚利用高频软件快速下单,在极端的时间内撤销大额订单。柯西亚在市场上发出一笔小额买入或卖出的订单命令,然后马上就会在市场上的反方向发出大得多的相反订单,提升或者拉低市场期货价格,通过大订单诱导其他投资者的订单价格,当发现有利于自己的价格时,然后取消大额订单,成交小订单。柯西亚设计的高频软件的具体参数通常以毫秒为单位取消订单,这种软件促进了小订单的完成,并且积极地避免了大订单的完成。(2)柯西亚的交易行为不同于一般的期货交易行为。柯西亚的大额订单与小额订单的撤销率完全不同。在大多数情况下,行为人的订单取消率大致相似。但是,柯西亚在芝加哥商品交易所交易中,其中35.61%的小额订单被成交,而只有0.08%的大额订单成交。因而柯西亚生的交易模式清楚地表明,其希望利用大订单人为影响期货价格,以使自己的小额订单能够在有利价格上成交。(3)柯西亚造成证券供求变化的虚假表象,制造人为市场流动的表象,利用大订单来影响价格并撤销大订单的交易,人为造成“期货价格并不能反映真实的供求关系”。(4)柯西亚的订单行为影响了其他投资者的决策。柯西亚通过大订单欺骗市场投资者,造成市场过饱和的错觉,其甚至诱使某些交易者完全离开市场,柯西亚的行为给市场造成了重大影响。[①]

3. 幌骗“意图取消”主观目之认定

对于主观上的过错,CFTC认为必须具备超过轻率的某种程度的“明知”,如果是刑事指控,则被告人实施幌骗行为应该是明知的。[②] 因而在认定是否构成“幌骗”刑事定罪,关键则是对主观目的“意图取消”(intent to cancel)的认定。柯西亚聘请的律师团认为,柯西亚的高频交易策略是在短暂的市场变化中捕捉交易机会,以获取合理价差收益,频繁报撤单只是实现这一目的的合理手段,并不存在欺诈和操纵市场价格的主观意图,柯西亚本人也否认存在过错,坚称其交易过程中的每笔报单都有希望成

---

① See United States v. Michael Coscia, 177 F. Supp. 3d 1087 (2016).

② See 7 U. S. C. §13 (a) (2).

交的意愿。①

法院认为,认识到“提供被告主观意图的直接证据通常是困难的或不可能的,我们允许通过间接证据来证明犯罪意图”。②柯西亚的交易历史清楚地表明,他取消了绝大部分大订单。依据一般理性人的标准,根据间接证据的推断,柯西亚在下单时有意取消大订单。首先,从柯西亚的交易行为的数据分析考量。在他利用高频软件进行交易的两个月期间,他在洲际交易所上取消了96%的期货订单,只有0.5%的大订单被成交;而在芝加哥商品交易所,他的小额订单中有35.61%的订单成交,大宗订单只有0.08%成交。其次,从高频软件的使用策略上来考虑。高频软件的设计者帕克(Jeremiah Park)作证说,这些高频软件的一个自带功能就是在成交前及时撤回大额的“报价单”,就是为了避免大订单被成交。“报价单”是“用来拉动市场的期货价格”。再次,从柯西亚订单的存续时间来推定。根据调查,柯西亚只有0.57%大订单在市场上停留超过一秒,而一般高频交易者的65%大订单在市场上将会停留超过一秒钟。这说明,被告人的多数订单在极短的时间内被取消。最后,美国国家经济研究协会经济咨询公司(NERA Economic Consulting)高级副总裁马修伊万斯(Mathew Evans)作证说,柯西亚的订单与实际成交量的比率为1592%,而其他市场参与者的交易比率为91%~264%。这些数字意味着柯西亚的下单量比他的实际成交量要大得多,这进一步表明,被告人下单不是为了实际完成交易,而是为了操纵证券价格以使得小额订单能够按照其预想的价格成交。据此,法院认定,柯西亚在下单之时就具备了在实际成交之前取消交易的意图。通过对这些间接证据的推断,能够认定柯西亚具有下单时“意图取消”之主观意图。③

① See United States v. Michael Coscia, 177 F. Supp. 3d 1087 (2016).

② United States v. Morris, 576 F. 3d 661 (2009).

③ See United States v. Michael Coscia, 177 F. Supp. 3d 1087 (2016).

第四节 虚假申报操纵刑事司法认定的路径优化

鉴于虚假申报操纵犯罪的司法认定存在定性差异化、入罪标准复杂化、主观目的认定客观化等现实挑战,我们应当进一步对现行刑事司法认定规则进行适当的明确和调试,以促进资本市场虚假申报操纵犯罪的有效治理。

一、科学界定证券市场操纵犯罪本质的实质内涵

我国现行刑法中相关条款所体现出来的操纵行为本质界定过窄,无论是将其限定为价量操纵,还是欺诈操纵,已经严重不符合打击新型证券操纵行为的现实需要,进而导致司法实践中过度依赖兜底条款的司法适用。[①] 但是,兜底条款的适用也必须遵守同质解释的原则,如果过度扩张适用兜底条款将会导致刑罚处罚范围模糊,有损罪刑法定原则,也不利于刑罚实现其威慑性和强化公众规范意识的目的。[②] 要走出这一困境,唯有对操纵证券市场的行为本质进行重塑,并且进一步充实兜底条款的内容。近年来随着新型操纵行为的发生,一种有力的观点认为,证券操纵的本质应当是“滥用优势”。[③] 基于证券操纵犯罪的本质和证券操纵犯罪治理的现实需要,笔者赞同将证券操纵的本质界定为“滥用优势”,即行为人通过滥用市场优势(不仅包括资本,还包括信息、技术等)实现对证券市场的控制。

第一,证券操纵犯罪的实质。1997 年《刑法》之所以增设“操纵证券交易价格罪”,强调的就是行为人对证券市场价格机制的破坏。2006 年,

---

① 参见刘宪权:《操纵证券、期货市场罪司法解释的法理解读》,载《法商研究》2020 年第 1 期。

② 参见赵希:《论证券、期货市场新型操纵行为的刑法规制路径》,载《证券法苑》2018 年第 1 期。

③ 参见田宏杰:《操纵证券市场罪:行为本质及其司法认定》,载《中国人民大学学报》2014 年第 4 期。

经过《刑法修正案（六）》的修改，该罪罪名确定为“操纵证券、期货市场罪”，目的是规制价格操纵之外的其他操纵行为。操纵证券、期货市场行为不利于市场资源的优化配置，违反了资本市场的“公平、公开、公正”原则，损害了投资者的合法权益。而操纵行为之所以能够影响证券市场，其本质在于操纵行为人相较之于其他交易者拥有相关的市场优势，不仅包括传统的资金优势、持股优势等，部分交易者利用人工智能技术还将具有速度优势、智能优势等。虽然各个国家和地区关于操纵证券市场的立法规定不同，但总体来看均是要求证券市场操纵的行为人能够对证券市场产生控制或影响。[①] 要实现此控制或影响之目的，行为人就必须具有相应的市场优势，借助于此优势直接影响证券交易价量或者是通过影响其他投资者的投资决策来影响证券交易价量，进而操纵证券市场。一言以蔽之，证券市场操纵者对证券价量的控制以其具备相应的市场优势为前提，因滥用市场优势地位而妨害市场自由竞争机制。因而，将证券操纵犯罪的本质界定为证券市场“滥用优势”更能合理界定操纵行为的本质特征。

第二，资本市场融通变革下系统性风险的事前防范。在资本市场融通趋势下，市场操纵行为的风险不再局限于微观的投资者利益，市场操纵的价格波动风险呈现出系统性演变，延展至宏观领域威胁金融市场的系统性安全。针对资本市场融通趋势下市场操纵风险的系统性演变，事前的防范更为关键和有效。因而，市场操纵本质认知应从关注操纵结果的价量控制以及操纵行为的诈欺，转向关注操纵的实施条件。[②] 而将市场操纵的本质界定为滥用市场优势地位，可以将证券市场的风险关注提前至操纵实施条件，更有助于设置事前主动的防御性风险监管制度，规避既有监管制度存在的微观局限和事后惩治不足的缺陷。故而，部分国家立法中已经出现了以滥用市场优势地位重新认定市场操纵本质的趋势。例如，欧盟和英国在立法上将操纵证券市场的行为独立于证券欺诈行为，并

---

① 参见田宏杰：《操纵证券市场罪：行为本质及其司法认定》，载《中国人民大学学报》2014年第4期。

② 参见杨松、石启龙：《市场操纵本质的新认知及监管制度创新》，载《江西社会科学》2019年第3期。

将其纳入市场滥用行为的范畴,形成了独立的证券失范行为的法律规制类型。[①]

第三,新型证券操纵犯罪刑事规制的现实需要。将证券操纵犯罪的本质界定为"滥用优势",不仅能够体现证券操纵的犯罪本质,而且有益于证券市场系统性风险的事前防范,同时,更有助于在立法上针对新型证券操纵犯罪进行刑事规制。较之于价量操纵与欺诈操纵,"滥用优势"的概念具有更强的包容性,能够较为全面地涵括新型操纵行为。在"滥用优势"的操纵证券犯罪本质界定下,不仅传统的价量操纵行为体现了行为人对资金、持股、持仓优势的滥用,而且新型的"抢帽子交易"、信息型操纵、虚假申报操纵中行为人也表现出对信息、技术等市场优势的滥用,[②]其中,虚假申报操纵等技术型操纵属于对电子信息技术的滥用,相关交易者通过滥用这些优势,形成对证券市场的有效控制。因此,在此犯罪本质的界定下,立法者可以根据新型操纵犯罪治理的需要,在立法中将非直接价量控制的行为纳入刑事规制的范畴,避免司法实践中兜底条款的过度适用,以实现对新型证券操纵行为的有效惩治。此种解释在一定程度上也是对《刑法修正案(十一)》将虚假申报操纵、蛊惑性操纵、"抢帽子交易"三种非直接价量控制的操纵行为明确为法定操纵行为的立法证成。

因此,在刑事立法和司法实践中,应将操纵证券市场的本质界定为"滥用优势",即行为人通过滥用资本、信息、技术等市场优势以实现对证券市场的有效控制,这不仅符合新型证券操纵行为的治理需要,也有助于证券市场系统性风险的事前防范。

二、合理确定虚假申报操纵入罪标准的判定规则

综上所述,违法所得的认定关乎虚假申报操纵行为是否入罪。然而,

---

① 参见夏中宝:《算法交易对虚假申报操纵法律认定逻辑的新挑战》,载《证券市场导报》2017年第10期。

② 参见商浩文:《论信息型操纵证券市场犯罪的司法认定路径——以2019年"两高"最新司法解释切入》,载《法学》2020年第5期。

由于证券操纵的行为复杂性和多样性,司法实务中对于证券操纵的违法所得的认定尚未形成明确的裁判规则。这就需要我们结合证券操纵的犯罪本质,合理确定违法所得的判定规则。

1. 以市场优势的滥用作为违法所得认定的基本原则

证券操纵犯罪行为的本质在于市场优势的滥用,正是由于资金、技术等市场优势的滥用,行为人才能够获取相关的违法所得。可以说,违法所得是滥用市场优势的最终目的,滥用市场优势是获取违法所得的手段,违法所得在本质上是证券市场优势被滥用的价值转化。因此,违法所得的计算应当以被滥用优势的价值转化为衡量基础,根据被滥用的不同优势进行计算;[①]如此,方能准确地认定和剥夺行为人的犯罪收益。由于虚假申报操纵的核心行为表现为短期内频繁的大额报撤单,特别是在高频交易的情形下,其利用的主要是资金、技术等优势。因此,虚假申报操纵中违法所得的认定需要以行为人滥用优势的价值转化为基础,即只能将来源于滥用市场优势而获得的交易利润认定为违法所得。基于这样的判断规则,对于案发后行为人并未实施平仓的虚假申报操纵的违法所得的计算,应将行为人实施操纵后的未平仓部分的交易利润计算在内。违法所得在一定程度上是行为扰乱市场秩序的衡量标准,体现了操纵行为的社会危害程度,之所以存在未平仓部分是因为违法行为被发现、股票来不及卖出等违法行为人预期之外的因素导致的,[②]未平仓的部分客观上也是具有可以计算的价值,其获取的利益与虚假申报操纵直接相关。基于此考虑,违法所得的认定范围应将行为人滥用市场优势开始至操纵影响消除时的市场价格作为违法所得计算的标准。故而,考虑到虚假申报短线交易的特点,对于在开盘竞价或者盘中阶段的操纵行为,应将操纵行为实施的当日最后一笔平仓行为发生的时间确定为操纵影响消除的时间;而对于发生在收盘竞价阶段的操纵期间的认定,由于行为人主要是为了控制收盘价,应将行为人在收盘价形成的后一个交易日的最

① 参见刘宪权:《操纵证券、期货市场罪司法解释的法理解读》,载《法商研究》2020年第1期。

② 参见陈舜:《操纵市场违法所得的计算方法》,载《中外法学》2005年第6期。

后一笔平仓行为发生的时间认定为操纵影响消除的时间，以此来计算最后的违法所得。

2. 违法所得的认定坚持整体性评价的判断方法

《操纵证券、期货市场刑事适用解释》将虚假申报操纵证券的入罪标准确定为撤回申报量和违法所得数额两个独立并行的条件，其中撤回申报量确定为当日撤回申报量达到同期该证券总申报量50%以上。对此，有论者认为，关于违法所得的计算仅为达到或超过50%标准的交易日当天的获利数额。[①] 笔者认为，违法所得是行为人从事证券操纵违法行为所获得的利益，是判断行为危害性的重要参考，既是行政处罚的判断标准，也是刑事追诉和定罪量刑的重要依据，对于违法所得的认定应当坚持总体评价的基本方法，将操纵行为作为整体予以考虑。

从罪质的层面来看，市场优势的滥用是行为人获得违法所得的根本原因。因此，滥用市场优势的整个阶段应认定为违法所得的计算范围，不应以行为构成犯罪的时间点作为违法所得的计算范围，而是要以证券操纵整个阶段获取的所有利益计算违法所得。在前述首例虚假申报证券操纵刑事案件中，公诉机关就是坚持整体性评价的原则，考虑行为的连贯性和延续性，以涉案股票操纵行为实质关联的股票建仓时间到出售时间为范围来计算违法所得。[②]另外，需要注意的是，我们所坚持的整体性评价是针对某种证券的操纵行为而言的，如果行为人通过虚假申报的形式操纵多种证券，若操纵相关证券的行为可被识别和辨认为独立的操纵行为，此时，鉴于操纵行为的独立性和违法所得的可计算性，即使某种证券的操纵行为存在亏损，此种亏损并不能折抵其他证券获取的利益，即不能适用“盈亏相抵”原则计算违法所得。此种认定思路在中国证监会针对郑某某的虚假申报操纵行政处罚案[③]中得到了印证。总之，对于作为入罪标准的违法所得之认定，在刑事司法实践中应当以市场优势的滥用作为违法所

①② 参见朱一峰、於智源：《虚假申报型操纵证券市场行为公诉审查要点——以全国首例以虚假申报手段操纵证券市场案件为样本》，载《中国检察官》2020年第14期。

③ 参见郑某某操纵四川长虹电器股份有限公司等19只股票价格案，中国证监会〔2018〕127号行政处罚决定书。

得认定的基本原则,并坚持整体性评价的判断方法,科学合理地认定违法所得。

三、综合考量虚假申报操纵主观认定的客观要素

CFTC 在《“禁止扰乱市场行为”解释指引和政策说明》中指出,对于虚假申报操纵,行为人“不以成交为目的”的主观目的,应依据市场环境、交易方式等客观因素来进行全面综合的考量,以避免逾越幌骗交易操纵和正当报撤单的界限。故而,美国的执法和司法实践侧重于结合相关客观情况,根据行为人报撤单行为进行主观目的的推定。例如,美国联邦第七巡回法院就认为,“提供被告主观意图的直接证据通常是困难的或不可能的,我们允许通过间接证据来证明犯罪意图”①。具体表现为,依据订单的持续时间、实际的成交量、交易的数据统计等“间接证据”来认定行为人主观上具备“不以成交为目的”的主观目的。② 笔者认为,基于虚假申报操纵的主观认定困难和司法效率的考量,虚假申报操纵行为人“不以成交为目的”的主观目的证明也可考虑进行刑事推定。

1.“不以成交为目的”的核心判断标识:是否具备相应的反向交易行为。与合法的价格套利策略交易不同的是,高频交易下的虚假申报操纵,一般是通过证券市场的正反方向设置大额订单和小额订单,在高频交易获取的时间差内进行虚假申报操作,故意通过大额订单引诱普通投资者,引起证券市场交易价量的变化,识别和判断一般投资者的交易策略,然后迅速撤销大额订单,以有利于自己的价格成交小额订单,通过反方向的交易获取差价利润。行为人在较短期间内的交易方向逆转,能够较有说服力地揭示频繁申报撤单和反向交易之间存在的手段和目的关系,反向交易能够有力证明此前的申报撤单行为具有“不以成交为目的”的主观目的。③ 在美国首例高频交易刑事定罪案中,法院认定被告具备“不以成交

---

① United States v. Morris,576 F. 3d 661,674 (7th Cir. 2009).

② See United States v. Michael Coscia,177 F. Supp. 3d 1087 (2016).

③ 参见夏中宝:《算法交易对虚假申报操纵法律认定逻辑的新挑战》,载《证券市场导报》2017 年第 10 期。

为目的"的主观目的时,重要证据之一就是行为人通过高频软件进行大量的反向交易进而获利。[①]

2."不以成交为目的"的时间判断标识:订单的市场存续时间。行为人之所以能够通过反向交易获利,主要是因为其能够依据高频交易的技术获取较之于一般投资者的订单高速度,判断出市场上的投资策略后,迅速进行交易。因此,如果行为人的大额订单在市场上持续的时间较长,就表明行为人具有成交订单的主观目的;反之,如果大额订单存续的时间较短,频繁进行报撤单,则很大程度上能够反映其主观上"不以成交为目的"。事实上,2009 年中国证监会在卢某某虚假申报操纵的行政处罚案件中,判断卢某某主观上不具备成交目的就是借助订单平均驻留时间和最短驻留时间等指标来认定。[②]

3."不以成交为目的"的技术判断标识:成交委托比。通常情况下,操纵行为表面上都会表现出不符合经济理性的状态。[③] 例如,行为人申买量明显大于市场上卖方前五档总量,或者申卖量明显大于市场上买方前五档总量,在其申报订单很难全部成交的情况下大量堆单。再如,在订单申报档位上升之后,成交可能性增加,行为人却将该申报进行了撤单,然后重新申报,多轮重复前述操作等。相应的行为是不符合经济理性的,有可能是行为人制造证券交易大量买卖的假象。因而,在司法实践中,可以通过审查高频交易成交委托比进行判断,如果行为人的大额订单的成交率与小额订单的成交率存在显著差别,或者是下单量和成交量的比率远远高于普通投资者或者一般的正常高频交易者,则基本可以判断行为人高频交易下单并不具备真实交易的目的,而是通过大额订单影响证券交易价量,进而促使反向的小额订单以有利的价格卖出。中国证监会对外公开的《证券期货市场程序化交易管理办法(征求意见稿)》中在区分禁止性和正常的程序化交易时,就是把成交委托比是否明显低于正常水平的

---

① See United States v. Michael Coscia, 177 F. Supp. 3d. 1087 (2016).

② 参见卢某某利用"张某某""李某某"账户组操纵股价案,中国证监会〔2009〕37 号行政处罚决定书。

③ 参见范林波:《操纵证券市场行为监管执法问题实证研究——以中国证监会 2015 ~ 2017 年三季度行政处罚决定书为视角》,载《证券法苑》2017 年第 4 期。

交易行为作为判断的依据。[①]

4.“不以成交为目的”的排除性因素:推定事实的反驳。刑事推定的基本构造是“基础事实+常态联系→推定事实”,基础事实作为推定的前提,常态联系是基础事实与推定事实之间的因果关系。刑事推定以法定化的常态联系为依据。但是,由于常态联系是或然性的,这就决定了推定事实具有盖然性。[②] 因而,就必须允许推定能够被反驳。为了避免“不以成交为目的”主观认定存在失误,应当允许听取当事人的合理说明。此时,应当依据案件的实际情形判定是否属于正当抗辩事由,例如,当事人为了履行强制平仓义务,在证券股价跌停的情形下仍大量申报卖出,此时可以构成正当抗辩事由,不应认定其具备虚假申报操纵犯罪“不以成交为目的”的主观目的。总之,基于虚假申报操纵的特点以及行政执法与刑事司法实践的考量,可以将是否存在反向交易行为、订单的市场持续时间、成交委托比等客观要素作为“不以成交为目的”的主观目的的判断标识;同时,考虑到刑事推定存在的风险,应允许当事人的合理抗辩。

总之,随着大数据、人工智能技术在金融领域的运用,金融工具与科技手段的深层次结合,金融科技创新正在深刻地影响着资本市场,法律制度的监管挑战前所未有。科学技术具有客观性、中立性,可以成为服务人类社会的可把握、可依赖的工具。但是,技术中立并不意味着价值中立。如果技术被行为人所滥用,技术的社会价值将会发生转向,在法教义学上行为将会产生法律归责的效果。[③] 以虚假申报操纵为代表的高频交易行为正是中立技术被滥用的表现方式。因而,这就要求相关的法律制度主动跟上科技进步的步伐,积极应对科技发展对证券市场治理带来的新挑战。

---

① 《证券期货市场程序化交易管理办法(征求意见稿)》第18条规定:“程序化交易者参与证券期货交易,不得有下列影响交易价格或交易量的行为:……(三)频繁申报并频繁撤销申报,且成交委托比明显低于正常水平……”

② 参见赵俊甫:《刑事推定论》,知识产权出版社2009年版,第23页。

③ 参见郑玉双:《破解技术中立难题——法律与科技之关系的法理学再思》,载《华东政法大学学报》2018年第1期。

证券犯罪作为智能化、专业化程度较高的犯罪，当违法犯罪行为借助于金融技术的实施，各种新型的犯罪行为将会不断出现，危害性将会更大。在刑事司法实践中，需要对违法犯罪行为进行准确认定，揭开犯罪行为“科技伪装”，在为鼓励和规范科技创新预留制度空间的同时，严惩滥用科技之名、行金融违法犯罪之实的行为。对证券市场的有效治理关涉到金融领域的系统性风险的防范，美国 2010 年证券市场因行为人滥用高频交易技术而引发“闪电崩盘”事件，给我们敲响了警钟。因此，在技术革新和资本市场变革的新形势下，我们必须正视社会变迁导致的法律规范的相对滞后性，及时明确和完善刑事司法裁判规则，以促进资本市场刑事治理的法治化和科学化，防范金融领域的系统性风险。

第九章

信息型操纵证券市场犯罪的司法适用

2019年《操纵证券、期货市场刑事适用解释》对信息型操纵证券市场犯罪进行了规定,但是相关司法适用问题仍需明确。在刑法教义学上,“利用信息优势连续买卖”属于交易性操纵行为,“利用信息优势操纵”属于信息型操纵行为,司法适用时要考虑行为人究竟是利用信息优势通过连续买卖影响证券交易价量,还是以信息为手段影响行为人决策,来判定相关行为的刑法规范适用;信息型操纵证券市场中“信息优势”判断重点应在于对“利用”信息优势作出判断。实践中,行为人主要是通过虚假的热点题材等利好信息进行误导、对真实信息的发布节奏进行控制、对信息的发布内容进行控制三种方式对信息优势进行不当利用;行为人操纵之主观故意可通过操纵行为、市场环境等客观证据进行刑事推定。

第一节　信息型操纵证券市场犯罪的司法适用争论

作为一种新兴的证券操纵形式,受制于网络信息传播的多样性、取证的困难性、犯罪手段的隐蔽性,我国刑事司法实践中对于信息型操纵证券犯罪认定较为困难。2017年,山东省青岛市中级人民法院一审判决认定徐某构成操纵证券市场案是我国刑事裁判中关于信息型操纵证的第一案,对于该案的定性和处罚,理论界和实务界均存在一定的争论。[①] 2019

① 参见商浩文、郭冬冬:《利用信息优势操纵证券市场犯罪的刑法规制——以全国首例刑事案件为切入》,载《法律适用(司法案例)》2018年第20期。

年 7 月 1 日开始施行的最高人民法院、最高人民检察院《操纵证券、期货市场刑事适用解释》中，为了有效规制新型操纵证券市场的行为，明确了信息型操纵证券市场犯罪的具体形式。[①] 但是，信息型操纵证券市场第一案凸显的相关司法适用问题也是司法实践中亟待解决的问题，仍需我们结合《操纵证券、期货市场刑事适用解释》进行探讨，这有助于明确信息型操纵证券市场犯罪的刑事裁判标准。同时，考虑到操纵证券犯罪属于行政犯，刑事认定中的相关问题有赖于行政法律的规定，基于行为类型化研究的需要，因而本章选取了近年来证监会针对利用信息优势操纵证券市场违法行为的 4 起行政处罚案件，分析信息型操纵证券市场违法行为的相关认定标准。这 4 起案件分别是中国证监会 2015 年查处的陈某某利用其掌握的公司股东持股情况连续交易操纵案、[②]2016 年查处的朱某某、上海永邦合谋操纵“宏达新材”案[③]以及 2017 年查处的鲜某利用信息优势操纵案、[④]蝶彩资产等利用信息优势操纵案。[⑤]

操纵证券市场行为是证券犯罪中最为典型的一种犯罪行为，其犯罪

---

① 该司法解释第 1 条规定：“行为人具有下列情形之一的，可以认定为刑法第一百八十二条第一款第四项规定的‘以其他方法操纵证券、期货市场’：……（四）通过控制发行人、上市公司信息的生成或者控制信息披露的内容、时点、节奏，误导投资者作出投资决策，影响证券交易价格或者证券交易量，并进行相关交易或者谋取相关利益的……”

② 该案中，陈某某作为公司的高管，利用工作职务便利，知悉了包括做市券商在内所有股东的持股情况，其利用持股和信息优势，连续交易标的证券，对证券价格和交易量产生重要影响，构成操纵股价。参见中国证监会〔2015〕43 号行政处罚决定书。

③ 该案中，时任标的上市公司董事长、总经理、实际控制人的朱某某与上海永邦投资公司合谋，朱某某寻找并购重组题材和热点，未及时披露相关信息，并提供信息、资金等支持，上海永邦则通过连续交易和在自己实际控制的账户之间进行交易方式配合，双方共同影响标的证券价格。参见中国证监会〔2016〕32 号行政处罚决定书。

④ 该案中，作为多伦股份实际控制人的鲜某利用信息优势控制信息披露节奏及内容操纵“多伦股份”股价，通过采用集中资金优势、持股优势、信息优势连续买卖，在自己实际控制的证券账户之间交易，虚假申报等方式，影响“多伦股份”交易价格和交易量。参见中国证监会〔2017〕29 号行政处罚决定书。

⑤ 该案中，阙某某与蝶彩资产、谢某某合谋，利用作为上市公司控股股东及实际控制人具有的信息优势，控制恒康医疗密集发布利好信息，人为操纵信息披露的内容和时点，未及时、真实、准确、完整披露对恒康医疗不利的信息，夸大恒康医疗研发能力，选择时点披露恒康医疗已有的重大利好信息，借“市值管理”名义，行操纵股价之实。参见中国证监会〔2017〕80 号行政处罚决定书。

的实质是行为人通过价量操纵或者是投资者决策操纵破坏正常的金融秩序。[①] 近年来,随着网络社会的兴起,网络通过其全方位通信、链条式聚合性信息传播、个性化用户体验方式使市场操纵者传播信息扩散速度快、传播范围广、逼真性高,大量存在的虚假性、误导性和利益冲突性市场信息,严重影响信息所指向的金融商品的资本配置。[②] 在此背景下,操纵证券市场的违法犯罪行为呈现出操纵手法多样化、操纵方式信息化等特征。信息型操纵证券市场的行为就是这种新兴的复合型市场操纵模式。一般认为,信息型操纵是指在公开的证券信息环境下,上市公司或掌握信息优势的一方通过信息的披露、传播、散布等,向市场传递不真实、不全面、不及时的交易信号,故意诱导投资者作出投资决策,使标的证券价格异动,影响标的证券交易量。[③]

徐某操纵证券市场案[④]是我国司法机关判处的第一起信息型操纵证券市场刑事案件,无论是在案件的定性,还是具体的司法裁判认定上,无疑对以后类似案件的裁决起到一定的指引作用。因而非常有必要对本案所涉及的相关争议问题,结合《操纵证券、期货市场刑事适用解释》的相关规定进行详细的研读,以有助于优化此类案件的司法裁判。在徐某案中,从法院的裁决来看,对其司法适用的关键、争议点主要在于以下几个方面:

第一,关于行为的具体定性。司法机关将本案定性为"利用信息优势连续买卖"的证券市场操纵行为,进而将其认定为我国《刑法》第182条第

---

① 参见刘宪权、谢杰:《市场操纵犯罪的实质解构:法律与经济分析》,载《现代法学》2014年第6期。

② 参见刘宪权:《互联网金融时代证券犯罪的刑法规制》,载《法学》2015年第6期。

③ See Omri Yadlin, Is *Stock Manipulation Bad? Questioning the Conventional Wisdom with Evidence from the Israeli Experience*, Theoretical Inquiries in Law, Vol. 2, p. 839 - 864(2001);参见李睿、吴珊:《操纵资本市场犯罪的行为类型化分析》,载《犯罪研究》2017年第1期;蔡奕:《信息型操纵基本法律范畴分析》,载《证券法苑》2016年第2期;陈煜:《证券信息操纵行为理论辨析》,载《云南大学学报(法学版)》2014年第3期。

④ 由于徐某操纵证券市场案的裁判文书并未完全公开,相关的操纵行为事实主要是借助于中国证券投资基金业协会中引用裁判文书所确定的事实。参见中国证券投资基金业协会处分(2017)2号纪律处分决定书;山东省青岛市中级人民法院关于徐某案一审案的官方微博,《徐翔一审被判处有期徒刑五年六个月并处罚金》,载 http://finance.sina.com.cn/roll/2017-01-23/doc-ifxzutkf2391105.shtml。

1 款前 3 项叙明条款中列举的连续交易操纵、约定交易操纵、自买自卖操纵等三种操纵方式中“连续交易操纵”中“利用信息优势连续买卖”之行为方式,其本质仍然是连续交易操纵。那么从该案的相关案情来看,徐某等人的行为是否能够为“利用信息优势连续买卖”之操纵方式进行完整、正确的评价呢？是否如有论者指出的那样,该案徐某实际上是以信息型操纵为主、以交易型操纵手段为辅的操纵方式,因而应当适用《刑法》中关于信息型操纵的刑法规范呢？[①] 而按照案件审理时的刑事立案追诉标准,即我国 2010 年最高人民检察院、公安部共同颁布的 2010 年《立案追诉标准(二)》的有关规定,操纵行为方式不同,其对应的刑事追诉标准也不同[②],因而有必要结合相关案件,对于行为的司法定性进行进一步明确。

第二,关于“利用信息优势”的认定。在徐某案中,法院认定,徐某与他人合谋控制上市公司择机发布“高送转”“业绩预增”等利好消息,影响证券交易价量,属于“利用信息优势”。可以说,在信息型操纵的案件中,对于“利用信息优势”的认定是司法实践判定的关键点。完美信息市场与信息不对称市场之间的金融商品价差现实存在且能够为行为人加以利用,构成市场滥用的基础。[③] 市场参与者通过市场信息进行投资决策和市场活动,而信息操纵者则是在金融商品发行与交易市场中通过信息的披露、传播、散布等,创造不对称信息,故意诱导投资者,操纵正常的市场价格形成机制,谋取不法利益。因而司法实践中如何认定“利用信息优势”是理论界和实务界需要着力解决的问题。

第三,关于操纵证券价量犯罪故意之认定。在徐某案中,法院认定行为人具备操纵证券交易价格及交易量之“谋取非法利益”之主观故意。行为人主观故意是证券欺诈类违法犯罪行为认定中面临的普遍难点。在认定操纵行为时是否需要证明行为人具有操纵市场谋取不法利益之意图,

---

① 参见夏宗宝:《徐翔操纵市场案中的法律与证据问题探微》,载《金融法苑》2017 年第 2 期。

② 《操纵证券、期货市场刑事适用解释》以及 2022 年最高人民检察院、公安部共同修订的《立案追诉标准(二)》也是对两种操纵方式规定了不同的立案追诉标准。

③ 参见刘宪权、谢杰:《市场操纵犯罪的实质解构:法律与经济分析》,载《现代法学》2014 年第 6 期。

在不同国家的行政监管和司法环境中有不同规定，而操纵意图的要素认定主要集中于确定行为人是否有欺诈或者误导的意图。① 相较于交易型操纵，信息型操纵者多不频繁参与交易，以往根据交易行为和价量影响等客观行为反推操纵者的操纵意图更为困难，加上在信息发布者与二级市场交易者联手进行综合性操纵时，进行交易和散布虚假信息的主体分离，如何证明他们之间的共同故意更是难上加难。因而结合相关案件，如何破解信息型操纵证券市场犯罪的主观故意这一认定难点是摆在我们面前的一道难题。

可以说，对于信息型操纵证券市场犯罪的司法裁判，上述三个问题是极其重要的裁判难点，因而本章主要围绕上述三个关键点进行论述。需要注意的是，由于徐某案作为我国第一起信息型操纵证券市场案的刑事案件，并无其他刑事案件能够作为参照案件进行对比研究。但是，中国证监会对涉及信息型操纵进行行政处罚的案件，其对于相关问题的认定无疑会为我们的司法裁判提供相关的参考和指引。毕竟，在刑法理论中，行政处罚与刑事处罚的区别在于行为的社会危害性不同，其行为的性质具有同质性。因而本章收集了中国证监会有关信息型操纵证券市场的4起案件作为研究的对象，以期对司法裁判有所借鉴。

第二节　信息型操纵证券犯罪刑法条款的选择适用

"利用信息优势连续买卖"操纵与"利用信息优势操纵"两种操纵行为方式内涵上是否一致？如果不一致，在司法适用中，又该如何适用？此问题在徐某案中也存在一定的争议。

一、教义学下的"利用信息优势连续买卖"与"利用信息优势操纵"

利用信息优势连续买卖在我国证券法律和刑事法律中均有涉及，《证

① 参见陈晨：《证券市场信息型操纵认定难点及监管对策研究》，载《证券市场导报》2017年第8期。

券法》第 55 条规定,利用信息优势交易是指单独或者通过合谋,利用信息优势联合或者连续买卖,操纵证券交易价格或者证券交易量,行为模式是“利用信息优势 + 连续交易”,属于连续交易的细分模式,其本质仍是一种交易型操纵行为。《刑法》第 182 条也有相对应的条款,明确对单独或者合谋,集中资金优势、持股或者持仓优势或者利用信息优势联合或者连续买卖,操纵证券、期货市场交易价格或者证券、期货交易量,情节严重的行为,依法追究刑事责任。而“利用信息优势操纵”主要是指行为人利用虚假或者不确定的重大信息,诱导投资者进行交易。《操纵证券、期货市场刑事适用解释》第 1 条第 4 项将信息型操纵的行为单独列为可以追究操纵市场刑事责任的情形,并确定定罪标准。2021 年生效的《刑法修正案(十一)》明确将利用信息优势操纵的行为纳入刑法范围。那么,这里涉及的问题就是:《操纵证券、期货市场刑事适用解释》中规定的利用信息优势操纵的行为与前述《刑法》中利用信息优势连续交易的操纵手法区别何在?

笔者认为,上述“利用信息优势连续买卖”与“利用信息优势操纵”两种操纵方法存在相当差别,前者属于交易性操纵行为,后者属于信息型操纵行为,其在适用相关刑法规范时应不一样。其一,从法条体系来看,“利用信息优势连续买卖”行为模式是《刑法》第 182 条第 1 款第 1 项中连续交易操纵中的行为方式之一,其行为方式为“利用信息优势 + 连续交易”,其属于连续交易下利用资金优势、持股优势、信息优势的细分模式之一。此种操纵手段主要是通过掌握“信息优势”的外在条件,利用连续交易的形式影响证券交易价量。在此种情形下,其他市场参与者可能对相关信息并不知情,“信息优势”本身并不能影响证券交易的价量,连续交易行为才是违法者影响证券交易价量的手段。而“利用信息优势操纵”则是行为人通过虚假信息、荐股信息、控制信息披露的时间点和节奏等方式影响证券交易价量,其中,行为人有目的地对信息进行有控制的发布,使其他投资者基于上述不及时、不全面、不真实的信息作出决策。其二,从刑事追诉标准来看,2022 年修订后的《立案追诉标准(二)》第 34 条、《操纵证券、期货市场刑事适用解释》对《刑法》第 182 条操纵证券、期货市场案的立案追诉标准、入刑标准予以明确,呈现出两种方式,对于连续交易操纵、约定交易操纵、自买自卖操纵，主要是设定量化标准，对于涉案股票的持仓量和交易量占比有明确的规定；但是关于信息型操纵的行为认定则并采取的是以“证券交易成交额”“违法所得数额”作为判断标准。[①] 因此，从司法解释条文的同质性角度考量，不应将“利用信息优势操纵”纳入连续交易的司法解释范畴。之所以司法解释没有规定如连续交易操纵类似的定罪量刑标准，主要还是因为“利用信息优势操纵”的操纵行为方式并不在于其交易的手段，应当是司法者基于市场发展和违法违规手段的变化，预判到一些具有市场影响力的主体单纯利用信息手段影响市场交易价量的可能性，不要求行为人具有进行联合或连续交易的行为特征，司法者更关注利用信息手段而非交易手段的操纵模式。故而“利用信息优势操纵”并非对应“利用信息优势连续买卖”的叙明条款。

二、司法适用规则

因此，在司法实践中，司法者应当考虑行为人利用信息的手段到底是属于“利用信息优势连续买卖”，还是“利用信息优势操纵”，这不仅涉及相关案件具体刑法条款的适用，也涉及案件的刑事追诉标准不同。从以上分析可见，应当主要考虑行为人究竟是利用信息优势通过连续买卖影响证券交易价量，还是以信息为手段影响其他投资者的投资决策进而对证券交易价量产生作用。

其一，行为人如果以信息为手段影响其他交易者的投资决策进而影响证券交易价量，即使辅之以连续交易，此时也应当认定为“利用信息优势操纵”，进而适用《刑法》第 182 条第 1 款第 5 项。典型的案例如徐某操纵证券市场案。从中国证券投资基金业协会披露的相关案情来看，徐某等人与上市公司董事长或者实际控制人合谋择机发布“高送转”“业绩预增”“热点题材”等利好消息，是其主要的操纵方式。在利好消息发布日

① 《操纵证券、期货市场刑事适用解释》第 2 条规定：“操纵证券、期货市场，具有下列情形之一的，应当认定为刑法第一百八十二条第一款规定的‘情节严重’：……（三）实施本解释第一条第一项至第四项操纵证券市场行为，证券交易成交额在一千万元以上的；……（七）实施操纵证券、期货市场行为，违法所得数额在一百万元以上的。”

前后较近时间内，进行“高于市场卖价、高于市场卖量”的连续交易行为，使标的股票价格异动，诱导市场投资者跟风交易，影响标的股票交易量，最终进一步拉升股价。然后，徐某等人在股票飙涨之后，反向卖出股票获利。[①] 因而在徐某案中，行为人主要是通过发布“高送转”“业绩预增”等利好消息，诱使市场投资者跟风交易进而影响股票价格。如果没有利用信息优势的操纵行为，其在少数特定交易日的连续交易行为根本难以造成对股票价格的持续影响。因此徐某案实际上是以信息型操纵为主、以交易型操纵手段为辅的操纵证券市场案件。而依据 2017 年 1 月 23 山东省青岛市中级人民法院的一审宣判，认定徐某等人“……利用信息优势连续买卖，操纵证券交易价格和交易量……”[②]可见，一审法院认为，徐某实施的是以“利用信息优势连续买卖”的交易型操纵行为。但是若如此，“信息”本身并不会影响证券交易价量的，而这与徐某等人主要是通过发布“高送转”“热点题材”等利好信息影响股票交易量的案件事实存在一定偏差。再如，在中国证监会进行行政处罚的阙某某与蝶彩资产、谢某某等操纵案和鲜某操纵案中，均是行为人作为上市公司控股股东及实际控制人具有的信息优势，人为操纵信息披露的内容和时点，选择时点披露公司已有的重大利好信息，操纵目的股票股价，实现高价减持目的。[③] 从以上案件可见，“利用信息优势操纵”之行为主要是将信息作为影响证券价量的重要因素，而行为人的证券交易仅仅是获利的手段。

其二，行为人如果通过利用信息优势进行连续买卖进而影响证券交易价量的，此时应当认定为“利用信息优势连续买卖”之操纵方式，如果达到定罪标准的，应适用《刑法》第 182 条第 1 款第 1 项，即将其作为连续交易型操纵的行为方式之一。此种操纵方式，在朱某某、上海永邦操纵案中表现得较为明显。该案中，时任标的上市公司实际控制人的朱某某，掌握了上市公司具体收购计划的详细进程并泄露给从事“市值管理”的上海永

---

① 参见中国证券投资基金业协会纪律处分决定书，中基协处分〔2017〕2 号。

② 参见山东省青岛市中级人民法院关于徐某案一审案的官方微博，《徐某一审被判处有期徒刑五年六个月并处罚金》，载 http://finance. sina. com. cn/roll/2017 - 01 - 23/doc-ifxzutkf2391105. shtml。

③ 参见中国证监会〔2017〕80 号行政处罚决定书；中国证监会〔2017〕29 号行政处罚决定书。

邦,与上海永邦投资公司合谋,朱某某陆续将 4788 万股“宏达新材”减持到杨某某控制的相关账户名下,由上海永邦帮助进行“市值管理”,并将减持所得大额资金交由上海永邦用于投资和操作“宏达新材”。上海永邦通过连续交易、在自己实际控制的账户间交易等方式影响“宏达新材”股价。[①] 再如,在杨某某操纵证券市场案中,行为人作为公司的大股东,具有持股优势。公司在 2015 年 1 月至 5 月曾 6 次查询股东名册,中国证券登记结算公司在 2014 年年末、2015 年 3 月后每月月中、月末自动向公司发送股东名册,董事会秘书李某某向陈某某发送了除 2015 年 2 月 27 日外的所有股东名册,陈某某知悉包括做市券商在内所有股东的持股情况。其利用持股和信息优势,在控制的 3 个账户多日连续大量买卖连续交易标的证券,对证券价格和交易量产生重要影响。[②] 在上述案件中,行为人作为公司的实际控制人员,知悉公司的相关信息,并未采取相关措施向社会进行散布、传播,只不过是行为人利用掌握的信息优势进行连续交易,进而影响了股票的价量。其中的信息,如果不是经由行为人的不当利用,不会对价格产生多大影响,价量影响的关键因素在于行为人的连续买卖,因而这里就不属于“利用信息优势操纵”,而应当认定为“利用信息优势连续买卖”之操纵方式,当然该方式如果构成犯罪,其刑事追诉标准也就不一样。

第三节　信息型操纵证券市场犯罪之“利用信息优势”判断规则

信息型操纵证券市场行为的核心问题是通过对“信息优势”的利用实现操纵,那么,何为“利用信息优势”呢?司法实践中对此是如何认定的呢?这需要我们对刑事司法和行政执法中的实践经验予以总结,以有助于对信息型操纵案件中对“利用信息优势”的判断。

---

① 参见中国证监会〔2016〕32 号行政处罚决定书。

② 参见中国证监会〔2015〕43 号行政处罚决定书。

一、"利用信息优势"判定:影响证券交易价量

关于"信息优势",在中国证监会印发的《证券市场操纵行为认定指引(试行)》(已失效)第19条关于"利用信息优势连续买卖"的规定中,曾将"信息优势"界定为:"行为人相对于市场上一般投资者对标的证券及其相关事项的重大信息,具有获取或者了解更易、更早、更准确、更完整的优势。""重大信息"则界定为能够对具有一般证券市场知识的理性投资者的投资决策产生影响的事实或评价。上述指引尽管为司法实践中如何认定"利用信息优势连续买卖"中"信息优势"提供了参考。但是,笔者认为,信息型操纵证券市场犯罪的认定并不以此处的"信息优势"判断为准,并不是只有上述指引中的重大信息才能够影响股票价量,利用信息优势操纵的核心在于对信息的不当利用,在信息型操作案件中,操纵行为人一般就是消息的制造方,有些信息是不必要切切实实发生的,如一些业绩并不好的公司也可以发布公告开展"高送转"消息;再如,一些热点题材等信息则是不需要披露的。行为人对于这些信息进行包装和渲染,吸引投资者跟进操作或者配以资金炒作达到跟风操作进而反向操作获利同样也能够影响股票交易的价量。[①] 因而无论是真实的信息,还是虚假的信息,均会影响证券交易的价量。[②] 因此,这里的信息优势判定的重点不在于"获取"或"了解"上的优势,而应在于为了实现操纵意图主动制造、拆分、加工、发布、传播各类重大信息的优势,体现的是行为人对信息的整体把控,而非单单的被动接受。

基于对利用信息优势操纵证券市场犯罪的本罪考察出发,笔者认为,对于"利用信息优势"的认定宜采用实质标准,即"证券价量操纵"。证券市场操纵犯罪的实质是对证券投资者资本配置决策进行非正当控制并从中谋取交易利益。行为人通过市场策略安排,控制证券市场价格并使其按照行为人预期的价格行为方向、波动幅度运作。因而市场操纵犯罪就

---

① 参见徐瑶:《从徐翔案看信息型市场操纵和内幕交易的区别》,载北京大学金融法研究中心,www. finlaw. pku. edu. cn,2022年5月28日访问。

② 参见刘宪权:《金融犯罪刑法学专论》,北京大学出版社2010年版,第420页。

是对金融商品市场交易价格的操纵性或者影响性控制。市场参与者通过市场信息进行投资决策,因而市场活动信息不对称是行为人操纵证券市场的基础。[①] 操纵行为人运用信息手段,创造不对称信息,操纵证券市场的正常价格形成机制,其最终目的是操纵证券价格和证券交易量,以获取证券市场的不当利益。故而认定操纵证券市场犯罪,需要合理界定相关信息是否能够影响证券交易价量。因而利用信息优势操纵证券市场中"信息优势"判断,其重点不应纠结于信息的性质,应当着手对"利用"信息优势作出判断。因为该种操纵方式体现的是行为人在具备上述信息优势的基础上以之作为手段对这一优势地位的不当运用,以对投资者产生诱导,实现操纵股价获利的目标。

因此,"利用信息优势"并不等同于知悉信息并交易,应包括为了达成操纵目的而人为决定发布重大信息的时机、内容甚至主动制造、发布重大信息的行为。在徐某案中,公诉机关认为徐某等人有信息获取的优势,他们对信息推出时间的节点、信息推出的节奏都有事先的商议,并且有编造信息的行为,实际上就是一种信息操控的行为。[②] 对此,阙某某与蝶彩资产、谢某某等操案和鲜某操纵案中,证监会就认为故意控制重大敏感信息披露的节奏和内容来配合股票买卖行为的情形应是"利用信息优势"的应有之义。

二、"利用信息优势"的类型化方式

考虑到"利用信息优势"操纵行为方式多样,要对此种操纵行为作出科学的刑法考量,必须合理界定行为类型化特征。行为类型化是对具体行为样态的归纳,它是在对相关事实比较分析的基础上进行的提炼、总结的过程。这种类型化的研究方法不仅是刑法立法的重要基础,也是司法裁判的重要标准。类型化的方法通常围绕行为的样态展开。基于此,笔

① 参见刘宪权、谢杰:《市场操纵犯罪的实质解构:法律与经济分析》,载《现代法学》2014 年第 6 期。

② 参见《徐翔获刑五年半,罚金 110 亿! 辩护律师揭秘为何这样判?》,载搜狐财经网,http://www.sohu.com/a/125020137_465337,2022 年 6 月 18 日访问。

者拟从"利用信息优势"的行为方式的类型化入手,以此为司法裁判确定相对合理的判断基准。

从目前已经公开的利用信息优势操纵证券市场的相关案件来看,由于相关信息能够对证券价格产生影响,因而上述案件中,行为人主要是采取以下 3 种方式实施"利用信息优势操纵"证券市场的行为。

其一,行为人通过虚假的热点题材等利好信息进行误导。在证券市场中,热门题材股票可能预示着公司未来具有潜在的发展前景和上升空间,往往容易受到广大投资者的大力追捧。许多上市公司也会通过业务转型、资产重组等方式拓展新的发展空间,挖掘更大的发展潜力。[①] 然而一些上市公司借助热门题材,通过披露不真实、不准确的信息夸大、渲染相关业务给公司带来的影响,误导投资者,引起投资者的跟风追捧,股价上升后,行为人将之前持有的股票以高价出售进而谋取不法利益。如在徐某案中,徐某等人约定由上市公司董事长或者实际控制人控制上市公司择机发布"高送转""业绩预增"等利好消息,引入"乙型肝炎治疗性疫苗""石墨烯"等热点题材,哄抬股价,但是事后查明相关的利好消息为虚假消息。[②] 再如,在证监会查处的鲜某案中,2015 年 5 月 11 日,多伦股份公告《关于获得控股股东 www. p2p. com 网站域名特别授权的公告》,公告称"通过本次授权,可以使公司在互联网金融行业处于领先的竞争优势。该特别授权对公司的转型是具有突破性意义的,必将给公司带来深远影响"。从多伦股份公告的内容看,www. p2p. com 网站正在筹备中,并无任何业务运营,且香港多伦只免费授权该网站域名使用 1 年,后续存在不确定性。[③] 而互联网金融为当时股票炒作热点题材,上述公告内容对投资者产生了极大误导。

其二,对真实信息的发布时点、节奏进行控制。此种常见情形是指上市公司大股东在上市公司的股价处于低位时,并未对公司利好的消息进行及时的发布,而是配合私募基金等机构在低价位时大笔买入股票,这里

---

① 参见朱凯:《上交所对热点题材信息加强监管问询》,载《证券时报》2016 年 3 月 5 日。

② 参见中国证券投资基金业协会中基协处分〔2017〕2 号纪律处分决定书。

③ 参见中国证监会〔2017〕29 号行政处罚决定书。

也可能存在行为人事先采用抛出利空消息的方式打压股价,然后通过利用其信息优势地位集中释放利好消息,在股价上升到一定程度时卖出股票获利。行为人除了集中发布利好信息外,为了配合股票市场操纵的需要,拖延发布利好信息,或分散发布利好信息,以有利于股票买卖操纵,这也是多见的行为方式。[①] 其中,较为典型的案例为蝶彩资产管理(上海)有限公司一案,在该案中,阙某某等人未及时披露独一味牙膏研发进展就是属于拖延发布利好消息的情况。2013 年 6 月 24 日恒康医疗发布公告称独一味牙膏于日前研制完毕。然而该研发工作在 2011 年之前就已完成并于当年的 2 月获得相关注册商标,同年 6 月提出相关发明专利申请。[②] 该公告发布的时间与实际的研发时间差异较大,选择时点披露相关研发进展,增加重大利好信息披露密度,影响投资者收益预期,从而提升“恒康医疗”股价,实现股价操纵之目的。再如,在朱某某、上海永邦合谋操纵“宏达新材”案中,也存在这样的情形。朱某某一直存在未及时让宏达新材披露收购城市之光以及收购千年设计等重大事宜。其间,朱某某一直策划一系列的并购重组活动,形成了一系列的重大信息,对股价产生了实质性影响,朱某某、上海永邦合谋,通过利用信息优势连续买卖、在自己实际控制的账户之间进行交易,影响“宏达新材”股票交易价格,“宏达新材”股价从开始谈判收购城市之光的 3 元多上涨到 11 元。[③]

其三,对信息的发布内容进行控制。所谓对信息的发布内容进行控制,是指行为人对于信息披露的内容的真实性、完整性进行控制,以便操纵证券价格。[④] 比如,行为人夸大利好影响、隐瞒重大风险等情形。例如,在蝶彩资产管理(上海)有限公司一案中,阙某某等人就存在未完整、准确披露收购三家医院对价的情况。2013 年 6 月,恒康医疗发布收购蓬溪医院、资阳医院和德阳医院三家医院的公告。经调查,收购过程中除签订收购合同外,恒康医疗董事会秘书郭某曾通过电子邮件发送给阙某某《补偿

---

① 参见沈冰、周杰:《我国股票市场内幕信息操纵的现状及特征剖析》,载《财会月刊》2017 年第 23 期。

② 参见中国证监会〔2017〕80 号行政处罚决定书。

③ 参见中国证监会〔2016〕32 号行政处罚决定书。

④ 参见左永刚:《首例利用信息优势操纵案件揭开面纱》,载《证券日报》2016 年 4 月 11 日。

协议》，协议显示恒康医疗关联方需向刘某某(收购项目介绍人)支付3000万元补偿款，但恒康医疗未披露《补偿协议》及补偿款的支付条件和金额等情况，表面上降低了收购成本，增强了投资者对收购事项收益的预期，对"恒康医疗"股价产生积极影响。① 股价上涨之后，利用"市值管理"实现了以不低于20元/股减持"恒康医疗"的目标。

第四节　信息型操纵中主观故意的认定及证明路径

在操纵证券市场刑事案件中，特别是新型市场操纵刑事案件之所以缺少刑事制裁的判例，其中一个很大的原因就是对于行为人主观操纵故意的认定困难。尤其是在信息型操纵证券犯罪中，上市公司、投资基金、金融监管人员以及操纵行为主体之间的非法配合在利用信息优势型操纵证券市场犯罪中体现得较为明显，如何证明行为人之间存在操纵证券市场的共谋是司法实践中亟待解决的问题。

一、信息操纵之主观故意认定

行为人主观故意是证券欺诈类违法犯罪行为认定中面临的普遍难点。在认定行为人操纵意图时，尽管不同国家的行政监管和司法实践中有不同规定，但是，在我国主客观相一致的刑事立法和司法理念之下，行为人的主观故意是必备条件，而操纵意图的要素认定主要集中于确定行为人是否有欺诈或者误导的意图。②

相较于交易型操纵，信息型操纵者多不频繁参与交易，以往根据交易行为和价量影响等客观行为反推操纵者的操纵意图更为困难。尤其是在信息型操纵证券市场的案件中，上市公司、投资基金、金融监管人员以及操纵行为主体之间的非法配合在利用信息优势型操纵证券市场犯罪中体

---

① 参见中国证监会〔2017〕80号行政处罚决定书。

② 参见王新：《操纵证券市场犯罪之主观故意的认定》，载《中国刑事法杂志》2016年第6期。

现得较为明显。上市公司及其内部高级管理人员、证券投资机构等之间存在具有充分的信息优势,不仅能够直接传递影响证券价格的重大信息,而且能够对证券价格的影响因素有着较为充分的判断,故而操纵者会选择与上市公司内部高级管理人员、机构投资者等进行"合作"操纵,在此种情形下,交易和散布虚假信息的主体分离。[①] 在前文的几个案例中,相关行为主要体现为在操纵者拉升证券价格的初期,上市公司高级管理人员、机构投资者配合操纵者锁定手中持有的股票,防止释放出卖出的信号;在操纵者将上市公司证券价格推高之时,上市公司内部管理人员、机构投资者配合释放出重大利好消息,进一步帮助操纵者推动股票价格的上升;待价格上升到一定的水平时,内部管理人员、机构投资者和操纵者在高位将证券卖出以牟取暴利。[②]

而上述人员在进行操纵证券市场的过程中,为了避免监管机关的查处,常常以"市值管理"的旗号进行证券市场操纵。所谓市值管理,是指上市公司基于公司市值信号,综合运用多种科学、合规的价值经营方式和手段,以达到公司价值创造最大化、价值实现最优化的一种战略管理行为。[③] 管理层之所以鼓励上市公司建立市值管理制度,其中一个很重要的目的就是基于保护投资者合法权益的需要。2014 年 5 月 8 日国务院下发的《关于进一步促进资本市场健康发展的若干意见》明确表示"鼓励上市公司建立市值管理制度",上市公司的市值管理因此应运而生,但是管理层并未就市值管理出台一个明确的行为规范。[④] 近年来,随着"市值管理"概念受到越来越多的关注,以"股价管理、市值管理"为掩护的价格操纵违法行为也在我国证券市场滋生。在市场层面,一些私募机构以此为商机,打着"市值管理"的旗号进行项目运作,帮助管理股价,与上市公司大股东捆绑形成利益共同体。上市公司的信息披露与私募机构的股票炒作相互

① 参见王新:《证券市场操纵犯罪的刑法属性及推定规则》,载《河南财经政法大学学报》2017 年第 5 期。

② 参见张子余等:《论"市值管理"名义下"股价操纵"行为的治理》,载《经济制度改革》2017 年第 3 期。

③ 参见苏培科:《市值管理不等同于股价管理》,载《财经界》2017 年第 28 期。

④ 参见皮海洲:《"市值管理"何以成了股价操纵的温床?》,载《武汉金融》2017 年第 9 期。

配合，在特定时段共同推高股价，并从中牟利。[①] 如前文中2016年查处的朱某某、上海永邦合谋操纵“宏达新材”案以及2017年查处的鲜某利用信息优势操纵案、蝶彩资产等利用信息优势操纵案中，均有伪“市值管理”之踪迹。这种“伪市值管理”的行为严重扰乱了市场秩序，严重损害了投资者利益，同时也加大了司法实践中对于行为人之间共同故意的认定难度。

但证明困难并不能成为否认主观故意要素地位的理由，在我国的行政监管和司法背景下，绝大多数信息型操纵案件均强调还原完整的信息操纵链条，行为人的主观故意是链条上的重要连结点，尤其是操纵证券市场罪是典型的故意犯罪，在刑事认定中证明行为人的主观故意不可或缺。此外，对主观故意的证明也是区分操纵市场与其他市场行为的重要标尺。[②] 在证券市场中，意图改变证券交易价格和交易量的行为具有多层次性，如国家、企业的正常的市场调控，但行为人的主观意图与行为性质与操纵市场大相径庭，只有明确行为人的主观意图才能将市场操纵与正常市场行为加以准确区分。

二、信息型操纵中主观故意证明路径

从行政和司法认定的技术层面，如何突破主观故意的证明难题值得研究。笔者认为，在刑事案件中，在行为人拒绝供述的情况下，可以借鉴行政处罚中认定行为人操纵故意之认定思路，即以间接证据为支撑，合理适用推定原则，从其客观行为推定主观上的操纵故意，同时赋予行为人辩驳的权利。[③]

在中国证监会处罚的几起案件中，对于证明行为人是否具有操纵之故意，采取的均是推定的认定方法。例如，在蝶彩资产等利用信息优势操纵案中，当事人蝶彩资产、谢某某及其代理人提出当事人不具有控制恒康

---

① 参见左永刚：《首例利用信息优势操纵案件揭开面纱　私募“伪市值管理”现原形　与实际控制人操纵股价被顶格处罚》，载《证券日报》2016年4月11日。

② 参见陈煜：《证券期货市场交易型操纵行为主观认定问题探讨——以非市场化交易手段为视角》，载《证券市场导报》2017年第8期。

③ 参见王新：《操纵证券市场犯罪之主观故意的认定》，载《中国刑事法杂志》2016年第6期。

医疗信息披露以实施操纵股价主观故意之抗辩,认为其以持续提升恒康医疗内在价值为目的的“市值管理”服务符合国家的相关规定,不能因此推定其具有操纵股价的动机。对此,中国证监会从市值管理协议由来、协议内容和相关各方具体行为三个角度判定蝶彩资产等具有操纵股价的故意,认为该份市值管理协议签订的背景是阙某某由于研发肿瘤药物而意图以 20 元/股的价格减持“恒康医疗”筹集资金;协议的核心内容是阙某某以不低于 20 元/股的价格减持 2000 万股“恒康医疗”,而不是通过“市值管理”提升恒康医疗的“价值”;签订协议之后,恒康医疗和阙某某利用已有可利用的事项,实施了蝶彩资产提出的多项直接或间接影响“恒康医疗”股价的“市值管理”建议,拉升“恒康医疗”股价大幅上扬偏离可比指数,进而认定《研究顾问协议》的本质即是提升“恒康医疗”股价,以“市值管理”为名而行操纵市场之实,而非系统全面地提升恒康医疗价值。[①] 在朱某某、上海永邦合谋操纵“宏达新材”案以及鲜某利用信息优势操纵案中,行政机关认定行为人主观操纵故意的思路大致也如此。因而在信息型操纵证券犯罪的刑事案件中,我们也可以借鉴行政处罚中侧重于用客观行为来推定主观故意的做法。虽然行政违法的证明标准与刑事证明标准不相同,但是依据我国刑事诉讼法的有关规定,行政处罚案例中的相关行政证据可依法转换为刑事证据,成为认定操纵故意的重要证据。因而对于行政处罚认定操纵故意之思路,刑事认定也可以借鉴。

在信息型操纵证券犯罪中,特别是企业高级管理人员与相关金融公司合谋操纵证券交易价量的情形之下,案件线索少、取证困难、操纵行为与危害结果之间的因果关系证明困难,因此操纵主观故意的证明是非常困难的。对于在刑事诉讼中无法认定或者是难以获得证据加以证明的构成要件事实,基于司法经济和司法效率的考量,在司法实践中可以运用刑事推定。刑事推定是一种证据证明的事实认定方法。刑事推定是基于已被证明的基础事实,依据法律的具体规定,在不存在反证或者反证不能成立的情况下,得出待证事实存在的事实认定方法。[②] 刑事推定的基本构造

① 参见中国证监会〔2017〕80 号行政处罚决定书。

② 参见赵俊甫:《刑事推定论》,知识产权出版社 2009 年版,第 23 页。

是“基础事实 + 常态联系→推定事实”。[①] 刑事推定必须是法律推定，推定适用必须以法定化的常态联系为依据。但是由于常态联系是或然性的，这就决定了推定事实具有盖然性，因而就必须允许推定能够被反驳。[②] 事实上，域外证券法治发达的美国在认定操纵证券犯罪主观操纵之故意时，采取的也是推定的认定方法，“认识到直接证据通常是困难的或不可能的，我们允许通过间接证据来证明犯罪意图”[③]。例如，在 2016 年美国判处的第一例高频交易证券操纵案件中，法官在认定被告人 Michael Coscia 是否具备误导其他证券交易者交易进行操纵证券价格的主观故意时，综合考虑了行为人采取交易的手段、交易的方式、交易的模式等客观证据，判定行为人是否属于正常的市场交易行为，进而推定行为人具有操纵之主观故意。[④]

故而在信息型操纵证券犯罪的案件中，行为人的主观故意可考虑通过行为方式、行为时的市场环境、是否实施了炒作利好、控制信息发布甚至伙同其他市场主体连续交易的行为等间接证据予以判定，从这些客观方面推定行为人是否具备操纵之主观故意。[⑤] 因而对于信息型操纵之主观故意的认定，需结合信息的产生、发布及二级市场交易活动，分析行为人利用信息影响股价并在二级市场进行交易配合的证据链条进行认定；[⑥] 对于信息披露主体与从事二级市场交易主体分离情形下的合谋操纵故意之认定，需要以合作协议、决议或其他合同安排等明示证据予以推定，同时从资金、股权、身份等方面的关联性进行认定，如行为人利用多个账户交易的，从其交易品种、时间、地点、价格方式等方面证明其交易意图的一致性。如果证券价格的变化对行为人有经济利益因素，则要求行为人提

---

① 参见邓子滨：《刑事法中的推定》，中国人民公安大学出版社 2003 年版，第 16 ~ 17 页。

② 参见商浩文：《美国首例“幌骗”型高频交易刑事定罪案及其借鉴》，载《华东政法大学学报》2019 年第 2 期。

③ United States v. Morris, 576 F. 3d 661, 674 (7th Cir. 2009).

④ Appeal from the United States District Court for the Northern District of Illinois, Eastern Division. No. 1:14 – cr – 00551 – 1—Harry D. Leinenweber, Judge.

⑤ 参见陈幅宽：《金融证券犯罪疑难问题解析》，中国检察出版社 2009 年版，第 75 页。

⑥ 参见蔡奕：《信息型操纵基本法律范畴分析》，载《证券法苑》2016 年第 2 期。

出合理解释,不能提出合理解释的则认定具备不法目的。

总之,在当代中国,证券市场具备投资与投机相结合的特征,证券市场的这种特征决定了刑法介入应当秉承理性审慎的治理理念。信息型证券市场操纵犯罪的实质是行为人通过市场策略安排,对证券投资者的资本配置决策进行非正当控制并从中谋取金融交易利益的行为。[①] 但是,市场价格发现与资本优化配置的基本功能是呼吁刑法的适当介入。然而,在我国刑事司法实践中,囿于我国刑事法律中信息型操纵证券市场犯罪的法律适用及证明标准、规则的模糊问题,我国司法机关在运用刑事手段惩治此种新型的操纵型证券犯罪时往往显得力不从心,对此类行为进行刑事制裁的案件鲜见。但是,如果因刑事案例的缺乏而不对市场操纵犯罪的司法裁判规则进行研究,不仅不利于证券市场的有效治理,还会放纵此类行为的任意妄为,无疑将会对我国证券市场的法治环境带来不良影响。本章秉承理论联系实践之学术研究品格,从我国信息型操纵证券犯罪刑事司法第一案以及相关的行政案件入手,探讨如何进一步加强信息型操纵证券犯罪的司法治理。限于篇幅,本章仅就案件中凸显的相关问题进行了初步分析。然而信息型操纵证券犯罪司法裁判中涉及的行政处罚与刑事处罚衔接、相关犯罪之竞合等问题也需要引起我们的关注。只有对信息型操纵证券市场犯罪中的司法裁判规则进行系统梳理,才能有助于证券犯罪的法治化治理。但是,在快速发展的证券市场中,证券立法应兼具弹性和包容性,应对不断衍生扩张的证券违法犯罪行为具有较强的治理能力,因而如何处理法律现实的日新月异和法律条文的安定性是每个国家的立法者需要思考的问题。[②] 在此理念之下,有必要对我国证券犯罪的刑法规范进行系统性的审视,以弥合社会发展变迁下刑事立法与刑事司法的沟壑。

---

① 参见刘宪权、谢杰:《市场操纵犯罪的实质解构:法律与经济分析》,载《现代法学》2014 年第 6 期。

② 参见陈晨:《证券市场信息型操纵认定难点及监管对策研究》,载《证券市场导报》2017 年第 8 期。

第十章

控股股东、实际控制人刑事责任的司法认定

控股股东、实际控制人享有的权利与其承担的责任严重失衡，导致实践中控股股东、实际控制人滥用控制权的事件频发。2019 年修改的《证券法》强化了控股股东、实际控制人的民事责任和行政责任。为与《证券法》相衔接并契合我国重视资本市场改革的趋势，经过《刑法修正案（六）》《刑法修正案（十一）》两次修正，刑法在欺诈发行证券罪，违规披露、不披露重要信息罪和背信损害上市公司利益罪条款下均单独规定了控股股东、实际控制人的刑事责任的刑法规范。立法修改通过共犯行为正犯化的立法技术强化了刑事制裁的力度，以制裁行为方式的多样化织密了刑事制裁的法网，以刑罚的严厉性凸显了证券犯罪从严打击的刑事政策。面对立法上不断扩张的趋势，司法机关在处理相关刑事案件时，仍应恪守刑事法治原则，应结合《公司法》等前置法的规定认定控股股东、实际控制人；在认定组织、指使行为时，应把握控制权的本质要求；对于定量标准上的掌握，应参照现有犯罪追诉标准和同类案件的量刑标准。

第一节　控股股东、实际控制人刑法规制的现实意义

在现代公司治理体系中，公司的控制权已成为与经济规模或者垄断

利润所不同的资产类型。[①] 此种控制力能够对公司经营产生重大影响。在很多企业特别是上市公司中,公司事宜并不是由董事长、股东会、高级管理人员决定,而是由控股股东、实际控制人幕后操纵或决定的。即使公司中设有监事制度,囿于各种现实层面的原因,监事很难发挥其应有的作用,加上历来法律制度忽视了对控股股东、实际控制人的监管,极易导致控股股东、实际控制人滥用控制权,进而侵害股东和投资者的利益。

一、控股股东、实际控制人滥用控制权事件频发

笔者对 2020 年 11 月 1 日至 2021 年 2 月 1 日之间证监会(局)的行政处罚书进行统计发现,[②]在 100 个行政处罚决定书中,涉及对控股股东、实际控制人进行行政处罚的共 33 例,其中 28 例为自然人,5 例为单位,含 29 例信息披露违法行为、2 例证券发行违法行为及 2 例内幕交易行为,有 28 例证监会(局)给予了警告加罚款的行政处罚、3 例予以市场禁入处罚、2 例予以罚款处罚。

可以看出,在公司受证监会处罚的情形下,有 1/3 的案件是由控股股东、实际控制人滥用控制权引起的,占比之大令人咂舌。且该数据源于 2019 年修改后的《证券法》加强控股股东、实际控制人责任实施半年之后,新法已经形成一定的威慑力,在新《证券法》实施之前的占比令人难以想象。控股股东、实际控制人通过不同途径取得公司的控制权,对公司决策有着重大影响,甚至可以说拥有一票决定权,此时公司意志与控股股东、实际控制人的意志很难区分。一般情况下,控股股东、实际控制人的利益与公司的利益往往是一致的,但不排除控股股东、实际控制人为一己私欲,特别是在上市公司信息披露中隐瞒相关信息甚至编造虚假信息,不惜损害他人权益,利用信息差达到个人收益的最大化。例如,2020 年 11 月 6 日下午,最高人民检察院联合证监会发布 12 起证券违法犯罪典型案例,其中欣泰电气欺诈发行股票、违规披露重要信息强制退市案,就是控

---

① 参见[美]罗伯塔·罗曼诺:《公司法基础》(第 2 版),罗培新译,北京大学出版社 2013 年版,第 516 页。

② 参见威科先行法律信息库,https://law. wkinfo. com. cn/,2022 年 3 月 7 日访问。

股股东、实际控制人滥用控制权的典例。欣泰电气控股股东、实际控制人温某乙与配偶共占公司42.58%的股份，在公司中形成了“一言堂”的局面，其余股东、董事与温某乙均存在或多或少的亲戚关系或利益关系，公司内部监管缺失，董事会、股东会形同虚设，为温某乙提供了肆意妄为的内部环境。[①] “控股股东在决策中会以一种微妙的方式影响少数股东的投票，即使没有强制的意图，少数股东也可能认为他们的反对会有被报复的风险。”[②]在公司治理体系中，内源型的破坏力往往较外源型的破坏力强上几倍不止，因而防止企业内部人员为一己私欲，利用其特殊身份，不正当干预企业发展，损害投资者利益，更是资本市场保护中重要的一环。

二、控股股东、实际控制人法律责任的强化

根据法哲学权责统一的观点，权力行使不当应当承担相应的法律责任。控股股东、实际控制人享有如此大的权力，但是长期以来，在我国的相关法律中，尤其是作为保障法的刑法缺少对控股股东、实际控制人相关刑事责任的明确规定。在以往的法律规定中，立法者的重点在于对单位的主要负责人和直接责任人员进行监督管理，忽视了控股股东、实际控制人在单位犯罪中的重要作用。在之前的行政处罚乃至刑事处罚中，追究控股股东、实际控制人的法律责任，也多是通过将其认定为单位的主管人员和直接责任人员进行追责。[③] 然而，单位的主管人员和其他直接责任人员无法涵括所有的控股股东、实际控制人。公司通过违法发行证券、违规披露信息等不正当行为获益最多的往往是控股股东、实际控制人。此前忽视控股股东、实际控制人的立法模式显然是权利责无法统一。

在2006年6月29日全国人大常委会颁行的《刑法修正案(六)》中，针对上市公司的管理人员、控股股东、实际控制人，以无偿占用或者明显

---

① 参见《最高检、证监会联合发布证券违法犯罪典型案例》，载最高人民检察院官网，https://www.spp.gov.cn/spp/xwfbh/wsfbh/202011/t20201106_484204.shtml。

② Shen Junzheng, *Regulation of Controlling Shareholder Misconduct in Listed Companies: A Comparison of Hong Kong and Delaware*, 48 HONG KONG L. J. 485 (2018).

③ 参见张园园、罗培新：《上市公司控股股东、实际控制人违法行为的监管实践与制度完善》，载《证券法苑》2017年第4期。

不公允的关联交易等非法手段，侵占上市公司资产，严重损害上市公司和公众投资者的合法权益的行为，[①]规定了背信损害上市公司利益罪。[②] 其中，《刑法》第 169 条之一第 2 款、第 3 款对于控股股东、实际控制人实施背信损害上市公司利益的行为进行了具体规定。应当说，背信损害上市公司利益罪是我国刑法中第一次明确针对控股股东、实际控制人的刑事责任作出规定。但遗憾的是，背信损害上市公司利益罪自设立以来适用数量寥寥无几，其中关于控股股东、实际控制人的刑事案件更是少之又少。截至 2021 年 6 月，根据笔者在中国裁判文书网的查找结果，自该罪名设立以来，仅有 3 例判决明确适用了背信损害上市公司利益罪，且均未涉及该条第 2 款控股股东、实际控制人的适用。[③]

近年来，我国高度重视对证券等金融违法犯罪的治理，考虑到控股股东、实际控制人在公司治理中的重要作用，在防范化解金融风险的总体国家安全观的指导下，我国立法进一步高度关注对控股股东、实际控制人的法律治理。2019 年修改的《证券法》新增数条有关控股股东、实际控制人

---

① 参见任安建：《关于〈中华人民共和国刑法修正案（六）（草案）〉的说明》，载中国人大网，http://www.npc.gov.cn/wxzl/gongbao/2006-07/20/content_5350751.html，2022 年 6 月 30 日访问。

② 该修正案第 9 条规定："在刑法第一百六十九条后增加一条，作为第一百六十九条之一：'上市公司的董事、监事、高级管理人员违背对公司的忠实义务，利用职务便利，操纵上市公司从事下列行为之一，致使上市公司利益遭受重大损失的，处三年以下有期徒刑或者拘役，并处或者单处罚金；致使上市公司利益遭受特别重大损失的，处三年以上七年以下有期徒刑，并处罚金：（一）无偿向其他单位或者个人提供资金、商品、服务或者其他资产的；（二）以明显不公平的条件，提供或者接受资金、商品、服务或者其他资产的；（三）向明显不具有清偿能力的单位或者个人提供资金、商品、服务或者其他资产的；（四）为明显不具有清偿能力的单位或者个人提供担保，或者无正当理由为其他单位或者个人提供担保的；（五）无正当理由放弃债权、承担债务的；（六）采用其他方式损害上市公司利益的。上市公司的控股股东或者实际控制人，指使上市公司董事、监事、高级管理人员实施前款行为的，依照前款的规定处罚。犯前款罪的上市公司的控股股东或者实际控制人是单位的，对单位判处罚金，并对其直接负责的主管人员和其他直接责任人员，依照第一款的规定处罚。'"

③ 参见中国裁判文书网，https://wenshu.court.gov.cn/，2021 年 6 月 30 日访问。分别为：新疆维吾尔自治区克拉玛依市克拉玛依区人民法院刑事判决书，（2020）新 0203 刑初 98 号；上海市高级人民法院刑事判决书，（2019）沪刑终 110 号；安徽省芜湖市三山区人民法院刑事判决书，（2017）皖 0208 刑初 10 号。

的内容，特别是在民事责任和行政责任的承担部分，其修改之处在于：其一，证券发行违法和信息披露违法的归责原则由过错归责原则变为过错推定原则，诉讼中由控股股东、实际控制人证明自己不存在过错（2019 年《证券法》第 24 条、第 85 条等）；其二，规定了公司不正当收购时的民事责任，设立了先行赔付制度（2019 年《证券法》第 196 条、第 93 条等）；其三，对于证券发行违法、信息披露违法和擅自改变公开募集资金用途的三种行为增加新的行为方式——组织行为（2019 年《证券法》第 181 条、第 185 条、第 197 条等）；其四，对于证券发行违法的，没收违法所得，罚款数额大幅增加（2019 年《证券法》第 181 条、第 185 条、第 196 条、第 197 条等）。此外，《证券法》中包含"控股股东、实际控制人"的法条从仅有 5 处变成有 16 处。由此可以看出，《证券法》已经意识到控股股东、实际控制人在公司发展过程中的决策性作用，进一步强化了控股股东、实际控制人的法律责任。

2020 年 12 月 26 日全国人大常委会公布的《刑法修正案（十一）》，为了与以信息披露为核心的证券发行注册制改革相适应，保障注册制改革顺利推进，维护证券市场秩序和投资者利益，精准惩处"幕后"的控股股东，提高资本市场违法违规成本，明确了控股股东、实际控制人的刑事责任。[①] 与 2019 年修改的《证券法》相衔接，《刑法修正案（十一）》进一步强化了控股股东、实际控制人的刑事责任，在《刑法》第 160 条欺诈发行证券罪[②]

---

① 参见李宁：《关于〈中华人民共和国刑法修正案（十一）（草案）〉的说明》，载中国人大网，http://www.npc.gov.cn/npc/c30834/202012/f16fedb673644b35936580d25287a564.shtml，2022 年 6 月 29 日访问。

② 2020 年《刑法》第 160 条规定："在招股说明书、认股书、公司、企业债券募集办法等发行文件中隐瞒重要事实或者编造重大虚假内容，发行股票或者公司、企业债券、存托凭证或者国务院依法认定的其他证券，数额巨大、后果严重或者有其他严重情节的，处五年以下有期徒刑或者拘役，并处或者单处罚金；数额特别巨大、后果特别严重或者有其他特别严重情节的，处五年以上有期徒刑，并处罚金。""控股股东、实际控制人组织、指使实施前款行为的，处五年以下有期徒刑或者拘役，并处或者单处非法募集资金金额百分之二十以上一倍以下罚金；数额特别巨大、后果特别严重或者有其他特别严重情节的，处五年以上有期徒刑，并处非法募集资金金额百分之二十以上一倍以下罚金。""单位犯前两款罪的，对单位判处非法募集资金金额百分之二十以上一倍以下罚金，并对其直接负责的主管人员和其他直接责任人员，依照第一款的规定处罚。"

和第161条违规披露、不披露重要信息罪[①]的第2款、第3款中单独增设了控股股东、实际控制人实施或者组织、指使欺诈发行证券、违规披露、不披露重要信息的刑事责任，其中《刑法》第161条第2款规定为自然人责任、第3款规定为单位责任。应当说，《刑法修正案（十一）》中关于控股股东、实际控制人刑事责任的单独规定应当视为注意性规定而非法律拟制。因为，在《刑法修正案（十一）》之前，对于控股股东、实际控制人实施了上述行为的，如果其作为单位的直接负责的主管人员和其他直接责任人员，那么直接适用修法之前的刑法规范也无问题；若其不作为单位的直接负责的主管人员或其他直接责任人员，也可依照共犯的原理进行处理。但是，《刑法修正案（十一）》中关于控股股东、实际控制人刑事责任的单独规定无论是在立法上的宣示意义，还是司法中的证明责任等方面，均起到了良好的效应。立法以"目的为导向"，重视对犯罪的积极预防，让法律规范发挥所预设的规制效果以及体现其背后的政策重点，具有积极影响特定社会活动事实的能力。[②] 在我国司法机关高度重视证券犯罪有效治理的时代背景下，加大对控股股东、实际控制人的刑事责任规定，有助于保障金融市场稳定、防范系统性的金融风险。[③]

---

① 2020年《刑法》第161条规定："依法负有信息披露义务的公司、企业向股东和社会公众提供虚假的或者隐瞒重要事实的财务会计报告，或者对依法应当披露的其他重要信息不按照规定披露，严重损害股东或者其他人利益，或者有其他严重情节的，对其直接负责的主管人员和其他直接责任人员，处五年以下有期徒刑或者拘役，并处或者单处罚金；情节特别严重的，处五年以上十年以下有期徒刑，并处罚金。""前款规定的公司、企业的控股股东、实际控制人实施或者组织、指使实施前款行为的，或者隐瞒相关事项导致前款规定的情形发生的，依照前款的规定处罚。""犯前款罪的控股股东、实际控制人是单位的，对单位判处罚金，并对其直接负责的主管人员和其他直接责任人员，依照第一款的规定处罚。"

② 参见刘艳红：《象征性立法对刑法功能的损害——二十年来中国刑事立法总评》，载《政治与法律》2017年第3期。

③ 参见商浩文：《大数据时代证券市场虚假申报操纵犯罪的司法认定》，载《中国刑事法杂志》2020年第6期。

第二节　控股股东、实际控制人刑事责任之立法扩张

1997 年《刑法》颁行后,2006 年的《刑法修正案(六)》、2020 年的《刑法修正案(十一)》关于控股股东、实际控制人条款的相关立法修正,无论是刑事立法技术,还是刑事立法内容,都显现出控股股东、实际控制人刑事责任之立法扩张的趋向,也体现了我国立法机关在证券发行注册制的时代背景下强化控股股东、实际控制人法律责任、提高相关人员违法成本的刑事政策精神。

一、以共犯行为正犯化的立法技术强化刑事制裁的力度

将控股股东、实际控制人的刑事责任独立规定无疑是《刑法修正案(六)》《刑法修正案(十一)》的立法修改亮点。在无此独立条款之前,控股股东、实际控制人的刑事责任要么通过直接负责的主管人员和其他直接责任人员的身份在单位犯罪中予以体现,要么其实施组织、指使行为构成共同犯罪进行处理,进而承担相应的刑事责任。但是,以上两种处理思路在实践中却存在诸多操作上的问题,进而导致相关刑事案件中对控股股东、实际控制人查处较少。一般而言,直接负责的主管人员和其他直接责任人员往往是公司内部的工作人员,但是控股股东、实际控制人有时很难作为主管人员和其他直接责任人员的身份出现;更何况为了规避责任,控股股东、实际控制人也不会直接插手公司的相关业务,此时查证控股股东、实际控制人为直接负责的主管人员和其他直接责任人员的难度极大。而如果以共犯进行处理,从共犯基本理论看,证明共同犯罪需要证明行为人主观上具有共同故意。与自然人共同犯罪不同的是,证券市场经济行为复杂,尤其是上市公司的业务往来复杂、涉及人员众多,若举证达到共谋的故意的刑事证据的证明标准需要花费大量的成本,举证难度也大。

在实践中,除了负有法定信息披露义务的控股股东、实际控制人没有履行信息披露义务情形外,在其他情形下,控股股东、实际控制人很难实施相应的实行行为,一般只能依据其组织、指使行为按照共犯处

理。理论上,我们很难将组织、指使行为理解为欺诈发行证券、信息披露违法行为以及背信损害上市公司利益行为的实行行为,它们是藏在实行行为背后的、更深层次的行为。但无论作为组织者还是指使者,我们都很难完全抹灭单位和单位主要负责人的意志,很难将控股股东、实际控制人解释为间接正犯。在前述情形下,直接实行者即被组织人、被指使人实施犯罪行为是自身意志自由选择的结果。因此,根据刑法修改前的法律规定,控股股东、实际控制人组织、指使实施证券欺诈发行的、违规披露不披露重要信息、背信损害上市公司利益的,只能按照相应犯罪的共同犯罪处罚。

《刑法修正案(六)》《刑法修正案(十一)》的两次立法修改,专门单独规定控股股东、实际控制人的刑事责任,立法修改的内容本质上是一种共犯行为正犯化立法技术的体现。[①] 共犯是相对于实行犯而言的,当某一行为不属于刑法明文规定的犯罪的实行行为,但却与该实行行为有着密不可分的关联时,理论上往往认为该行为属于相应犯罪的共犯行为,包括但不限于教唆犯、从犯等。刑法对共犯行为的处罚大多是依据刑法总则的相关规定。在传统的共犯刑事责任认定中,共犯行为的危害性一般小于正犯行为的危害性。但是,在证券犯罪中,考虑到控股股东、实际控制人对公司的重大影响力,其在证券犯罪中起到的作用和危害性已经超越了其所依赖的正犯行为所导致的危害性。为了精准打击"幕后黑手",降低公诉机关对共同犯罪举证的难度,刑法立法中对控股股东、实际控制人的刑事责任立法模式采取的是共犯行为正犯化的立法技术。共犯正犯化即刑法将某一犯罪的共犯行为规定为独立的犯罪行为,原本并非刑法分则条文罪状明确指向的行为类型,被直接当作实行行为独立对待,不再考虑原来的实行行为是否构成犯罪,不再适用原来的实行行为的构成要素,具备独立的构成要件。一旦刑法分则将某种共犯行为规定为独立的犯罪,则对其直接适用刑法分则的规定,以法条规定的构成要件进行处罚,不再按照共犯进行处理。

控股股东、实际控制人的刑事责任明文规定在刑法分则条款之后,对

---

① 参见刘宪权:《金融犯罪最新刑事立法论评》,载《法学》2021 年第 1 期。

上述组织、指使行为的处罚则不再依据刑法总则关于共同犯罪的规定,而直接依据刑法分则的规定予以定罪处罚。这种共犯行为正犯化的立法技术,在立法上明确了控股股东、实际控制人的刑事责任,减轻了司法实践中司法机关的举证责任,有利于充分发挥刑法的威慑作用,更加有针对性地预防和打击犯罪行为。[①] 另外,关于共犯行为正犯化后应否设置单独的罪名?比如,在之前的《刑法修正案(九)》中,针对恐怖活动犯罪的共犯行为正犯化,《刑法》中确立了帮助恐怖活动罪;针对网络犯罪的共犯行为正犯化,《刑法》中确立了单独的帮助信息网络犯罪活动罪。但是,笔者认为,共犯行为正犯化与是否设置独立的罪名无关,对此不应简单地从形式上加以判断,而应在实质上加以判定。当罪名足以涵盖新增的行为时,不设置独立罪名是立法明确化和科学化的体现。《刑法》第 160 条、第 161 条、第 169 条之一中关于控股股东、实际控制人共犯行为正犯化的规定,由于均能涵括在原有的罪名中,故而在最高人民法院、最高人民检察院的相关罪名规定中均未单独确立罪名。

二、以制裁行为方式的多样化织密刑事制裁的法网

刑法立法修正不仅通过共犯行为正犯化的方式将控股股东、实际控制人纳入刑法制裁范围,而且以制裁行为方式的多样化织密刑事制裁的法网。对于控股股东、实际控制人欺诈发行证券、背信损害上市公司利益的,刑法中将组织、指使两种行为方式作为制裁的行为类型。这主要是考虑到在实践中,控股股东、实际控制人往往组织、指示、操纵公司的董事、监事、高级管理人员实施欺诈发行行为或者是背信损害上市公司利益,并以实际上的发行人名义启动资金募集行为或者进行相关联的交易。为了规避法律责任,以隐名持股、交叉持股、他人代持等方式控制公司的实际运行,但名义上与其无关联。如果仅对实施欺诈发行证券、背信损害上市公司利益的公司的董事、监事、高级管理人员予以处罚,而不能实质处罚幕后的操纵者,不能真正发挥刑事问责的作用。因此,在刑法修正过程

① 参见商浩文:《论信息型操纵证券市场犯罪的司法认定路径——以 2019 年“两高”最新司法解释切入》,载《法学》2020 年第 5 期。

中,为了压实幕后人员的刑事责任,在欺诈发行证券罪、背信损害上市公司利益罪中,将控股股东、实际控制人组织、指使欺诈发行证券、背信损害上市公司利益这两种行为方式作为制裁的行为类型。

对于欺诈发行证券罪、背信损害上市公司利益罪,相关的刑法修正中规定了组织、指使这两种行为方式。这主要是考虑到公司、企业的控股股东、实际控制人能够对发行人、公司、企业的行为产生重大影响或者实际支配公司、企业行为,故而立法修正中将组织、指使行为作为制裁的对象。而对于违规披露、不披露重要信息的行为,刑法修改中针对对于控股股东、实际控制人规定了实施、组织、指使,以及隐瞒重要事项的四种行为类型,增加了实施和隐瞒重要事项的两种方式。实践中,出现了控股股东、实际控制人控制公司印章和信息披露渠道,绕开股东会、董事会等法定机构,直接以公司名义实施披露虚假信息的情形。因此《刑法修正案(十一)》将控股股东、实际控制人直接实施不按照规定披露重要信息的行为规定为犯罪。[1] 此外,违规披露、不披露重要信息罪增加了隐瞒重要事项的不作为的行为方式,属于不纯正的不作为犯。根据学术界通说,不纯正不作为犯的成立要求与作为犯具有等价性,而且要以作为义务作为前提。[2] 控股股东、实际控制人对于公司重要事项负有披露义务,这是不作为犯成立的前提条件。依据证券法等法律法规的规定,控股股东、实际控制人是信息披露的义务主体,如《证券法》第80条、第84条就规定了控股股东、实际控制人若对重大事件的发生、进展产生较大影响,或者是作出公开承诺的,应当进行信息披露。控股股东、实际控制人隐瞒自身应当披露的重要信息,导致公司、企业违规披露或者不披露重要信息构成犯罪,或者是控股股东、实际控制人利用其控制公司、企业的权力,隐瞒其掌握的公司、企业的核心和关键信息,该行为导致公司、企业违规披露或者不披露重要信息进而构成犯罪。这样通过制裁行为方式的周延性进一步保障了刑事制裁法网的严密性。

---

① 参见许永安主编:《〈中华人民共和国刑法修正案十一〉解读》,中国法制出版社2021年版,第91页。

② 参见赵秉志、王鹏祥:《不纯正不作为犯的等价性探析》,载《河北法学》2012年第10期。

三、以刑罚的严厉性突显证券犯罪从严打击的刑事政策

为了保障注册制改革顺利推进，维护证券市场秩序和投资者利益，加大对控股股东、实际控制人等有关责任人证券违法行为的追责力度是立法修正的主调。[①]《刑法修正案（十一）》不仅将控股股东、实际控制人的责任，单位主要负责人的责任与单位的责任分开规定，[②]也在法定刑的配置上体现了从严打击的刑事政策。笔者通过表格将修改前后控股股东、实际控制人的法定刑进行了对比分析（见表10－1）。

表10－1　《刑法修正案（十一）》颁行前后控股股东、实际控制人法定刑对照

<table>
<tr><th rowspan="2">罪名</th><th colspan="2">自由刑</th><th colspan="2">罚金刑</th><th colspan="2">单处/并处罚金</th></tr>
<tr><th>修改前</th><th>修改后</th><th>修改前</th><th>修改后</th><th>修改前</th><th>修改后</th></tr>
<tr><td rowspan="2">欺诈发行证券罪</td><td rowspan="2">5年以下有期徒刑或者拘役</td><td>5年以下有期徒刑或者拘役</td><td rowspan="2">1%以上5%以下</td><td>删除罚金限额</td><td rowspan="2">并处/单处</td><td>并处/单处</td></tr>
<tr><td>5年以上有期徒刑</td><td>20%以上1倍以下</td><td>并处</td></tr>
<tr><td rowspan="2">违规披露、不披露重要信息罪</td><td rowspan="2">3年以下有期徒刑或者拘役</td><td>5年以下有期徒刑或者拘役</td><td rowspan="2">2万元以上20万元以下</td><td rowspan="2">删除罚金限额</td><td rowspan="2">并处/单处</td><td>并处/单处</td></tr>
<tr><td>5年以上10年以下有期徒刑</td><td>并处</td></tr>
<tr><td rowspan="2">背信损害上市公司利益罪</td><td colspan="2">3年以下有期徒刑或者拘役</td><td colspan="2" rowspan="2">无限额</td><td colspan="2">并处/单处</td></tr>
<tr><td colspan="2">3年以上7年以下有期徒刑</td><td colspan="2">并处</td></tr>
</table>

① 参见李宁：《关于〈中华人民共和国刑法修正案（十一）（草案）〉的说明》，载中国人大网，http://www.npc.gov.cn/npc/c30834/202012/f16fedb673644b35936580d25287a564.shtml，2022年6月29日访问。

② 参见卢建平：《完善金融刑法　强化金融安全——〈刑法修正案（十一）〉金融犯罪相关规定评述》，载《中国法律评论》2021年第1期。

对比修改前后的法条可以看出,总体而言,《刑法修正案(十一)》从自由刑和罚金刑两方面提高了控股股东、实际控制人的法定刑,使其更加具有严厉性和针对性。具体体现在以下几个方面:其一,增加量刑档次。《刑法修正案(十一)》改变了之前欺诈发行证券罪,违规披露、不披露重要信息罪单一法定刑的局面,为了体现罪责刑相适应的原则,以利于司法实践操作,设置了两档量刑档次,欺诈发行证券罪增加"数额特别巨大、后果特别严重或者有其他特别严重情节的"情形,违规披露、不披露重要信息罪增加"情节特别严重的"情形。其二,提高了违规披露、不披露重要信息罪第一档次的法定刑,由3年以下调整为5年以下,并将欺诈发行证券罪,违规披露、不披露重要信息罪法定最高刑提升至5年以上,按照刑法总则的规定,此两罪的最高刑将可达到15年。其三,在罚金刑设置方面,一方面,无论适用哪种量刑档次,是否适用罚金刑无自由裁量权,必须判处罚金;另一方面,罚金刑幅度大幅提高,欺诈发行证券罪第二档的罚金刑倍率从非法募集资金金额"百分之一以上百分之五以下"到"百分之二十以上一倍以下",提高20倍不止。此外,欺诈发行证券罪第一档法定刑,违规披露、不披露重要信息罪的倍比罚金制改为无限额罚金制,取消了罚金数额限制,这样有助于根据不同案件中行为人的违法所得、犯罪情节等情况确定合理的罚金数额。对于控股股东、实际控制人刑罚的趋重化趋势,体现了立法机关对于控股股东、实际控制人从严打击的刑事政策,有助于发挥刑罚的威慑作用,实现一般预防的目的。而且经济犯罪作为典型的贪利型犯罪,逐利是行为人最大的动机,罚金刑可以剥夺犯罪人再犯罪的能力,从而实现特殊预防的目的。

另外,需要注意的是,依据修正后的欺诈发行证券罪,违规披露、不披露重要信息罪法条第3款的规定,如果控股股东、实际控制人是单位实施犯罪行为的,此时要实行双罚制,不仅要处罚单位,还要对直接主管人员和相关直接负责人员进行处罚。这不同于此两罪第1款规定的一般单位犯罪,对于一般单位实施此两罪的,刑法立法中规定的是单罚制,仅处罚单位的主管人员和直接责任人员。可见,单位作为控股股东、实际控制人实施犯罪行为的,其处罚较之于一般犯罪严重,这样的立法规定也体现了对控股股东、实际控制人从严打击的趋向。

第三节　控股股东、实际控制人刑事责任之司法限缩

经济犯罪刑事立法的扩张是保障资本市场发展的现实需求,但刑法也存在一定的片面性和附随性效果。因此,面对控股股东、实际控制人刑事责任立法上扩张的趋势,司法实践也需在法治的基本框架下,坚持刑法的基本原则,审慎适用相关的刑法规范。

一、控股股东、实际控制人的认定:以前置法为判断依据

经济犯罪是典型的行政犯,在认定时应结合相关前置法的规定,没有前置法的规定,则很难认定某行为构成犯罪。在控股股东、实际控制人所涉及的三种罪名均属于法定犯的情形下,其内涵的界定必然要受到刑法以外的部门法的约束,否则法定犯与自然犯的区分便毫无意义。因而,在对法定犯的司法认定中,民事法规及行政法规的内容对于法定犯的构成要件行为的性质判断具有重要意义。[①] 需要注意的是,虽然很多法律文件都对控股股东、实际控制人的认定及其责任有相关规定,如《公司法》《深证证券交易所股票上市规则》《上海证券交易所股票上市规则》等,但并非所有法律文件都能成为刑法的前置性法律。

一般而言,由于刑法涉及人的自由乃至生命,依据我国《立法法》的第 11 条的规定,对公民政治权利的剥夺、限制人身自由的强制措施和处罚只能由法律规定。因此,一般来说,作为认定犯罪前提、刑法处罚判断依据的前置法只能是法律即立法机关制定的法律。非立法机关制定的法律规范可能会成为承担民事责任和对其进行行政处罚的依据,但一般不能成为刑法上定罪量刑的依据。因而,在刑事司法中认定控股股东、实际控制人概念时,仅可依据《公司法》等相关法律的规定对其进行认定,不能以相关规范性文件作为判断的依据。但据笔者查找,截至目前,我国刑事判决中尚未有判决对控股股东、实际控制人作出明确

---

① 参见陈兴良:《法定犯的性质和界定》,载《中外法学》2020 年第 6 期。

认定。

控股股东、实际控制人的本质在于对公司、企业享有控制权。对于控制权，不同的学者看法不同。有学者认为，在股份制公司制度下，控制权是决定公司董事人选的权力[①]；也有学者认为，控制权应当从实质上理解为对公司决策的支配力和影响力。[②] 我国《公司法》明显采纳了后者的观点，在《公司法》的规定中，控股股东、实际控制人并非同一概念。根据《公司法》第265条的规定，控股股东分为两种情况：其一，股权占比在50%以上；其二，股权占比虽低于50%，但依其所享有的股权比例，足以对公司股东会的决议产生重大影响，后者多存在于上市公司。概言之，控股股东仍为公司股东，其对公司决策的重大影响是建立在其股权比例的相对超越性之上的。而实际控制人对公司的控制权来自投资关系、协议或者其他行为，从而能够实际支配公司。从实质上来讲，二者的共同点在于其对公司都享有一定程度的控制权，这也是控股股东、实际控制人对公司行为承担刑事责任的现实基础。因而，司法机关在认定控股股东、实际控制人时，关键在于如何认定控制权。笔者认为，可以通过以下几个步骤判断其是否属于控股股东和实际控制人：首先，对于股权占比在50%以上的股东，可以直接认定其为控股股东；其次，对于股权占比低于50%的股东，应结合公司历年历次股东会会议记录，认定行为人是否有重大影响；最后，认定实际控制人时，一方面要追溯其控制权的来源，另一方面由于无权参加股东会，则要通过其他途径，如行为人对单位的组织控制、人员配置控制、资金使用、实施犯罪行为的具体策略与方法等多方面进行证明。[③] 因而，司法机关在认定控股股东、实际控制人时，股权比例并非唯一的判断因素，还应综合考虑多方面因素进行考量。需要注意的是，由于实际控制人的控制权并不是绝对的，而是相对的，因此有可能同时存在多名实际控制人。

---

① 参见[美]阿道夫·A.伯利加德纳·C.米恩斯：《现代公司与私有财产》，商务印书馆2005年版，第66页。

② 参见赖英照：《关系企业法律问题及立法草案之研究》，载《公司法论文集》，第112页。

③ 参见曹坚：《以"穿透式"思维理解刑法实际控制人条款》，载《检察日报》2021年2月4日，第3版。

二、组织、指使行为的认定:以控制权为关键要素

关于控股股东、实际控制人组织、指使行为的认定,2019 年修正前的《证券法》第 193 条第 3 款规定:“发行人、上市公司或者其他信息披露义务人的控股股东、实际控制人指使从事前两款违法行为的,依照前两款的规定处罚。”2011 年证监会颁布的《信息披露违法行为行政责任认定规则》第 18 条第 2 款规定实际控制人隐瞒应当披露的信息或者不告知应当披露的信息,应当认定为指使,相关的行政规范为行政处罚中认定指使行为提供了有关依据。2015 年证监会对丹东欣泰电气股份有限公司、温某某、刘某某等 18 名责任人员信息披露违法的行政处罚决定书中,认定实际控制人温某某作为实际控制人,商议并同意以外部借款等方式虚构收回应收款项,安排、筹措资金且承担相关资金成本,进而认定其构成指使行为。[①] 但是,需要注意的是,《信息披露违法行为行政责任认定规则》中指使的认定是基于原来的证券法无法对实际控制人隐瞒应当披露的信息或者不告知应当披露的信息行为进行法律规制情形下的一种扩大解释。2019 年修改后的《证券法》中已经将实际控制人隐瞒应当披露的信息或者不告知应当披露的信息行为作为信息披露行为的主行为进行规定,并未有原证券法的扩大解释规定。

然而,我国目前尚未出台相应刑事司法解释或有关刑事判决对控股股东、实际控制人的组织、指使行为作出解释。但是,从理论上看,组织、指使行为的本质是控股股东、实际控制人滥用控制权,通过对公司、企业的控制权即对公司日常事务和重要决策享有巨大的影响力来实施相关的犯罪行为。尤其是在实践中,控股股东、实际控制人有时还会担任公司的董事、监事、高级管理人员,此时如何区分行为人是滥用控制权的行为还是履行经营管理权的行为就显得尤为重要。实践中区分二者有一定的难度,对此我们需要紧紧把握控股股东、实际控制人是否利用了其影响力这个关键因素。若其仅仅是履行董事长的职权召集会议,根据董事会的决议安排签署虚假报告时,通常不应当认定其实施了组织、指使的行为。因

---

① 参见中国证监会〔2016〕84 号行政处罚决定书。

而,不能简单地将控股股东、实际控制人的参与行为等同于组织、指使行为,也不能简单地认为只要是控股股东、实际控制人在任职期间公司实施的欺诈发行证券行为、违规披露不披露重要信息行为,都应由其承担组织、指使的责任。正如上所述,如果控股股东、实际控制人仅仅是作为直接主管人员和其他直接责任人员从事相关业务,可以单位犯罪中的直接责任人员的身份承担刑事责任;若是利用了控股股东、实际控制人的影响力实施相应的行为,就应以控股股东、实际控制人的身份承担刑事责任。

在司法解释尚未出台之前,对组织、指使行为的认定,可以参考已有刑事立法、相关司法解释的组织型犯罪和指使型犯罪的规定。例如,我国《刑法》中规定了组织、领导、参加黑社会性质组织罪,组织他人偷越国(边)境罪、组织卖淫罪等犯罪,在相关的司法解释中也规定了指使交通肇事者逃逸的、指使他人作伪证的、指使虐待被监管罪人等相关规定。从相关组织型和指使型罪名的规定来看,组织型犯罪的共性在于组织行为是有意识的,体现出其目的性、预见性。① 具体而言,控股股东、实际控制人的组织作用体现在对整个犯罪行为的起步、发展、运作起到发起、协调、管理等全局性的作用,参与犯罪的人数应为 3 人以上,否则很难认定控股股东、实际控制人发挥了组织作用。在认定指使行为时,指使人往往是利用职权或者是地位、影响力形成的上下级关系或者附属关系对被指使人形成一定的强制作用,一般起到的是主导作用。因此,如果被指使人实施犯罪的意图存在且强烈,不宜认定其行为系控股股东、实际控制人指使实施。

三、定量标准的认定:体系化的思维方式

关于控股股东、实际控制人刑事责任的定量标准的刑法条款的表述,与欺诈发行证券罪,违规披露、不披露重要信息罪,背信损害上市公司利益罪的各自法条第 1 款对数额或情节等作了明确要求不同,相关法条并没有明文规定具体的定量标准。其具体表述为"依照前款的规定处罚"。对此,关于控股股东、实际控制人刑事责任的定量标准,存在一定争论。

---

① 参见张开阳:《组织犯研究》,河北大学 2014 年硕士学位论文,第 3 页。

按照行为犯的理论来看,对于这一表述,不能简单地理解为是立法者的遗漏或懒怠,而是表明了立法者的态度,即立法者认为,控股股东、实际控制人组织、实施相应行为的,具有更大的社会危害性,此时无须造成实害结果也可以追究刑事责任。而且,刑法在行为阶段提前介入,避免了更严重损失的发生,增强了刑法的主动性,表明了刑法对控股股东、实际控制人不当行为严厉处罚的态度。但笔者认为,这种表述是立法精简化的体现,对控股股东、实际控制人追究刑事责任应结合各条第 1 款的规定,以第 1 款要求的定量标准进行处理。从刑法体系解释的角度来看,任何法律条文都不是单独存在的,它们与相近或形式相似的条文间存在或多或少的联系。"如同自然科学一样,法学也具有高度的系统性。从法律的一般材料中经过科学研究所得出的原则,用复杂的组合形成一个体系,以后一旦发现新的原则就归并到这个体系中去。"[①]对司法实践而言,体系化的思维方式意味着法官在解释法律的过程中,不能简单地就条文论条文,也不能仅以条文的字面意思解释条文,而应当注重体系解释,根据条文的语境和上下文含义等进行整体化的理解和把握,要从整体的视角观察法律规范及其所体现的价值判断。[②]

据笔者不完全统计,虐待被监管人罪和滥用管理公司、证券职权罪的条文表述与本条存在同样的情况,即滥用管理公司、证券职权罪的条文第 1 款明文规定为结果犯,第 2 款规定为特殊主体指使或"强令"他人实施第 1 款行为的以前款论或依照前款规定处罚,且第 2 款没有明确的对犯罪数额或者情节的要求。这两个罪条文的第 2 款虽然没有将数额或者情节等定量标准明文规定在条文表述中,但后续出台的相关司法解释作了明确的结果要求。例如,前者规定在 1999 年最高人民检察院《关于人民检察院直接受理立案侦查案件立案标准的规定(试行)》,后者规定在 2006 年最高人民检察院《关于渎职侵权犯罪案件立案标准的规定》。这表明,条文之间都存在既定的内在的逻辑联系,对法条第 2 款表述的理解

① [美]约翰·亨利·梅利曼:《大陆法系》(第 2 版),顾培东、禄正平译,法律出版社 2004 年版,第 66 页。

② 参见王利明:《论法律思维》,载《中国法学教育研究》2012 年第 2 期。

不应与第 1 款割裂,需要结合起来进行理解。因而,即使条文没有在第 2 款明文规定情节或数额等定量标准的要求,在司法实务中处理时,仍应结合第 1 款的定量标准的规定,只有在犯罪达到一定的数额或者情节要求时,才能追究控股股东、实际控制人的刑事责任。在司法实践中应当参照最高人民检察院、公安部于 2022 年修订的《立案追诉标准(二)》中有关欺诈发行证券罪,违规披露、不披露重要信息罪,背信损害上市公司利益罪的追诉标准进行掌握。尤其是对升格法定刑的标准尚未作出规定时,司法机关在办理涉及控股股东、实际控制人相关案件提出量刑建议时,应根据案件的具体情况和基于从严惩治的立场,参照立案追诉标准和同类案件的量刑标准,准确适用量刑档次。[①]

古语有云,“此皆衅发萧墙,而祸延四海也”,控股股东、实际控制人滥用控制权便是祸起萧墙的典例。在资本市场快速发展的今天,越来越多的中小投资者涌入资本市场,控股股东、实际控制人滥用控制权,以非法方式利用信息差牟取私利,极大地损害了投资者的利益,也桎梏了资本市场的稳定发展,应当在法律层面予以更多的重视。《刑法修正案(十一)》应社会的现实需要,将实践中频发的欺诈发行证券罪和违规披露、不披露重要信息罪中的控股股东、实际控制人作为特殊主体单独规定在其条文的第 2 款和第 3 款之中,而且在刑罚方面加重了刑事处罚力度,紧紧把握住此类犯罪逐利的特点进行针对性的预防和打击,是值得肯定的。目前,由于缺乏相应的司法解释,司法机关在定罪量刑时更应慎重考虑。控股股东、实际控制人实施的犯罪属于典型的行政犯,因此在认定犯罪主体等方面应结合前置法的规定。组织、指使行为的本质在于控制权的滥用,因此在认定犯罪行为时,不能忽视职权这个关键因素。此外,即使涉及控股股东、实际控制人的条文中没有直接的关于定量标准的表述,仍应结合各条第 1 款的规定把握入罪标准和升格法定刑,认定犯罪成立时定性因素是必不可少的。同时,需要注意的是,在实践中,控股股东、实际控制人的大部分犯罪行为在受到刑事追诉前,已经由中国证监会等行政机关给予了行政处罚,因而量刑时司法机关应考虑行政处罚与刑事处罚的衔接。

---

① 参见孙谦:《〈刑法修正案(十一)〉的理解与适用》,载《人民检察》2021 年第 8 期。

第十一章

证券领域行政执法与刑事司法的衔接

长期以来,困扰证券行政执法领域的一个重要问题就是行政处罚与刑事处罚的衔接问题,此问题的存在影响了我国证券市场违法犯罪行为的有效治理,因而成为我国行政机关和司法机关着力解决的重大问题。事实上,行政处罚与刑事处罚的衔接问题,不仅存在于证券违法犯罪领域,还普遍存在于行政执法领域,也引起了党中央的高度重视。2013 年 11 月 12 日,党的十八届三中全会通过的《中共中央关于全面深化改革若干重大问题的决定》将"完善行政执法与刑事司法衔接机制"作为全面深化改革的重大问题之一。2014 年 10 月 23 日,党的十八届四中全会通过《中共中央关于全面推进依法治国若干重大问题的决定》中明确提出"健全行政执法与刑事司法衔接机制,完善案件移送标准和程序,建立行政执法机关、公安机关、检察机关、审判机关信息共享、案情通报、案件移送制度,坚决克服有案不移、有案难移、以罚代刑现象,实现行政处罚和刑事处罚无缝对接"。2015 年 12 月,中共中央、国务院印发的《法治政府建设实施纲要(2015—2020 年)》中又再次重申健全行政执法和刑事司法的衔接机制。2021 年 7 月,中共中央办公厅、国务院办公厅印发的《关于依法从严打击证券违法活动的意见》中明确提出要"建立健全依法从严打击证券违法活动的执法司法体制机制"。[1] 为了进一步促进证券行政执法与刑事司法高效衔接,2021 年 9 月 18 日,最高人民检察院驻中国证券监督管

① 参见《关于依法从严打击证券违法活动的意见》,载中华人民共和国中央人民政府网,http://www.gov.cn/xinwen/2021-07/06/content_5622763.html。

理委员会检察室揭牌成立。

我国现阶段证券违法犯罪行政执法与刑事司法存在诸多问题,影响了证券市场违法犯罪的有效治理,因而在新的证券市场变革时期,探讨证券市场行政执法与刑事司法衔接问题,既要高屋建瓴进行顶层设计,也要深入机制内部环节,进行微观构建,着力解决该机制的法律依据和具体操作性问题,形成制度合力,促进证券市场的有效治理,助力于中国证券市场法治建设和市场监管的不断改革完善。

第一节 证券领域行政处罚与刑事处罚的规范文本分析

我国《证券法》《刑法》等基本法律对于证券领域行政处罚和刑事处罚的衔接都作了相应的规定;同时,相关部门出台的规范性意见也对行政处罚与刑事处罚的程序进行了规范。但是,相关规范对于证券领域行政处罚与刑事处罚衔接的规定也存在相应的不足。

一、证券领域行政处罚与刑事处罚的实体法衔接

在法律规定层面,对于行政处罚和刑事处罚的衔接,《证券法》仅有第219条规定:“违反本法规定,构成犯罪的,依法追究刑事责任。”《刑法》中也有部分关于证券犯罪行为的规定。本研究成果通过以《证券法》和《刑法》条文对比来看,在实体法层面,我国《证券法》和《刑法》在行为方式上大多数能够形成较好的衔接,但是也存在一些问题。

1. 刑法对于证券法规中规定的一些新型的证券违法行为不能及时地纳入刑法的调整范围

随着我国证券市场的不断发展,证券领域新类型的违法行为层出不穷,但刑罚的进行具有最后性,而且刑法的适用要遵循严格的罪刑法定原则。在法无明文规定的情况下,很难将这些新型的证券违法行为纳入犯罪圈进行有效打击。

2.《证券法》和《刑法》中对于相关行为并未形成合理的衔接

《证券法》中列举的证券违法行为与《刑法》分则第三章第四节规定的证券犯罪行为相比,种类更多。但是,部分违法行为并不构成犯罪。比如《证券法》第183条规定,证券公司承销或者代理买卖未经核准擅自公开发行的证券的行为应当进行行政处罚,但是此类行为在《刑法》中并未有相应的刑事处罚措施。而《刑法》第179条中规定的擅自发行股票、公司、企业债券罪的主体仅仅限定为发行人,并不能将承销商和代理人擅自发行行为纳入进来。

另外,刑法中规定的相关犯罪行为,在《证券法》上却没有相应的行政处罚。比如《刑法》第178条规定的伪造、变造国家有价证券罪以及伪造、变造股票、公司、企业债券罪,规定伪造、变造国库券或者国家发行的其他有价证券以及伪造、变造股票或者公司、企业债券,数额较大的行为应当进行刑事处罚。但是对于伪造、变造国家有价证券罪以及伪造、变造股票、公司、企业债券罪的行为,《证券法》中并未有明确规定。而对于一般主体的非法经营罪,如果行为人未经国家有关主管部门批准非法经营证券、期货、保险业务的,有可能构成刑事犯罪。但是,《证券法》中对于此类行为其行政处罚的对象很多仅限于证券公司等金融机构,而对于一般的自然人无法进行行政处罚。

二、证券领域行政处罚与刑事处罚的程序衔接

证券违法犯罪"行政执法与刑事司法之衔接"这个表述最早出现在国务院2001年4月颁布的《关于整顿和规范市场经济秩序的决定》中,其指的是当证券违法犯罪发生时,由于行政执法程序通常会比刑事司法程序早启动,行政执法机关在查处惩戒违法犯罪行为时可能会发现违法者对此违法犯罪活动还需承担刑事责任,于是将案件依法移交刑事司法机关的活动,先前更多使用"行政处罚与刑罚处罚的折抵"为表述。

行政处罚与刑罚处罚虽性质相异,但它们皆属于公法责任范畴,因而行政执法与刑事司法的衔接,体现了同样作为公权力的行政权与司法权

在制裁个人违法犯罪行为上的分工合作。① 根据《行政处罚法》的规定，“违法行为构成犯罪，应当追究刑事责任，不得以行政处罚替代刑事处罚”，可以看出行政处罚与刑罚处罚相衔接在实体衔接上的前提是违法行为必须涉嫌构成犯罪。在《移送涉嫌犯罪案件的规定》(2020 年修订)中详细明确地阐述“涉嫌构成犯罪”的罪的范围，主要为《刑法》中破坏社会主义市场秩序和妨碍社会管理秩序这两大类罪名，而证券犯罪即属于此类。

(1)关于谁有资格来认定该违法行为是否“涉嫌构成犯罪”？根据《行政处罚法》第 57 条以及 2001 年 7 月 9 日国务院颁布的《行政执法机关移送涉嫌犯罪案件的规定》(以下简称《移送涉嫌犯罪案件的规定》)中的相关法条不难看出，有权认定是否涉嫌犯罪的主体为行政机关。而在 2008 年 1 月由最高人民法院、最高人民检察院、公安部、中国证券监督管理委员会四部门颁发的《关于整治非法证券活动有关问题的通知》中则认为有权认定是否涉嫌犯罪的主体为公安机关和司法机关，而非行政机关。根据文件中的具体规定，公安机关、司法机关认为需要相关行政机关进行对违法行为的性质认定时，行政主管机关应当配合出具具体意见。这里需要阐明的是，证券犯罪专业阻隔性强，对专业素养的要求颇高，的确需要办案人员拥有足够证券知识储备，若对有关概念不甚了解，则可能会导致公检法人员对案件无法作出正确的判断。故在行政执法与刑事司法衔接时，的确会产生以行政机关的监管意见作为前提的需要。“专业的人做专业的事”，笔者认为监管机构对违法犯罪活动作出违法性认定是一种重要的专业支持，让办案人员在侦办案件时能对案件的把握有所参考，这种看似是行政机关与司法机关之间简单流转的行为就被赋予了必要性。但是对违法行为是否犯罪认定的权利应当归属于司法权而非行政权，最终这个判断的权利应当掌握在公安司法机关手中，而非行政机关所应掌握的，行政机关在这方面应当起到的是配合司法机关办案的作用。故《行政处罚法》与《移送涉嫌犯罪案件的规定》的条文存在一定缺陷，而 2008 年

---

① 参见叶旺春：《证券领域行政执法与刑事司法的衔接问题研究》，载《证券市场导报》2012 年第 5 期。

1 月的《关于整治非法证券活动有关问题的通知》规定得较为合理。

(2)作为移送主体的“行政机关”又指的是哪个部门呢？无论是《行政处罚法》还是《移送涉嫌犯罪案件的规定》,都确定行政处罚与刑事处罚衔接案件的移送主体都是行政机关。对于行政机关的理解,《移送涉嫌犯罪案件的规定》采取的是广义的概念,其第 2 条规定:“本规定所称行政执法机关,是指依照法律、法规或行规章的规定的,对破坏社会主义市场经济秩序、妨碍社会管理秩序以及其他违法行为具有行政处罚权的行政机关,以及法律、法规授权的具有管理公共事务职能、在法定授权范围内实施行政处罚的组织。”该条明确了行政机关和法律、法规授权的组织都属于行政执法机关的范畴。2006 年最高人民检察院、全国整顿和规范市场经济秩序领导小组办公室、公安部、监察部《关于在行政执法中及时移送涉嫌犯罪案件的意见》最后一条也规定了行政执法机关的含义,其与《移送涉嫌犯罪案件的规定》的不同之处在于增加规定了“不包括公安机关、监察机关”。此外,《行政诉讼法》第 2 条第 2 款规定:“前款所称的行政行为,包括法律、法规、规章授权的组织作出的行政行为。”该款明确了规章授权组织的行政主体资格。因此,“在法定授权范围内实施行政处罚的组织”不仅包括“法律、法规”授权的组织,还包括“规章”授权的组织。中国证监会作为国务院直属事业单位,是法律法规授权的组织当然可以进行移交。

2006 年该意见还就未能及时移送并已作出行政处罚决定的涉嫌犯罪案件的处理以及应当立即移送的情形作出规定。对于前者,其规定:“对于未能及时移送并已作出行政处罚的涉嫌犯罪案件,行政执法机关应当于作出行政处罚十日以内向同级公安机关、人民检察院抄送《行政处罚决定书》副本,并书面告知相关权利人。”对于后者,“现场查获的涉案货值或者案件其他情节明显达到刑事追诉标准、涉嫌犯罪的,应当立即移送公安机关查处”。此外,《移送涉嫌犯罪案件的规定》第 13 条和 2006 年该意见第 9 条中还规定了公安机关作为移送主体的情况,即公安机关对于发现的违法行为,经审查,没有犯罪事实,或者立案侦查后认为犯罪情节轻微,不需要追究刑事责任的,但依法应当追究行政责任的,应当及时将案件移送行政执法机关,有关行政执法机关应当依法作出处理,并将处理结果书面告知公安机关和人民检察院。

(3)作为接受主体的机关有哪些?根据我国相关法律规范的规定,行政处罚与刑事制裁衔接案件的接受主体一般是公安机关、监察机关等。根据上述相关规范性文件的规定,行政执法机关在向公安机关移送涉嫌犯罪案件的同时,还应向人民检察院备案。2006 年最高人民检察院、全国整顿和规范市场经济秩序领导小组办公室、公安部、监察部《关于在行政执法中及时移送涉嫌犯罪案件的意见》中的表述是"行政执法机关在查办案件过程中,对符合刑事追诉标准、涉嫌犯罪的案件,应当制作《涉嫌犯罪案件移送书》,及时将案件向同级公安机关移送,并抄送同级人民检察院。"同时,其还规定:"行政执法机关在依法查处违法行为过程中,发现国家工作人员贪污贿赂或者国家机关工作人员渎职等违纪、犯罪线索的,应当根据案件的性质,及时向监察机关或者人民检察院移送。监察机关、人民检察院应当认真审查依纪、依法处理,并将处理结果书面告知移送案件线索的行政执法机关。"但是,随着我国监察体制的改革,检察机关查处腐败犯罪案件的职能已经由监察机关进行,因而这里涉及国家工作人员的案件一般也会移送到相应的监察机关。安全机关接受的涉嫌犯罪的案件一般是涉及危害国家安全的案件。

三、证券领域行政处罚与刑事处罚的证据衔接

最高人民检察院、公安部多次联合多部委对行政执法机关向司法机关移送涉嫌刑事犯罪案件的相关程序作了专门规定,初步建立了两种证据的转换机制。目前最高人民检察院和公安部共同或分别与国家市场监督管理总局、药监局、海关总署以及国家知识产权局等部委联合制订行政执法和刑事司法衔接工作的办法多部,为证据移送提供了较为坚实的法律保障。

但是证据转换方面的法律法规多而繁杂,制定主体除国务院、最高人民检察院、公安部外,还包括农业农村部、海关总署、国家市场监督管理总局、国家版权局等行政机关。不同主体制定的法律规范在立法技术和水平上参差不齐,缺乏统一、健全的法律规范,原则性、宣示性的规定较多,可操作性规定较少、程序性规定较少。而且在已经制定出台的法律规范

之间，尚存在若干不合理、不协调和不完善的地方，有待进一步改进。《刑事诉讼法》第 54 条第 2 款规定“行政机关在行政执法和查办案件过程中收集的物证、书证、视听资料、电子数据等证据材料，在刑事诉讼中可以作为证据使用”。但是诸如转化主体、转化方式、转化结果、转化标准还有待进一步规范；“等证据材料”的表述模糊性太强，有待进一步明确。同时，受部门利益的驱使，一些行政执法机关认为证据移送是“给司法机关作嫁衣”，况且由于两机关对证据的收集标准不一，大量的行政执法证据因不符合刑事证据的“三性”而被摒弃不用。

第二节 证券领域刑事处罚与行政处罚衔接的实践分析

本节通过对近年来证券犯罪刑事制裁的 31 个典型案例、行政处罚的 126 个典型案例进行实证研究，发现我国证券市场刑事处罚与行政处罚衔接存在以下问题。

一、证券违法行为在涉嫌犯罪后移送刑事制裁的形式不一

目前在实践中证券违法行为在涉嫌犯罪后移送刑事制裁的形式多为先进行刑事制裁、后再对其实施行政处罚，先行政处罚、后刑事制裁这两种方式。

第一种是先进行刑事处罚，然后进行行政处罚。例如，“冠军经理”厉某某犯利用未公开信息交易案就是先进行刑事制裁后再对其实施行政处罚。2010 年 4 月至 2014 年 1 月间，厉某某利用职务便利，使用其控制的 10 个证券账户买入卖出与其管理的基金所投资相同的股票，累计趋同交易共计人民币 93640. 93 万元，获利 1866. 24 万元。后厉某某得知风声，于 2014 年年初主动向领导交代，后到中国证监会投案。证监会先将案件交于山东省公安厅侦办，后由青岛市中级人民法院审理判决有期徒刑 3 年 6 个月并处罚金人民币 1700 万元，2016 年 4 月 15 日山东省高级人民法院裁定维持原判。在厉某某受到刑事制裁的 4 个月后，中国证监会才于

2016 年 8 月 18 日对其作出〔2016〕14 号市场禁入决定书。再如,在张某某内幕交易案中,2014 年 4 月至 6 月,张某某作为内幕信息知情人,将相关内幕信息传递给其大学老师周某某。周某某在内幕信息敏感期内买入"江泉实业"股票,获利 1264 余万元。2016 年 3 月,四川省成都市中级人民法院对张某某内幕交易作出一审有罪判决。2016 年 8 月,中国证监会认定周某某构成内幕交易,对其依法给予行政处罚。周某某以公安机关在侦办张某某等相关案件过程中并未认定其涉嫌犯罪、中国证监会不应再对其行政处罚为由,提起行政诉讼。2017 年 3 月,北京市高级人民法院二审驳回周某某的上诉请求,维持中国证监会行政处罚决定。①

第二种是先进行行政处罚,然后才进行刑事处罚。比如在王某、袁某某内幕交易、泄露内幕信息案②中,被告人袁某某作为天宝公司副总经理,参与了重组事项,在重组过程中获悉相关内幕信息,其在内幕信息敏感期内,向被告人王某泄露了天宝公司内幕信息。王某在获悉上述内幕信息后,从 2012 年 1 月起开始多方调集资金买卖股票,成交金额 7958236.46 元。2012 年 7 月,中国证监会对"天威视讯"股票内幕交易案立案调查。2012 年 12 月,中国证监会将倪某某等 15 人移送公安机关,并对许某等多人进行行政处罚审理。2014 年 1 月 17 日,倪某某等涉嫌"天威视讯"股票内幕交易案于深圳市中级人民法院首次开庭审理。同月,中国证监会对许某等 15 人涉嫌内幕交易、泄露内幕信息行为作出行政处罚。随后广东省高级人民法院于 2016 年 5 月 25 日作出二审终审裁定。③ 再如,在段某等人涉嫌内幕交易中,2013 年 3 月 27 日,深圳证券交易所《异动快报》2013 年第 35 期反映,王某等 5 个账户涉嫌内幕交易。2013 年 4 月 11 日,中国证监会稽查总队对某电测异常交易案初步调查。2013 年 6 月 21 日,中国证监会决定对段某等人涉嫌内幕交易行为立案稽查。2013 年 9 月 27 日,中国证监会将段某等人涉嫌股票内幕交易案移送公安部。2013 年

---

① 参见《证监会发布 2017 年证监稽查 20 起典型违法案例》,载 http://cache.baiducontent.com/c?m,2022 年 9 月 10 日访问。

② 参见广东省高级人民法院刑事裁定书,(2015)粤高法刑二终字 239 号。

③ 参见广东省高级人民法院刑事裁定书,(2015)粤高法刑二终字 239 号。

10 月 16 日,公安部将该案转交北京市公安局查处。2013 年 12 月 3 日,北京市公安局对该案立案侦查。2015 年 5 月 27 日,北京市公安局经济犯罪侦查总队在北京市西城区广宁伯街将段某抓获。2016 年 7 月 29 日,中国证监会对 4 宗案件作出行政处罚和市场禁入决定。2016 年 9 月 26 日,北京市第二中级人民法院判定被告人段某犯内幕交易罪,判处有期徒刑 1 年,缓刑 1 年,并处罚金人民币 40 万元,追缴被告人段某违法所得人民币 286173 元,予以没收,上缴国库。[①]

二、大量应当受到刑事处罚的案件仅予以行政处罚

根据我国《行政处罚法》第 8 条、第 27 条的规定,在行政执法中,行政机关一旦发现某一违法行为可能涉嫌犯罪时,就应当将案件依法移送司法机关处理,不得以罚代刑。但在行政处罚与刑事处罚衔接实践中,一些行政执法机关可能对应当移送的涉嫌犯罪案件不予移送或以罚代刑。

如 2010 年最高人民检察院、公安部颁布的《立案追诉标准(二)》(2020 年已修改)[②]第 35 条规定:"……涉嫌下列情形之一的,应予立案追诉:(一)证券交易成交额累计在五十万元以上的;(二)期货交易占用保证金数额累计在三十万元以上的;(三)获利或者避免损失数额累计在十五万元以上的;(四)多次进行内幕交易、泄露内幕信息的;(五)其他情节严重的情形。"2012 年施行的最高人民法院、最高人民检察院《办理内幕交易案件解释》第 6 条进一步明确,具有下列情形之一的,应当认定为《刑法》第 180 条第 1 款规定的"情节严重":(1)证券交易成交额在 50 万元以上的;(2)期货交易占用保证金数额在 30 万元以上的;(3)获利或者避免损失数额在 15 万元以上的;(4)3 次以上的;(5)具有其他严重情节的。该司法解释第 7 条规定,具有下列情形之一的,应当认定为《刑法》第 180 条第 1 款规定的"情节特别严重":(1)证券交易成交额在 250 万元以上的;(2)期货交易占用保证金数额在 150 万元以上的;(3)获利或者避免

---

① 参见北京市第二中级人民法院刑事判决书,(2016)京 02 刑初 82 号。

② 由于部分案例发生在 2022 年之前,适用的是 2010 年《立案追诉标准(二)》,因此这里将旧的追诉标准进行列举,以便读者了解。

损失数额在75万元以上的;(4)具有其他特别严重情节的。

可见,依据相应的司法解释,司法机关主要是从证券交易成交额、违法所得数额等方面来考虑行为人是否构成内幕交易。在笔者研究的88件内幕交易行政处罚案件中,行政处罚决定书中共列举了92人的违法所得情况。其中违法所得数额不详的为3人,亏损的为14人;违法所得数额在15万元以下的为18人;违法所得数额在15万~75万元的为16人;违法所得数额在75万元以上的为41人;避免损失数额在150万元以上的为1人。那么,就此而言,仅就违法所得数额而言,已经达到违法所得数额15万元的入罪标准的58人;在内幕交易亏损的16人之中,也有13人的证券成交额达到50万元。那么,二者合计约有75%的案件达到了刑事追诉标准,甚至有41人达到了《刑法》里面规定的情节特别严重的标准,占比45%。但是,笔者将这些达到入罪标准的案件在中国裁判文书网、北大法律信息网等网站上进行查询,并未发现有关的刑事裁决。虽然不排除一些相应的刑事裁决并未及时网上公开,但是,也从侧面反映了我国行政处罚中对于一些达到刑事立案标准的案件仅予以行政处罚。

根据有关学者的研究,在我国,"以罚代刑"现象在执法过程中较为严重。自2001年起至2013年,证监会一共作出555份行政处罚决定书,而其中只有16个案件被移送至公安司法机关对其进行刑事制裁,移送率仅为2.88%。这500多份处罚决定书中有449份涉及罚款,而这449份行政处罚决定书中有65份罚款金额超过100万元,其所占比例之高远远超过2.88%的移送率。[①] 一方面,一些行政执法人员对行政处罚与刑罚处罚结果衔接的规则不了解,为避免麻烦,对行为人可能涉嫌犯罪的行为,仅以罚钱了之,从而以行政处罚代替刑事处罚;还有一些行政执法人员对刑法规范不知晓、不掌握,对于涉嫌犯罪的案件,以为只是一般行政违法行为,故依照行政法规范处以罚款等行政处罚,导致"以罚代刑"的产生。另外,一些司法机关基于不同认识,对行政执法机关移送的已作行政处罚的涉嫌犯罪案件,坚持不再立案查处,从而产生了一些涉嫌犯罪的行政违

---

① 参见练育强:《证券行政处罚与刑事制裁衔接问题研究》,北京大学出版社2017年版,第220~226页。

法不被立案,而被迫以罚代刑处理的情形。另一方面,有些行政执法机关每年都有罚款收入的指标下达,还有些地方财政对上缴的罚没款收入,还变相或按比例返还给执法部门;有些行政机关考核中有犯罪数额上限的限制,面对部门利益或是考核压力的驱动,一些行政执法部门在查案过程中,对于明知可能涉嫌犯罪的行为人,也以罚款等方式来处理案件,不再移送司法机关。

目前行政机关处理的违法案件多为由行政机关发现并主导的案件,只有少数为公安机关发现或民众举报的案件。我国法律明文规定,行政机关在处理破坏社会主义市场经济秩序、妨碍社会管理秩序的违法活动时如发现该违法行为构成犯罪,必须移送对刑事案件有管辖权的司法机关。实践中,行政机关掌握着是否移送案件的主动权,案件能否最终移送,主要依赖行政机关的积极性与主动性,但却没有制度上的强制保障。[①]所以行政机关不将案件移送至司法机关和“以罚代刑”的现象层出不穷。最典型的案件可能就是“光大证券乌龙指”事件而引发的内幕交易违法行为了,证监罚字〔2013〕59 号中对光大证券开出没收加罚款总计 5.23 亿元的天价罚单,但却未追究主要负责人的刑事责任。这中间是否涉嫌犯罪,证监会是否“以罚代刑”引人深思。

三、行政处罚与刑事处罚轻重不协调

由于行政处罚对应的是尚未构成犯罪的一般违法行为,而刑罚处罚对应的是应追究刑事责任的严重违法行为,因此,刑罚处罚的措施应重于行政处罚措施。从行政执法与刑事司法有效衔接的角度而言,行政处罚与刑罚处罚的轻重在立法上应保持协调统一。但在当前的立法和执法实践中,一些行政处罚措施的严厉性程度超越了刑罚制裁的措施,破坏了行政处罚与刑罚处罚轻重上的协调,也影响了两种处罚的衔接适用。从实践情况来看,处罚结果的轻重衔接,主要关系到罚款与罚金之间的轻重衔接。

① 参见王圆圆:《行政犯罪既不能“以罚代刑”,也不能“以刑代罚”》,载《人民论坛》2016 年第 25 期。

罚款是行政执法中常用的行政处罚方法,但在不同的行政法规范中,由于调整的社会关系不同,均设置了不同的罚款标准或幅度,在不同的领域,罚款标准或幅度差异非常大。例如,在《证券法》中,除按违法行为涉案金额相联系的处罚,如非法募集资金的1% ~5%的罚款之外,针对行为人进行固定数额的罚款方式就高达34种,具体有1万元到10万元、3万元到10万元、3万元到60万元、10万元到30万元、30万元到300万元等。[①] 即使在相同行政管理领域,不同的行政法规范也可能设置了不同罚款标准。

从上述笔者研究的内幕交易刑事案件违法所得与罚金的比例来看,处以违法所得3倍以上的只有1例,占比3%;处以违法所得罚金2倍的为2例,占比6%;14例案件判处违法所得1倍的罚金,占比45%;2例未判处罚金,占比6%;3例案件因为无违法所得,均只判处1000元罚金,占比10%。而从2016~2017年两年内幕交易案件的行政处罚来看,处以3万元以上60万元以下罚款的人数为27人,占比31%;处以违法所得1倍罚款的人数为26人,占比30%;处以违法所得2倍罚款的人数为5人,占比6%;处以违法所得3倍罚款的人数为34人,占比39%;处以违法所得4~5倍罚款的人数为0人。可见,行政处罚实践中,对于行政相对人判处罚金的数额绝大多数为违法所得的1倍和3倍,绝大多数依据违法行为的情况判处的是违法所得的3倍罚金。这较之于刑事处罚中45%的案件仅依据罚金的1倍判处,显得较为轻缓。

目前,罚款作为行政执法中最常用的行政处罚措施,也是受到批判较多的处罚种类,主要在于罚款裁量权的不当使用,对于类似违法行为,在不同地区的行政执法机关或不同执法人员中,经常出现"同案不同罚""过罚不相当"等现象。同时,在刑事司法实践中,对于大多数犯罪案件的罚金数额,主要是由司法人员根据案件的具体情况加以裁量决定,同样容易出现量刑上的畸轻畸重现象。

罚金刑是刑事处罚中经常适用的附加刑,刑法对罚金规定了较灵

---

① 参见练育强:《证券行政处罚与刑事制裁衔接问题研究》,北京大学出版社2017年版,第134~138页。

活的比例罚金制或者幅度罚金制，很少规定具体数额，因此，对于不同罪名，罚金刑的数额差异很大。同时，由于立法对罚金刑的适用也缺乏统一的标准，罚金刑具体数额的确定，主要依赖司法人员自由裁量权的运用，从而也导致部分司法人员“因无所遵循、无所适从而弃置不用，即使适用，又往往因无具体标准而出现畸轻畸重的现象”。①而且罚款与罚金刑之间轻重不协调。例如《刑法》第174条“擅自设立金融机构罪”，对擅自设立证券交易所、期货交易所、证券公司等金融机构的行为，在判处徒刑或拘役的同时，还要求并处或者单处2万元以上20万元以下罚金；但《证券法》第180条对此类非法开设证券交易场所的行政违法行为，除规定予以取缔和没收违法所得外，还规定对其应处以罚款，处以50万元以上500万元以下罚款。可见，对同一违法行为，罚款数额可能远高于罚金刑的数额。诸如此类的情形，在对同一或类似违法行为的罚款与罚金设置上相当常见，从而影响了罚款与罚金的有效衔接。对此，需要从立法上对罚款和罚金的标准及数额设定进行梳理，建立符合轻重相适应的衔接关系。

四、责任重合处理缺乏标准

实践中经常会发生行政处罚与刑罚处罚重合的现象，但对于一旦发生重合或冲突后，两者之间应如何处理，标准不统一，以致司法实践中做法不一。可以说，当前刑事法律与行政法律衔接中以罚代刑、有案不移、有罪不究等一系列问题，也与行政处罚与刑罚处罚衔接处理缺乏标准直接相关。

一方面，对已经处以行政处罚的涉嫌犯罪案件应如何处理，缺乏统一标准。例如，行政机关在行政执法过程中，发现某一行政违法行为违反了具体行政法规范，行政机关依照该行政法规范对当事人处以警告、罚款、没收违法所得等行政处罚措施后，又发现该行为可能涉嫌犯罪，是否还应再移送司法机关处理。对此，实践中有不同认识，一种观点认为，已经行政处罚的案件不能再移送司法机关追究刑事责任，否则有违一事不再理

① 参见贾宇、舒洪水：《论行政刑罚》，载《中国法学》2005年第1期。

原则;也有观点认为,此类案件依然应移送司法机关处理,但行政机关必须先将行政处罚撤销后再移送;还有观点认为,行政机关必须将此类案件移送司法机关追究刑事责任,但无须撤销行政处罚,即使追究刑事责任,行政处罚依然有效。[①] 另一方面,对尚未行政处罚的涉嫌犯罪案件应如何处理,同样认识不一。例如,行政执法人员在执法中发现某一行为情节严重,可能涉嫌犯罪,但该行为同时也触犯了相应的行政法规范,行政机关是先处以行政处罚后再移送司法机关,还是直接将案件移送司法机关,行政执法人员和司法人员对此往往有不同认识。有观点认为,根据《行政处罚法》和国务院《移送涉嫌犯罪案件的规定》,行政机关应先对此类涉嫌犯罪案件作出罚款等行政处罚后,再移交司法机关;但反对观点则认为,对尚未行政处罚的涉嫌犯罪案件,行政机关不能先罚款后再移交,否则违反了一事不再理原则。[②]

第三节 证券领域行政处罚与刑事处罚衔接之问题分析

以上有关证券市场行政处罚与刑事处罚衔接存在的相关问题,既有行政执法与刑事司法衔接过程中存在的共性原因,也有证券领域刑事立法、行政执法所存在的特定原因。我们只有认真分析问题存在的原因,才能有针对性地找出相关的对策。

一、行政处罚与刑事处罚相关立法缺陷

行政处罚与刑事处罚衔接困境的重大原因是其存在立法缺陷。正如上关于证券犯罪行政处罚和刑事处罚的规范衔接分析来看,我国关于犯罪实体认定的证券法律规定仍不完善,行政法规中的违法行为与刑法中

① 参见张红:《证券行政法专论》,中国政法大学出版社 2017 年版,第 176 ~ 180 页。

② 参见王园园:《行政执法与刑事司法衔接研究》,中国政法大学出版社 2016 年版,第 182 ~ 186 页。

的犯罪行为无法相对应，其认定标准也模糊不清。行政处罚与刑事处罚相关立法缺陷主要体现在以下几个方面：

一是行政处罚与刑事处罚在实体法上衔接不畅。如行政法规中所表述的违法行为与刑法中对犯罪行为的表述不一致。如《刑法》中"内幕交易、泄露内幕信息罪"是指证券、期货交易内幕信息的知情人员或者非法获取证券期货交易内幕信息的人员，在涉及证券的发行、证券、期货交易或者其他对证券、期货交易的价格有重大影响的信息尚未公开前，买入或者卖出该证券，或者从事与该内幕信息有关的期货交易，或者泄露该信息，或者明示、暗示他人从事上述交易活动，情节严重的行为。而《证券法》中对其的表述则为证券交易内幕信息的知情人在涉及证券的发行、交易或者其他对证券的价格有重大影响的信息公开前，买卖该证券，或泄露该信息，或者建议他人买卖该证券的行为。两者对比下来，《刑法》中有关内幕交易犯罪的规定的行为类型更为全面和多样，而《证券法》的有关规定则更为概括。[①] 毕竟我国对证券犯罪的责任追究大多数由证券监督机关启动，如果相应的行为并未明确在《证券法》中进行规定，相关的执法机关又如何将涉嫌犯罪的案件移交司法机关呢？还有诸如违规披露、不披露重要信息罪，擅自设立金融机构罪，操纵证券、期货市场罪等都存在上述情况。

二是行政处罚和刑事制裁的相关规范界限不明。我国规制证券领域的法律法规体现在三个层面。第一，法律层面。我国《刑法》《证券法》《公司法》等法律对证券违法犯罪行为及其惩处均有明确规定。第二，法规层面。《期货交易管理条例》《首次公开发行股票并上市管理办法》《上市公司信息披露管理办法》等法律规范从较为具体的层面规定了证券违法行为的认定与处罚。第三，司法解释层面。尽管最高人民法院《关于审理证券行政处罚案件证据若干问题的座谈会纪要》最高人民检察院、公安部《关于印发〈最高人民检察院、公安部关于经济犯罪案件追诉标准的补充规定〉的通知》等有关法律文件也涉及内幕交易行为的规制，而且《办

① 参见商浩文、郭冬冬：《利用信息优势操纵证券市场犯罪的刑法规制——以全国首例刑事案件为切入》，载《法律适用（司法案例）》2018 年第 20 期。

理内幕交易案件解释》《操纵证券、期货市场刑事适用解释》等司法解释，对操纵证券市场犯罪、利用未公开信息交易罪等相关犯罪进行了具体规定。但是，规制证券交易行为的法律法规之间层级不明，相关司法解释对证券交易罪与非罪之间的认定不清晰，程序上的混乱以及案件本身复杂，给行政机关、司法工作人员做事实上的认定带来很大的困难。[①]

三是行政处罚与刑事处罚程序衔接不力。我国当前在程序上针对行政处罚与刑事处罚衔接的法律规范立法层级较低，制度普遍存在刚性不足，缺乏强制效力的问题。[②] 在上位法中，只有《行政处罚法》《刑事诉讼法》《刑法》等法律中稀疏零散地涉及了一些关于行政执法与刑事司法的衔接规定，其余的制度主要是由《移送涉嫌犯罪案件的规定》等规范性文件作为补充。就这些文件的内容而言很多都缺乏实际执行的可操作性，都是空泛的原则性规定，权威性不够，对行政机关的强制约束力上也很弱。

二、行政认定与刑事认定的证明标准不一致

我国行政处罚与刑事处罚规定的行政与刑事证明标准不相一致。行政处罚的证明标准指行政机关在行政处罚程序中利用证据证明违法案件事实和行政处罚程序事实所要达到的程度。证明标准是行政处罚证明过程中的一个核心问题。证明标准的确定直接决定了行政处罚案件的证明效果。尽管学者对于行政处罚的证明标准有较大争议，但是基本的共识就是行政处罚不同于刑事处罚，其行政性质决定了行政机关工作人员在进行行政处罚时，必须要符合行政效率原则的要求，因此行政处罚中的证明标准总体说来要低于刑事诉讼中的证明标准，这是由于两者在法律保护公民的合法权益的种类、举证责任的设置、法院在诉讼中对证据的收集和调查态度的不同而决定的。[③] 相关研究显示，证监会在打击内幕交易违法行为过程中形成了"某种密切关系 + 敏感期间联络、接触 + 账户交易异

---

① 参见李睿、冯柳笛：《证券市场内幕交易行政处罚与刑事规制的实证分析》，载郎胜、朱孝清、梁根林主编：《时代变迁与刑法现代化》，中国人民公安大学出版社 2017 年版，第 699 页。

② 参见练育强：《证券行政处罚与刑事制裁衔接问题研究》，北京大学出版社 2017 年版，第 269 页。

③ 参见欧阳振远：《行政处罚证明标准研究》，载《证券法苑》2013 年第 9 期。

常”的内幕交易违法行为的认定模式。在该模式下,证明标准相对较低,认定行为人构成内幕交易行政违法行为,通过客观行为即可认定,无须考察行为人的主观心态。认定内幕交易罪则不同,认定行为人构成内幕交易罪,不仅要证实行为人客观上实施了内幕交易的行为,还要证实其主观上具有内幕交易的故意。在刑事案件中,证明标准为事实清楚,证据确实、充分,其中,证据确实、充分要求根据证据得出的结论具有唯一性,即排除一切合理怀疑。除非法律或司法解释有特别规定外,不允许依靠推定认定犯罪事实。[①]

另外,从证据收集上来看,根据《刑事诉讼法》的有关规定,仅公安机关的侦查人员、检察机关的检察人员、审判机关的审判人员才有权利收集犯罪嫌疑人、被告人的罪证。作为行政主体的证券监察机构所收集的证据就不符合相关法律规定,即不能直接作为刑事证据材料使用,须经刑事证据的转化后方能作为定罪量刑的依据被审判机关采纳。但目前针对此类证据的转换程序、转换标准及相关要求、认定标准等的法律法规仍不完善,让办案人员难办;且证券犯罪本身取证不易,证据保存也不易,若待公安机关重新取证往往时过境迁,很多证据材料无法再次取得。[②] 例如,现场笔录作为《行政诉讼法》所规定的独特的证据形式,其往往由行政执法人员制作,记录的是最有时效性的现场情况。对于此类证据,往往不及时制作,事后再取证就很困难。但此证据形式并非刑事诉讼法规定的证据种类,当案件移送至有管辖权的司法机关后如何对其进行处理则是一个值得关注的问题。如果上述这些问题无法被妥善处理,就会出现行政机关积极移送案件但是最终刑事立案少的情况。证券监管机构所调取的证据材料达不到刑事证据的要求,与此同时还会产生对公安不断要求完善证据的现实问题。补充证据的时间长,等到公安机关自行介入时已经为时已晚。

三、行政认定与刑事认定的主体分离

一方面是如何认定违法行为已经构成了应当被追究刑事责任的犯罪

---

① 参见张翕:《中国证监会内幕交易行政处罚案例综述》,载法律与新金融网,http://www.sohu.com/a/223397161_465463,2022 年 9 月 12 日访问。

② 参见范雪旺:《证券犯罪中的行刑转化问题分析》,载《中国检察官》2011 年第 3 期。

活动。众所周知,若要追究一个人的刑事责任,首先要确认其违法活动构成犯罪,这也是将刑事司法与行政执法相衔接的关键。如前文所述,证券违法犯罪活动的制裁通常先由行政机关接手,涉嫌构成犯罪时再由行政机关将案件进行移送。也就是说,一个行为是否构成犯罪的认定的"杀生大权"掌握在行政机关手里,而行政机关是否有资格且有能力判断这个问题仍待商榷。刑罚是一个国家法律体系所规定的最严厉的制裁措施,各国法律都从执法机关、程序等方面对刑罚权作出了严格的规定与限制,因为一旦使用不当则会对人民的生活、财产造成巨大损害。我国《刑法》与《刑事诉讼法》中都明确规定了只有检察院和法院才能够判断违法行为是否构成犯罪,并没有将证券监督机构列入其中。更何况很多行政执法人员法学素养不高,不具备对犯罪构成要件的判断能力,无法把握违法行为与犯罪行为的界限与区别。

另一方面是若涉嫌犯罪的违法行为在行政机关移送司法机关前已经作出行政处罚,在追究刑事责任后应当如何进行折抵的问题。此问题的焦点主要集中在财产罚,财产罚的问题就在于罚金与罚款是否能够转换,如何进行折抵。罚款是行政机关作出的行政处罚,而罚金是刑罚的附加刑。根据《行政处罚法》第35条"人民法院判处罚金时,行政机关已经给予当事人罚款的,应当折抵相应罚金"的规定,不难看出这里暗藏的一个基本逻辑是行政机关给予的罚款数额要小于审判机关裁决的罚金,但现实生活中行政机关却往往开出"天价罚单",罚款数额远远超出罚金的数额,如"光大证券乌龙指事件"中国证监会的罚款数额为520万元人民币,而法院最后判决书上的罚金为150万元人民币。这样的现象有时甚至会影响到罚金刑的判决和执行。

四、监督机关监督的力度和效果不佳

在行政执法与刑事司法的衔接中,对执法的监督也应当是相当重要的一环,我国涉及履行监督职权的机关有监察机关、本级或上级人民政府、人民检察院、上级行政机关这几大主体。但目前这几大主体的监督依据是否确凿、是否已履行职责达到监督效果是我们需要探讨的问题。

一方面,行政机关依照规定积极移送案件有时却得不到及时处理。

其中的原因不仅包含上文所提到的衔接机制不畅与证据衔接问题,还包含案件监督的不力。另一方面则是行政机关消极移送案件。消极移送案件指的是行政机关将疑难复杂的"硬骨头"移送给有关公安司法机关,此类案件往往已无法通过行政手段获取证据,甚至一些案件中,出于部门利益的考量尽量选择通过行政处罚方式进行消化。这种处理方式在一定程度上减弱了证券违法犯罪行为的刑事惩治力度,不利于证券行业的有序健康发展,但是如何对其进行监督则是亟待解决的问题。

那么,行政处罚与刑事处罚衔接监督的法律依据在哪呢?行政机关的权力需要有法律的授予,需要有其合法的来源。若缺乏合法的来源则其对权力的行使则违法且无效。当前的法律规定主要是《移送涉嫌犯罪案件的规定》,故我们需要考虑的是此行政法规是否能作出对行政机关监督权的有效授权。① 根据《立法法》的规定,行政法规可以对两种事项作出规定:一是执行法律的规定需要制定行政法规的事项;二是关于国务院行政管理职权的事项,国务院行政管理职权规定在《宪法》第 89 条。如前文所述,针对行政执法与刑事司法的衔接问题,国家还未出台专门的法律对其进行规定,所以第 1 项"为执行法律的规定需要制定行政法规"则不能成立。那我们就可以认为此行政法规行使的职权为第 2 项,即为落实国务院行政管理职权。那我们可以推断行政主体行使行政管理职权是合法妥当的,即监察机关、本级或上级人民政府、监察机关和上级行政机关的监督权具有合法性。而至于人民检察院,《立法法》里面明确规定"各级人民代表大会、人民政府、人民法院和人民检察院的产生、组织和职权只能通过制定法律进行规定"以及"有关犯罪和刑罚、对公民政治权利的剥夺和限制人身自由的强制措施和处罚、司法制度等应通过制定法律加以规定",故《移送涉嫌犯罪案件的规定》作为行政法规,对人民检察院监督职权相关事项作出的规定是否具有合法性值得探讨。

实践中的难点主要集中在几大主体未充分履行职责,监督效果不佳。监督机关发现应当移送的案件不移送时如何纠正以及对于已经移送的案

① 参见练育强:《证券行政处罚与刑事制裁衔接问题研究》,北京大学出版社 2017 年版,第 259 页。

件司法机关不予接收应当如何救济？行政机关会对应当移送的案件隐瞒处理，内部以罚代刑进行消化，公安机关出于认识分歧或减缓办案压力的目的拒绝接收移送案件，等等。这些情形应当如何处理呢？几大主体对于上述情况采取的主要为事后追责，但这可能无法实现《移送涉嫌犯罪案件的规定》的立法目的。《移送涉嫌犯罪案件的规定》的立法目的在于"为了保证行政执法机关向公安机关及时移送涉嫌犯罪案件"，若只是采取事后监督的话则无法达到立法"及时"想要达到的目的。

五、行政执法证据向刑事证据转换存在困难

正如有论者所言，"证据的衔接问题是行政执法与刑事司法相衔接的程序性设计中必须考虑的一个基础性因素"①。而在我国，证券违法犯罪活动的刑事认定与行政认定之间衔接机制并不畅通。这主要体现在证据收集主体、证据收集标准不同导致证据转换困难。刑事证据除自诉案件外，举证责任主要由检察机关负责，收集主体也仅限于公安、检察院和法院，因此刑事证据的收集主体具有特定性；行政执法证据除行政机关负有收集义务外，行政相对人和第三人也有权提供证据。因此行政执法证据的收集主体十分广泛，包括工商、税务、海关、审计、质量监督等部门，仅行政执法机关就不一而足，况且还存在大量的被授权组织，好在《刑事诉讼法》将这一主体规定为有行政执法权和查办案件权的行政机关。虽然该规定进一步缩小了行政执法证据收集主体的范围，但是哪些机关拥有行政执法权和查办案件权，仍然不够具体。况且，由于行政执法机关和刑事司法机关社会功能和价值导向存在差异，由此也导致两者证据收集标准不一，给证据转换带来难题。

首先，体现在两者的社会功能不同。行政执法的主要目的在于保证国家管理秩序和社会公共秩序不因个人违法行为而受到干扰和破坏，其权力运行过程中虽然也涉及对公民个人权益的保护，但是主要还是以维护国家利益和社会公共利益为根本。行政执法权有着天然的扩张性和侵权性，在国家或社会公共利益与公民个人权益发生冲突时，其便自主地选

① 参见刘艳红、周佑勇：《行政刑法的一般理论》，北京大学出版社 2008 年版，第 182 页。

择牺牲个人权益以最大限度地保障国家或社会公共利益,这也正是行政控权论迅猛发展的缘由所在。在行政执法证据和刑事证据衔接转换中则突出地表现为,行政执法机关在收集证据时,倾向于收集个人的不利证据,对于个人有利的证据有时则通常怠于收集,没有给予足够重视。而刑事司法不仅通过惩罚犯罪以保障国家稳定、社会安定和公民人身财产安全,而且也通过分工制约以保障犯罪嫌疑人的权利,这就要求司法机关保持中立。与行政执法机关不同的是,刑事司法机关以第三方的身份居中裁判,不偏不倚,忠于证据和法律,作出司法裁判。不断完善和细化的刑事程序不仅是打击犯罪的有力武器,而且也是高悬于行政机关和司法机关头上的"达摩克利斯之剑",成为刑事主体最有效的权利救济防线。由此可见,不同主体在收集证据时标准会有所不同。

其次,体现在两者价值导向不同。行政管理的至高目标是效率和秩序,司法运行的首要追求是公平与正义。[①] 刑事案件往往涉及人身、财产、自由以及政治权利,需要审慎对待。刑事司法机关因其终极性和中立性,只要符合程序要求和时效规定,便会尽可能地收集案件证据,探求案件事实真相,以期能够最大限度地保障案件的公正审判,相较于效率等法律价值准则,公正具有更核心、最根本的意义。面对纷繁复杂、瞬息万变的社会状况,要求行政执法机关具备高效的管理素质,如果忽视行政执法的及时高效性,违法犯罪等不良后果则会迅速衍生出其他次生危害,造成更大范围内的恶劣影响。"迟来的正义为非正义",即使耗时作出的行政决定是公正的,过时的是非论断也不能弥补对社会留下的伤疤,同样也无益于对行政相关人的权利保障和救济。服务型政府建设呼吁进一步推进效能行政,如何才能高效地开展行政执法并兼顾公正是当下行政机关需要正视的重大议题。以效率为主要导向的行政执法机关有时难以保证在证据收集上完全客观、公正,导致行政执法证据缺损或受到污染。相比之下,以公正为指引的刑事司法机关在证据收集上更加慎重,更为规范。

---

① 参见田宏杰:《行政犯罪的归责程序及其证据转化——兼及行刑衔接的程序设计》,载《北京大学学报(哲学社会科学版)》2014 年第 2 期。

第四节 证券违法犯罪行政执法与刑事司法衔接机制完善

证券领域行政处罚与刑事处罚机制运作是否顺畅，是衡量我国法治体系完备程度以及民主、法治进程的重要考量标准。我们既要高屋建瓴进行顶层设计，也要深入机制内部环节，进行微观构建，从而使该机制更契合实践要求，使其更具有生命力。目前司法实践中的种种问题，为我们提供了大量研究素材，基于以上种种行政执法与刑事司法合理衔接中出现的问题和弊端，应当从法治实践出发，有针对性地提出一整套改良和完善衔接机制的措施。对行政执法与刑事司法衔接从立法层面得到明确和支持，要着力解决该机制法律依据和操作性问题，形成制度合力，推动其制度化、法制化层面的精细稳定建设，更新立法观念，优化立法技术，完善证券违法犯罪行政执法与刑事司法的衔接机制。

一、合理界定行政处罚与刑罚处罚衔接的处理模式

1. 行政处罚与刑事司法处罚衔接的处理模式

目前，关于行政执法与刑事司法处罚结果衔接的处理模式，理论观点不尽相同，概括起来主要可以归纳为以下三种：(1) 合并适用，亦称“并合主义”。该观点认为当同一违法行为既违反了行政法规范，又触犯了刑法规范，应合并适用行政处罚与刑罚处罚，即既要适用刑罚处罚，又要适用行政处罚。合并适用实际上就是一种“双重处罚”制度，即既要承担行政责任，同时又要承担刑事责任。[①] (2) 择一适用，又称“替代主义”。该观点认为，对某一行政犯罪，不能既处以行政处罚，又适用刑罚处罚，只能选

---

① 参见叶群声：《行政处罚与刑罚的适用衔接》，载《江西社会科学》2004 年第 3 期。还有学者也指出，对既违反法定行政管理秩序又构成犯罪的同一个行为，在行政机关追究行政法律责任的同时，司法机关还可以追究其刑事责任。参见张水海：《行政处罚法实务指导》，中国法制出版社 2007 年版，第 162 页。

择其中一种，而且原则上应适用刑罚处罚。例如，德国《违反秩序罚法》第21条规定："同一行为构成犯罪行为与违反秩序行为者，仅适用刑法。"该法即采用了仅处以刑罚处罚的择一适用方法。（3）附条件并科，亦称"免除替代"。该观点认为，行政处罚与刑罚处罚竞合时可以合并适用，但如果两种处罚中任何一个被执行后，没有必要再执行另外一个处罚时，就可以对另外一个处罚免除执行。因而把是否执行另一个处罚的自由裁量权赋予相应的执法机关。[①] 还有学者也指出，由于行政权和司法权是相互分离的，两者之间又无第三种上位权力，按此方法处理行政处罚与刑罚竞合问题实际操作难度较大。[②]

2. 我国行政处罚与刑事处罚衔接处理模式之选择

比较而言，笔者认为，对于行政处罚与刑罚处罚衔接的处理，原则上采"合并适用"，只是依据法律的规定或实践中具体情况，将择一适用作为例外和补充。

（1）原则上采"合并适用"原则

行政处罚与刑罚处罚衔接原则上采"合并适用"，理由如下：

一是针对同一违法行为同时追究行政责任和刑事责任的根本依据在于行政权与司法权的分立，两种责任的性质和理论基础不同，决定了根据不同的法律规定和判断标准惩治某一违法行为的必然性，这并不违反一事不再罚原则。在实践中，可能出现行政执法机关在对某一违法行为处以行政处罚之后，又移送司法机关处理，这种情形在行政执法中较为常见，这就会出现对同一行为适用行政处罚和刑罚重合问题。如果此类行政犯罪不能同时适用行政处罚或刑罚处罚，可能意味着行政机关在向司法机关移送案件时，必须将其作出的处罚决定加以撤销，这样将给行政执法带来难题，而行政机关将涉嫌犯罪的违法行为移送司法机关后，司法机关经审查，并不一定认为此行为构成犯罪。

---

① 参见周佑勇、刘艳红：《论行政处罚与刑罚处罚的适用衔接》，载《法律科学·西北政法学院学报》1997年第2期。

② 参见张道许：《行政处罚与刑罚竞合时适用问题研究》，载《铁道警官高等专科学校学报》2005年第3期。

二是行政处罚与刑罚处罚具有一定的互补性。由于两种处罚具有不同的制裁手段和功能价值,因此,合并适用在一定程度上能发挥互补作用。例如,刑罚处罚的种类主要是人身刑和财产刑,而行政处罚的种类涉及自由罚、资格罚、财产罚及声誉罚,在某些案件中,仅适用刑事制裁措施不足以消除该行为所导致的危害后果,此时,对行政处罚与刑罚处罚合并适用可以补充刑事制裁的不足,使刑罚与行政处罚相得益彰,[①]从而较全面地追究犯罪分子的法律责任。例如,行政处罚中的责令停产停业、暂扣或吊销营业执照等资格罚,就可以弥补刑罚处罚在功能上的不足;又如,刑事制裁中的没收财产与行政处罚中的没收违法所得、没收非法财物。考察这些处罚措施的内涵和功能,并不相同,因而也可以合并适用。

三是我国的刑事立法和行政立法实际上已承认了刑罚处罚与行政处罚的合并适用。一方面,在刑事规范中,体现了行政处罚与刑罚处罚结果衔接"合并适用"的原则。如《刑法》第201条关于逃税罪的规定,对符合该条第1款规定的逃税行为,如果逃税者能及时补缴税款和滞纳金,并受到相应的行政处罚,同样可以不追究刑事责任。又如,《刑法》第37条的规定,尽管该条没有直接规定受刑罚惩罚的行为是否可以处以行政处罚,但明确规定了免予刑事处罚的行为可以并处行政处罚。这一规定也间接证明了对同一犯罪行为可以实行刑罚处罚与行政处罚的合并适用。另一方面,合并适用的法律根据还可见于大量的行政法规范。如《食品安全法》中对于生产经营不符合卫生标准食品的行为,如果构成犯罪,在移送司法机关追究刑事责任的同时,还可以吊销卫生许可证;另外还有国务院公布的《移送涉嫌犯罪案件的规定》第11条[②]以及大量的行政法规范条文。可见,行政处罚与刑罚处罚的合并适用,具有明确的法律依据。

(2)"择一适用"原则作为例外和补充

在对两种处罚衔接原则上采"合并适用"的基础上,还应以"择一适用"作为例外和补充。为了避免行为人同一性质的权益受到国家的过度

---

① 参见张水海:《行政处罚法实务指导》,中国法制出版社2007年版,第162页。

② 该法第11条第2款规定:行政执法机关向公安机关移送涉嫌犯罪案件前已经作出的警告,责令停产停业,暂扣或者吊销许可证、暂扣或者吊销执照的行政处罚决定,不停止执行。

剥夺，对那些在惩罚性质上、对行为人权益的剥夺上是相同或相近似的行政处罚与刑罚处罚的措施，在适用时应该受到一定的限制。[①] 因此，将“择一适用”作为例外和补充，也主要是针对行政处罚与刑罚处罚所剥夺权益基本相同的情形。实践中，常见于行政机关已经对行为人实施了行政处罚，该案又被司法机关追究刑事责任，行政处罚与刑罚处罚之间应如何折抵的问题。

根据《行政处罚法》的相关规定，行政处罚与刑罚处罚的折抵问题主要表现在两个方面：一是行政拘留与拘役、有期徒刑的折抵问题；二是罚款与罚金的折抵问题。行政拘留是最严厉的一种行政处罚，一般适用于严重违反行政法规范但尚不构成犯罪的行为。因此，对已被适用了行政拘留措施的违法行为人，如果因其行为同时又触犯刑法规范，被法院判处拘役或有期徒刑时，应相应的折抵。罚金与罚款属于同质的处罚方式，两者均是针对财产权所适用的处罚措施，在形式上都表现为强制缴纳金钱，因此，实践中也没有同时并用的必要性，故《行政处罚法》明确规定应作相应的折抵。但是，由于罚款与罚金的适用主体不同，前者由行政执法机关适用，后者系法院判决的刑罚种类。因此，在具体案件中，罚款与罚金的数额不可能完全相同。如果罚款的数额小于罚金的数额，不足部分应当由当事人补缴。这是因为《行政处罚法》的折抵规定在于解决行政处罚与刑罚处罚的“重合”问题，而不是解决两者的效力问题。[②] 因此，罚款与罚金发生折抵后，行政机关所作的罚款决定依然是有效的，既然有效，那么剩余部分也应当予以履行。

二、明确行政处罚与刑事司法衔接之具体情形

比较行政处罚与刑事处罚的种类，两者存在部分重合、相似的地方。例如，人身罚与自由刑、财产罚与财产刑。当然，二者在种类上也存在不同的之处。例如，资格刑与资格罚就是完全分立，互不相通的。这主要是

---

① 参见谢治东：《行政执法与刑事司法衔接机制中若干问题理论探究》，载《浙江社会科学》2011 年第 4 期。

② 参见叶群声：《行政处罚与刑罚的适用衔接》，载《江西社会科学》2004 年第 3 期。

因为刑法与行政法毕竟是两种性质不同的法律,即刑法是规定犯罪及其法律后果的法律规范,行为征表出具有严重的社会危害性;行政法是针对一般违法行为的法律,行为在危害程度上尚不构成犯罪。由于地位上的不同,刑法具有补充性,是其他一切法律的保障法,正如法国著名学者卢梭指出,“刑法在根本上与其说是一种特别法,还不如说是其他一切法律的制裁力量”[①]。由于二者处罚方式上的差异及在具体情境下发生竞合的先后顺序差异,在处理的方式上应区分以下不同情况区别对待。

实践中,存在大量行政机关对某一违法行为作了行政处罚,后来又移送司法机关作为犯罪行为处理的情形,就会涉及二者交叉认定。更为直观的问题是:在涉嫌犯罪的案件已经向司法机关移送后,行政机关是否还有权进行行政处罚?在经过了行政处罚的行为进入了刑法的评价视野时,刑法应当如何认定?而解决这些问题,就需要厘清行政处罚与犯罪认定交叉问题的适用规则。

第一,行政机关的先行移送义务。依据我国《行政处罚法》第 8 条第 2 款规定,“违法行为构成犯罪,应当依法追究刑事责任的,不得以行政处罚代替刑事处罚”;该法第 27 条还规定,违法行为构成犯罪的,行政机关必须将案件移送司法机关,依法追究刑事责任。因此,从立法的内在要求上讲,当违法行为构成犯罪时,对行为人进行刑事上的谴责和伦理上的非难是必然的和肯定的,但竞合处理的关键问题却在于对违法犯罪行为进行相应的刑事处罚后,行政处罚应当居于什么地位,是被刑事处罚所吸收,不再追究行为人的行政责任,还是行政处罚依然坚持自己的独立地位,可以与刑事处罚并存?对于这种比较常见的竞合情形,因为行为人的行为在性质上因同时具有了行政违法与刑事违法的双重违法性,所以理应受到双重处罚:既要受刑罚处罚,又要受行政处罚。[②] 但是在具体的处理方式上,应当遵循“刑事处罚优先”的原则,行政机关应先将案件移送至司法机关,待司法机关作出具体处理后再依据相应的法律法规实施行政处罚。在刑事结果作出之前,行政机关不得先行作出行政处罚,特别是与

① [法]卢梭:《社会契约论》,何兆武译,商务印书馆 1962 年版,第 63 页。

② 参见陈兴良:《论行政处罚与刑罚处罚的关系》,载《中国法学》1992 年第 4 期。

刑事处罚具有同种性质的罚金或行政拘留等。对于确有需要及时实施吊销许可证、责令停止生产等资格罚的情形,可以在查明事实的基础上先行作出,不必等待刑事程序的完结。

第二,行政机关作出行政处罚后才发现可能涉嫌犯罪,进而将案件移送到司法机关处理的情形。此时,由于行政行为作出时案件尚未进入刑事程序,行政行为没有违反程序规定,从维护行政行为和国家公权力的权威性和稳定性的角度出发,不宜撤销先前的行政行为,只是在刑事处罚时,为避免行为人的一次行为遭受到两类同种性质的惩罚,应当按照《刑法》和《行政处罚法》的相关规定,在刑罚的判处中对已经执行过的、与刑罚内容相类似的行政处罚内容进行吸收折抵;而对于不同种类的资格刑无须折抵,可以同时并存。

这种情形的出现主要是由于证据掌握的不同程度或者行政机关的认识能力不足造成的。有的是因为判断某一违法行为构成犯罪对证据的证明标准要求较高,需要达到"案件事实清楚,证据确实、充分"的标准才能认定被告人有罪,但实际情况是案件的发生往往盘根错节、错综复杂,涉及因素众多,因而在调查阶段并不是所有的案件都能有充分的证据证明该违法行为构成犯罪,有时行政机关迫于能力所限,单独凭借一己之力在短时间内难以掌握所有的证据,基于当时所掌握的证据又可能无法作出准确的判断,加之实践中行政机关以罚代刑、玩忽职守、消极怠工的情况又时有发生,而案件又不能久拖不决或者在没有足够证据的情况下随意移送司法机关,造成了行政机关往往对该行为先行处理;有的是因为行政机关认为某一违法行为并不构成犯罪,在不考虑渎职的情况下,也可能是因为行政机关的工作人员法律素质、业务水平不高,加之一般违法行为与犯罪行为在理论的界分上并不明确,因而在判断上出现失误,认为不构成犯罪。随后司法机关的介入、调查的全面展开才发现原有的违法行为已构成犯罪,但行政处罚已经实施完毕是有可能发生的。

对此,我们认为,因为行政处罚与刑事处罚在性质上截然不同,并且都是由国家规定的有权机关依照法定的职权作出的合理处罚,因而在效力上并不存在冲突。但在实际的执行中可以依照"同种罚相抵,异种罚并存"的方式进行协调,以避免行为人遭受法律不公平的对待。例如,《行政处罚法》中规定，违法行为构成犯罪，人民法院判处拘役或者有期徒刑时，行政机关已经给予当事人行政拘留的，应当依法折抵相应刑期。违法行为构成犯罪，人民法院判处罚金时，行政机关已经给予当事人罚款的，应当折抵相应罚金。在具体的操作中，由于罚款与罚金都是科以行为人向国家给付金钱的义务，只是在金钱的数额上存在明显差别，因此在法院对行为人判处罚金刑时，对于行为人先前已经给付的罚款可以按照法律规定直接进行折抵。自由刑的折抵因为行政处罚与刑事处罚中对人身自由限制的强度不同，在处理上有一定的差别。拘留、拘役、有期徒刑都是完全剥夺行为人人身自由的处罚措施，在对行为人人身自由限制的强度上是一致的，因而可将拘留看作是先前的羁押。我们可以根据《刑法》第41条规定，"……判决执行以前先行羁押的，羁押一日折抵刑期二日"。所谓"异种罚并存"是指在法院判决刑事处罚完毕后，对于之前行政处罚中作出的责令停产停业、暂扣或者吊销许可证或者执照等能力罚，无法被刑事处罚所吸收而与刑事处罚并存的情形。由于刑事处罚与行政处罚在性质上的不同，责令停产停业、暂扣或者吊销许可证或者执照等行政处罚是从能力上限制或者剥夺行为人再犯罪的可能，因此与刑事处罚并不发生冲突，也不违背"禁止重复评价"与"一事不再罚"原则，所以互不影响，可以合并适用。

第三，在对行为人行为的刑事司法程序结束后，如果行为人受到刑事处罚，但司法机关认为还需要行政机关给予行为人不同类型行政处罚的，应当及时转送有管辖权的行政执法机关，由有管辖权的行政执法机关依行政执法程序追究其行政责任。由于刑事责任在严厉程度上要远大于行政责任，根据"禁止重复评价原则"，在定罪量刑时，禁止对同一犯罪构成事实予以两次或两次以上的法律评价。[①] 为了避免行为人遭受法律双重处罚的不平等对待，侵犯其个人合法权利，影响法律的公平性、正义性，只要在行政处罚与刑事处罚所剥夺权益的内容相同时，应采取刑事处罚吸收行政处罚的方法，实际只接受刑事处罚，但是依据合并处罚的原则，对于所剥夺权益不同的处罚方式则采取共存的方法。例如，依据《刑法》第

① 参见陈兴良：《禁止重复评价研究》，载《现代法学》1994年第1期。

133 条之一的相关规定，在道路上驾驶机动车追逐竞驶，情节恶劣的，或者醉酒驾驶机动车的，涉嫌构成犯罪。《道路交通安全法》第 91 条第 1 款规定："饮酒后驾驶机动车的，处暂扣六个月机动车驾驶证，并处一千元以上二千元以下罚款。因饮酒后驾驶机动车被处罚，再次饮酒后驾驶机动车的，处十日以下拘留，并处一千元以上二千元以下罚款，吊销机动车驾驶证。"因此，行为人如果因饮酒导致事故构成"交通肇事罪"被判处拘役或有期徒刑的，公安机关交通管理部门就不能再对行为人处以拘留的行政处罚，因为该处罚方式已经被拘役或有期徒刑所吸收，否则就违背了禁止重复评价原则，但是公安机关交通管理部门仍旧可以依照《道路交通安全法》对行为人实施暂扣机动车驾驶证或者处以罚款的行政处罚。

第四，对于经法院审判后依法判处免予刑事处罚的，应交由行政机关依法进行行政处罚。《刑法》第 37 条规定："对于犯罪情节轻微不需要判处刑罚的，可以免予刑事处罚，但是可以根据案件的不同情况，予以训诫或者责令具结悔过、赔礼道歉、赔偿损失，或者由主管部门予以行政处罚或者行政处分。"该规定就免予刑事处罚的行为是否可以处以行政处罚作了正面性的规定，即在免除刑事处罚的情况下，并不能免除其行政责任，相反行政机关应在司法机关的判决、裁定作出后，依据相应的行政法律法规对其违法行为进行适当的评价，作出必要的行政处罚。当然，需要指出的是，并非所有被免刑的犯罪人都要给予行政处罚，是否给予相应的行政处罚，应依法根据各种案件的具体客观情况以及被告人的主观过错确定。[①] 在司法实践中，对免予刑事处罚的，在对其进行行政处罚时，应以行政法规规定的范围为限，不应以行为构成犯罪为由，而超出法定范围予以处罚。

三、在法律上明确行政处罚和刑事犯罪的边界

由于法律、法规对内幕交易、证券操纵等行为作出了交叉的规定，导致证券违法犯罪行为的法律适用存在混乱，因此应当针对法律适用问题进行合理界定。司法实践中对于成交金额、获利或者避免损失的数额规定，成为证券犯罪认定的主要标准，情节严重标准无法予以具体的量化，

---

① 参见王楚：《行政处罚与刑罚的竞合与衔接研究》，载《行政与法》2011 年第 3 期。

因而会导致实践中行政执法僭越司法而导致证券犯罪无法认定，严重损害了刑法的权威性，故而应在法律上明确犯罪边界，严格按照法律规定的犯罪与行政违法的边界，下文以证券犯罪中的内幕交易犯罪为例进行阐述。

比如，我国法律法规、司法解释均对内幕交易行为情节认定作出了规定，内幕交易的违法所得应指“获利或者避免损失数额”，但司法解释并未进一步明确如何计算获利数额或者避免损失数额。内幕交易违法所得的性质具有双重性，准确界定违法所得不仅应体现“任何人不得从犯罪中获益”的基本原则，也应体现定罪、处罚及追缴依据的多重属性。[①] 一方面，“违法所得”具有定罪方面的功能，[②]违法所得与犯罪数额具有相同属性，与其他数额相比，违法所得数额较大直接作为内幕交易危害程度的判断标准，以决定宣告刑的轻重。另一方面，“违法所得”具有处罚及追缴方面的功能，在经济犯罪中，违法所得均应予以追缴，内幕交易中的违法所得也不例外，刑法明确规定，对内幕交易人应并处违法所得 1 倍以上 5 倍以下的罚金。在内幕交易罪中，违法所得不再仅仅是追缴的对象，而是作为经济犯罪处罚的依据。[③]

但是，对情节的规定也同样重要，我国对证券犯罪的入罪标准应当根据经济社会的发展、行业中的标准对情节作出进一步的改动及细化。经济犯罪领域相较于传统犯罪领域具有很大的不同，仅仅局限于传统经济犯罪对行为严重性的评估框架，着重考察犯罪数额、犯罪次数等固定情节标准，完全没有针对内幕交易等证券犯罪这一发生在资本市场的证券期货犯罪行为特点创造性地探索既能充分反映证券交易行为危害又能紧密联系证券市场实质特征的“情节严重”评估标准。[④] 在刑事判决中也出现

① 参见万志尧:《内幕交易刑事案件“违法所得”的司法认定》，载《政治与法律》2014 年第 2 期。

② 《办理内幕交易案件解释》第 9 条第 1 款规定:“同一案件中，成交额、占用保证金额、获利或者避免损失额分别构成情节严重、情节特别严重的，按照处罚较重的数额定罪处罚。”

③ 参见吴昉昱:《我国证券内幕交易主体之理论解读与规则构建》，载《政治与法律》2015 年第 7 期。

④ 参见谢杰:《内幕交易犯罪情节认定疑难问题研究——“两高”最新证券期货犯罪司法解释相关条款刑法解析》，载《上海公安高等专科学校学报》2012 年第 4 期。

了用以下方法认定情节是否严重,比如给国家和投资者造成重大损失的,给证券市场带来强烈震荡,造成国内外强烈影响的,因为内幕交易行为受过行政、民事处罚后再次进行内幕交易行为等体现社会危害性和人身危险性的情节。[①] 但是,我们应探索出其他的情节评价模式,笔者认为,下面的情节要素应当可以作为情节认定的标准:(1)引起股市波动程度,以在限定时间内引起一定的价涨跌幅度为标准,内幕信息的重要性就体现于此,股市波动幅度越大,说明内幕信息的重要性程度越高,内幕交易的危害程度也就越大。至于具体的浮动标准则需要通过数据统计进行确定。(2)受害人数量,它能够反映内幕交易所涉及的范围以及造成恶劣影响的程度,人数越多,对证券交易的秩序危害就越大。目前,许多国家的法律都明确规定了内幕交易受害者的民事诉权。[②] 我国的内幕交易民事诉讼却因没有具体的法律依据而无法得到赔偿,因光大证券违规操作而引发的民事侵权诉讼,无一例外地没有得到胜诉判决等。但是,这些情节在我们给予刑事定罪时可以考虑将其作为情节标准。

四、以司法解释为基础弥合行政规范与刑法规范的鸿沟

为了弥合证券法规与刑法规范之间的鸿沟,最高人民法院、最高人民检察院发布了《办理内幕交易案件解释》。该司法解释第 1 条集中在《刑法》对内幕交易犯罪主体的规定同其他法律规定进行协调之上,就非常明显地表明该司法解释的主旨为处理刑法与其他法律之间的关系。这部司法解释虽然只有 11 个条文,而且还将期货领域内的内幕交易、泄露内幕信息行为也包括在内,但这一司法解释一经发布就产生了深刻的影响,成为打击证券、期货领域内幕交易和泄露内幕信息犯罪行为的有力武器。该司法解释更主要的功能在于其从客观上弥合了《证券法》与《刑法》对

---

① 2001 年颁布的最高人民检察院、公安部《关于经济犯罪案件追诉标准的若干规定》(已失效)第 29 条曾将致使交易价格和交易量波动的作为情节严重的判断标准之一,但是后来的最高人民检察院、公安部《关于经济犯罪案件追诉标准的补充规定》以及《办理内幕交易案件解释》均将这条删除。

② 《证券法》第 220 条规定:应当承担民事赔偿责任和缴纳罚款、罚金、违法所得,违法行为人的财产不足以同时支付的,先承担民事赔偿责任。

内幕交易行为规定的“不协调”之处。

在我国,虽然“法律”的制定主体是统一的,但法律之间存在的交叉与矛盾之处却仍然无法避免,这不仅是我国法律体系所具有的特征,即便是那些被认为相对发达的法律体系中也仍然大量存在这种现象。既然这种现象无法避免,那么任务就集中在如何处理这种冲突之上。尽管法律领域出现了私法、公法的划分,刑法在体系上属于广义上的公法范畴。[①] 因此,刑法对犯罪构成的界定就不能完全脱离相关法律的具体规定。需要指出的是,正是由于证券市场中证券交易行为自身所具有的诸多独特之处,才需要协调刑法与其他法律,才能够充分实现刑法自身的“保障法”地位。

以上述司法解释为例,这部司法解释所指向的犯罪涉及内幕交易和泄露内幕信息两种犯罪,而认定这两种犯罪的关键就是确定内幕信息。而这一司法解释并没有对何谓内幕信息进行统一性的规定,而是采用了更为细致的方式对内幕信息进行了说明。其实,从总体上来说,《刑法》与《证券法》这两个法律规范之间并没有天然的鸿沟。只不过《刑法》的表述更注重价格等数额因素,而《证券法》则不仅强调价格方面的数额因素,还强调“内幕信息”在特征方面的具体表现。因此,这一司法解释是在充分吸收和尊重《证券法》对内幕信息的界定之上才进行的细化与进一步展开,也表明了刑事法官在确定具体内幕信息时仍需要以证券法的有关规定作为参照系。具体来说,上述司法解释对于内幕信息敏感期形成时间的规定则采用了具体区分的方式进行确定,也就是将具体的情形分成一般与特殊两类。其实,信息并无其具体的物质表现,而仅仅是以其所承载的内容对社会和个体产生影响,且内幕信息自然就会基于其存在的样态而出现一定的差异,《刑法》在认定内幕交易犯罪时自然无法否认《证券法》对内幕信息存在形态的相关规定。

故而从本质上来说,该司法解释最具有实践价值的部分就在于为具体认定犯罪提供了“技术路径”。在众多的刑事司法解释中,将刑法规范中相对抽象的犯罪构成予以进一步细化,有时甚至用司法实践中比较细

---

① 参见[德]罗克辛:《刑法总论》(中译本),法律出版社2005年版,第4页。

致的“具体情形”来取代犯罪构成的宏观规定也比较常见。当然,用司法机构的职业共同观念以及普通民众的认同来“替代”刑法文本的直接规定显然存在危险,它会使罪刑法定的基础地位面临直接的挑战。依据罪刑法定主义的要求,刑事司法活动的终极目标就是认定特定事实是否存在以及是否符合刑法规范所确定的犯罪构成之要求,犯罪构成也存在理论上的构成与实证构成之区分,[①]而刑事法官进行认定与处罚的根据就是刑法规范所确定的犯罪构成。犯罪构成其实是基于实践而形成的“行为类型化样态”,是立法者进行的“预先设计”,因而是行为的表现样态。而作为争讼对象的诉讼客体来说,要形成与犯罪构成之间的完整对应关系是不可能的,尤其对于证券领域这些特殊类型的犯罪来说,更是如此。以内幕交易犯罪的认定来说,由于这种犯罪自身所具有的智能化与隐蔽化等诸多特征,使得对其非法行为的认定已经非常困难,更不要说将其认定为犯罪。即使在实行严格证券立法的国家,如美国、英国、日本等国家,五花八门的证券欺诈、操纵行为也时有发生,且作案手段更为隐蔽、狡猾。[②] 基于上述原因,司法解释的做法就是直接绕开对主观方面的证明而仅单纯从行为方面来予以认定。另外,通过大量司法实践将能够认定的“外化行为”予以类型化并进行推论。因此,将法定的犯罪构成通过司法解释转化为实践中具有实际意义与直接操作价值的证据事实,具有重要的技术价值。

五、完善行政执法证据向刑事证据转换之路径

针对行政处罚与刑事处罚中的证券衔接问题,可以考虑采取以下措施。

1. 统一证据收集标准

统一行政执法证据收集标准,提高证据转换质量。《行政诉讼法》中的行政执法证据与《刑事诉讼法》中的刑事证据在证据形式上基本相同,但刑事证据的采用标准严于前者。美国联邦最高法院多次重申,行政执法证据的取得不必严格遵循正当程序,可以根据行政程序的性质、具体案

---

① 参见李洁:《法律的犯罪构成与犯罪构成理论》,载《法学研究》1999 年第 5 期。

② 参见王新:《金融刑法导论》,北京大学出版社 1998 年版,第 179 页。

件情形放宽正当程序的要求。[①] 但是这并不符合我国司法实践的客观要求,行政执法证据的收集必须坚持正当程序原则,必须具备真实性、合法性、关联性。一方面,建议行政机关在处理重大疑难事件时,及时预判事件的风险和发展方向,对于可能涉嫌刑事犯罪的事件应及时报备并发布在执法信息共享平台,按照刑事证据的标准来收集行政执法证据或者邀请公安机关或者检察机关指导行政执法证据的收集,以备案件进入刑事流程时可以提高证据的转换质量。另一方面,鉴于有权收集行政执法证据的机关多而杂,证据质量参差不齐,建议在行政执法教育培训时增加对行政执法证据收集的授课内容。要求从事证据收集的行政执法工作人员必须获得行政执法证书,并定期参加相关培训。对于只能一次性收集的行政执法证据要严格按照刑事证据的收集标准来操作,如对电子数据的提取应当严格按照最高人民法院、最高人民检察院、公安部在 2016 年 9 月 9 日颁布的《关于办理刑事案件收集提取和审查判断电子数据若干问题的规定》的要求,避免一次性证据受污染或格式、收集程序不完备而无法转换为刑事证据。

2. 健全证据移送机制,明确移送时限

针对行政机关有案不移、移送不及时等情况,应当首先规定移送案件的具体范围和移送的时间期限,并辅之以监管处罚措施。《移送涉嫌犯罪案件的规定》第 3 条和第 18 条分别规定了普通刑事案件应当向公安机关移送,职务犯罪案件应当向检察机关移送。这些案件类型具体包含破坏社会主义市场经济秩序类犯罪、妨害社会管理秩序类犯罪以及贪污贿赂、渎职侵权和国家机关工作人员利用职权侵犯公民人身权利、民主权利类犯罪。当然,对于一些多次违反行政法律后纳入《刑法》管辖的犯罪,如走私罪里的“多次走私”,由于违反行政法律是构罪的必要条件,所以类似案件理应属于移送范围。

对于上述案件证据的移送时间,《移送涉嫌犯罪案件的规定》中只是要求执法人员核实情况后制作书面报告报执法机关正职负责人审批,后

---

① See William H. Kuehnle, *Standards of Evidence in Administrative Proceedings*, 49 N. Y. L. Sch. L. Rev. 829,857(2004 – 2005).

者在3日内作出是否向公安移送的决定。该规定并未对检察机关管辖的案件移送时间作出相应要求,时限规定也是值得商榷的,执法人员核实情况及制作书面报告的时间亦无具体要求。应当进一步明确为:行政执法人员发现涉嫌犯罪的案件后,应当在3日内核实情况并制作书面报告报机关负责人审批,机关负责人应当在3日内作出是否向公安机关或检察机关移送的决定,作出不移送决定的,应当附书面理由;不及时移送或者未在期限内移送的应当责令移送;以行政处罚代替移送的,应当责令更改并对直接责任人员和负责人给予相应处分。

3. 进一步完善相关法律法规

针对现行法律文件冗杂、良莠不齐等情况,在地方实践经验和中央立法条件成熟的基础上,有必要制定更高位阶和效力的法律法规。浙江、福建、上海、山东等地的地方实践经验十分充足,制定了各具特色的地方规章来保障证据移送和转换,实现案件处罚及移送的网上备案、案件流程的全程跟踪与监控、执法动态的公开与交流、职务犯罪预防工作的宣传与推广等。[①] 国务院自2001年颁布实施《移送涉嫌犯罪案件的规定》以来,虽然在一定程度上解决了各部门分别与公安、检察机关联合制定规章的纷乱局面,但是其原则性规定过多,可操作性不强导致各部门和地方政府依旧按照自己制定的规章行事,执行效果不佳。因此,建议国务院联合最高人民检察院、最高人民法院在《移送涉嫌犯罪案件的规定》的基础上,吸收部门规章和地方政府规章的成熟立法经验,出台更高位阶的立法文件,在条件成熟后,可以提请全国人大制定更加规范的法律。

由于《刑事诉讼法》对证据转换使用的方式规定不明,给公安机关和检察机关的实务操作带来了巨大的困难,也易造成部分行政机关先行使用刑事侦查手段收集证据,待刑事立案后再将其"合法化"为刑事证据,以此提前侦查活动。[②] 因此,有必要规定证据转换使用的方式,学术界对此

---

① 参见刘福谦:《行政执法与刑事司法衔接工作的几个问题》,载《国家检察官学院学报》2012年第1期。

② 参见宋维彬:《行政证据与刑事证据衔接机制研究——以新〈刑事诉讼法〉第52条第2款为分析重点》,载《时代法学》2014年第3期。

已经形成了较为统一的意见,对于实物证据如物证、书证、视听资料、电子数据,因其客观性较强、不易重复收集,可以直接转换为刑事证据使用;对于言词证据,除因特殊情况无法收集外应当重新收集。至于“等证据材料”的内涵,学术界观点众说纷纭,有学者认为“等”字之外的其他证据应当仅限于实物证据;[①]也有学者认为其已突破实物证据的范围,有条件地放宽到部分言词证据。[②]《人民检察院刑事诉讼规则》第64条采纳了对“等”字的前一种理解,并将可以作为刑事证据使用的行政执法证据的范围由法定的物证、书证、视听资料、电子数据,扩展到鉴定意见、勘验、检查笔录。这一做法值得肯定。重复鉴定既耗费时间和司法资源,基于司法效率的考虑,可以进行直接转换;而勘验、检查笔录也因其案件现场时过境迁无法重复收集而可以予以直接转换。当然以上证据同样适用于非法证据排除规则,对于行政执法机关假借行政调查之名获得的证据,应当将其排除在法庭之外,[③]必要时,可以要求行政执法人员或办案人员出庭对存有异议的行政执法证据收集程序及细节性问题进行解释和说明,以强化证成效果。

六、强化检察机关的监督作用

由于证券领域行政执法与刑事司法的专业性、技术性、保密性极强,依靠专项检查、质询的人大监督力度不足;作为终局性的审判监督又因滞后性只能亡羊补牢;公众舆论监督面对专业性较强的刑事司法问题显得鞭长莫及;而行政执法机关内部监督则因无独立性而收到客观性的质疑。因而扭转检察监督疲软无力的势态,通过检察权实现对行政权的监督成为最佳选择途径。[④] 客观地讲,人民检察院在行政处罚与刑事制裁衔接工

---

① 参见王尚新、李寿伟主编:《〈关于修改刑事诉讼法的决定〉释解与适用》,人民法院出版社2012年版,第126页。

② 参见顾永忠:《行政执法证据“在刑事诉讼中可以作为证据使用”解析》,载《法律适用》2014年第3期。

③ 参见冯俊伟:《行政执法证据进入刑事诉讼的类型分析——基于比较法的视角》,载《比较法研究》2014年第2期。

④ 参见李江发:《“两法衔接”中法律监督权运行的应然分析》,载《人民检察》2015年第24期。

作的推动中做了大量的工作,也发挥了重要的作用。但从数据分析来看,在行政处罚与刑事制裁衔接的工作中,无论是移送率还是立案率,都不是很理想。[①] 那么,人民检察院是否有效地行使了立案监督以及移送监督等职权,或者是人民检察院根本就无权行使相关的监督职权呢?有研究者指出,对于行政处罚与刑事制裁之间的衔接,“检察院不是不想监督,而实在是没有监督的法律依据,不能越权行使监督权”[②]。因此,从宪法和组织法的角度就人民检察院是否具有一般行政执法监督的职权进行研究,也就成为当前解决行政处罚与刑事制裁衔接难的关键要素。

1. 要明确检察监督的地位,增强检察监督的强制力

我国宪法赋予检察机关的地位即专门的法律监督机关,代表国家行使法律监督职权。虽然行政处罚和刑事处罚的有关衔接性规定体现在刑法、行政法,以及相应的诉讼法的具体条文中,但上述规定涉及检察机关的检察权能基本上属于检察机关公诉权能和诉讼监督权能的内容,在检察机关对行政执法权合法性监督没有规定之前,行政执法监督工作是无法开展的。即便是检察机关在查办职务犯罪案件过程中发现行政执法机关不移送涉嫌犯罪线索,也无法强制行政执法机关向司法机关移送,直接导致检察机关在行刑衔接机制中无法起到应有的法律监督作用。检察机关督促纠正行政机关的行政违法行为,是党的十八届四中全会关于司法体制改革的一项制度安排,是发挥检察监督职能,加强对行政机关乱作为、不作为司法监督的改革创新,对强化法律监督、促进依法行政和依法治国、营造良好经济社会发展环境具有重要的现实意义。所以,应当将强化对行政执法与刑事司法的衔接工作的检察监督权纳入检察体制改革的大格局中来,在财政独立的基础上逐渐完善检察监督的程序立法。当然,一种程序只有间接地通过与权威的联系才能提供合法性,而这些权威本身也必须获得承认。[③] 进一步丰富检察监督的形式,完善检察建议的制

---

① 参见练育强:《行政处罚与刑事制裁衔接研究之检视》,载《政治与法律》2013 年第 12 期。

② 参见王大海:《行政执法与刑事执法衔接机制的理性思考——以检察监督权为视角》,载刘远、王大海主编:《行政执法与刑事执法衔接机制论要》,中国检察出版社 2006 年版。

③ [德]尤尔根·哈贝马斯:《合法化危机》,刘北成、曹卫东译,上海人民出版社 2000 年版,第 68 页。

发、通报、答复期限及备案回访制度，对于怠于答复的行政执法机关负责人和直接责任人给予相应的行政处分，通过赋予检察建议以强制执行力让检察监督这种“纸上的权力”转化为“现实的执行力”。

2. 检察监督的内容

其一，为立案监督。对于行政执法机关向公安机关移送的案件，公安机关如果在规定时间内不予立案或者不予处理移送请求的，行政执法机关可以向同级人民检察院申请立案监督，人民检察院也可以主动介入。人民检察院应当在规定时间内进行调查，如发现行政执法机关所述属实，应当向被移送的公安机关提出检察建议，要求公安机关予以立案、答复移送申请书，并将处理结果反馈给行政执法机关。对于行政执法机关在执法过程中处理的案件，检察机关如果发现存在涉嫌构成刑事犯罪的案件，应当建议行政执法机关在规定时间内向有关公安机关移送该案件，必要时也可以直接建议公安机关介入行政执法活动。

其二，为移送监督。对于公安机关决定立案的案件，行政执法机关应当在规定时间内将有关案件的案件移送函、证据材料、书面文件材料、执法过程的笔录摄像等证明材料、移送依据、涉嫌违法情节、基本案情等有关材料全部移送给公安机关受移送部门。如果行政执法机关拒绝移送上述物品材料或者拒绝移送部分上述物品材料，检察机关应当主动或在公安机关提出申请后向行政执法机关提出检察建议，要求有关行政执法部门在规定的时间内将上述物品材料移送给公安机关。如果公安机关拒绝接收上述物品材料，检察机关同样应当主动或在行政执法机关的申请下向有关公安机关提出检察建议，要求其在规定时间内接收涉案物品材料。

其三，为处罚监督。行政执法与刑事司法的衔接中处罚的衔接是其中极其重要的一个方面，即行政处罚与刑事处罚的衔接适用。在该衔接中，检察机关的职责主要表现为，保证案件当事人不被双重处罚，保证案件当事人不会存在应罚而未罚的情况或者保证案件当事人罚当其错。检察机关在审查行政执法与刑事司法的处罚衔接是否适当时就应当主要从上述几方面入手，认真审查核实案件的处理情况，审查是否有应当移送而未移送从而以行政处罚代替刑罚或以刑罚代替行政处罚的情况，是否存在处罚程度与其违法情况严重不成比例的情况，是否存在应当处罚而免予处罚的情况等不公平公正的情况。如果存在上述情形,检察机关应当向负责部门或其上级直属部门提出检察建议,要求其在规定时间内予以纠正。

3. 健全行政执法和刑事司法信息共享机制

要完善行政执法和刑事司法信息共享平台和联席会议机制,畅通信息交流渠道,方便检察机关提前介入引导取证。目前我国地市级已经普遍建立了行政执法与刑事司法信息共享平台,但是县级信息交流平台的作用发挥有待提升。建议检察机关根据案件风险提前介入行政执法证据的收集,全方位、全流程地监督证据移送和转换。同时,要加强行政机关与检察机关、公安机关等部门的合作,建立行政机关与刑事司法机关及时沟通的交流机制,[①]提升行政执法证据向刑事证据转换的科学性、规范性。

金融证券犯罪作为一种最为典型的行政犯罪之一,其在违法性上具有行政违法性与刑事犯罪性的双重属性。相关研究应力图超越国内现有的立法论、价值论等研究模式,转向以司法为中心的研究范式,关键在于对当下中国金融证券犯罪行政认定与刑事认定的实际案件进行分析,力图展现当下我国行政执法与刑事司法二者关系的适用现状和相关特点,注意在具体案件和相关的量化数据基础上来探讨金融证券犯罪行政认定与刑事认定关系,从而为金融证券犯罪行政认定与刑事认定关系的合理确定提供司法数据支撑。

在具体的司法实践中,行政认定与刑事认定的关系有时会表现出不和谐的一面,这里面既是由于法律法规上的缺陷问题,也有执法过程中的原因。本章只是针对上述这些问题进行简要的探讨,所提的解决改善之道也并非能对司法实践起到根本作用,作为行政法与刑法的交叉内容,金融证券犯罪的行政认定与刑事认定的关系研究还需要根据现有的法律环境与执法实践进行长期的探索与论证。

---

① 参见张晗:《行政执法与刑事司法衔接之证据转化制度研究——以〈刑事诉讼法〉第 52 条第 2 款为切入点》,载《法学研究》2015 年第 4 期。

后　记

证券犯罪是资本市场中较为复杂的违法犯罪行为，也是最为严重的破坏证券交易秩序的行为。尤其是近年来，随着人工智能、大数据等金融科技的发展，证券犯罪呈现出专业化、隐蔽化、复杂化等特点，打击新型证券犯罪面临诸多法律适用问题。鉴于此，随着资本市场改革的不断发展，围绕着证券犯罪在内的金融犯罪刑事立法较为频繁。2021 年 3 月 1 日起施行的《刑法修正案（十一）》对欺诈发行证券罪，违规披露、不披露重要信息罪，提供虚假证明文件罪，操纵证券、期货市场罪以及与证券犯罪相关的洗钱罪等罪名进行了系统修改。这些修改主要涉及入罪标准、法定刑调整、犯罪主体范围等方面，修改的总体趋向是从严惩治证券犯罪。

2021 年 7 月，中央办公厅、国务院办公厅《关于依法从严打击证券违法活动的意见》中明确提出，坚持零容忍要求，依法严厉查处证券违法犯罪案件。加大刑事惩戒力度，将依法从严打击证券违法活动与有效防范化解风险、维护国家安全和社会稳定相结合。2021 年 9 月 18 日，最高人民检察院驻中国证监会检察室揭牌成立。驻会检察室加强执法司法的协作与制约、强化检察机关证券期货犯罪案件办理工作，指导地方检察机关证券期货检察专业化建设，开展证券期货违法犯罪问题研究、预防和治理工作。随着我国对证券犯罪打击力度的加大，证券违法犯罪行为的行政执法和刑事司法更加严格。

在刑事司法中，必然会面临证券犯罪刑法规范的适用问题。在司法实践中，作为法定犯的证券犯罪的认定需经过两个层面的判断：行政不法和刑事不法。违反前置法是成立法定犯的构成要素，前置法是认定犯罪的前提依据。一方面,需要依据前置法判断行为是否属于行政违法行为,这是行政不法层面的判断。在此基础上,才能继续判断行为是否构成犯罪。另一方面,在刑事不法层面的判断中,某些犯罪构成要素仍需通过前置法来解释,如何解释、采用何种解释都关乎犯罪的成立。前置法产生的影响并不会在给予行为人行政处罚后消失,其会持续影响后续的刑事认定活动。如果在依据前置法认定行为时出现偏差,很大程度上也会使刑事认定偏离方向。前置法与刑法能否协调、统一也对认定犯罪至关重要。因此,有必要厘清前置法在证券犯罪认定中的地位和作用,以合理划定证券犯罪前置法的范围,助推司法实践中证券犯罪的科学治理。就此意义而言,证券犯罪刑法规范研究需要开展跨学科研究,需要我们对证券法等前置法和刑法进行贯通研究。在国家加大对证券犯罪治理的时代背景下,面对专业化、隐蔽化、复杂化的证券犯罪,研究相关的刑法规范适用正当其时。

笔者多年前在中央财经大学工作期间,开始研究证券犯罪治理,深感其将是未来刑事法治重点关注内容之一,因此,包括证券犯罪在内的金融犯罪治理也是笔者重点研究的内容之一。当然,囿于本领域的跨学科性、专业性等要求,在研究的过程中也存在彷徨和迷惑,但是,笔者保持高度的研究热情,以“咬定青山不放松”“千磨万击还坚劲”的学术态度,孜孜不倦,勤勉耕耘。在师长们的关心和支持下,围绕证券犯罪领域,主持国家社科基金课题“资本市场变革下证券犯罪刑法制裁体系研究”、最高人民检察院检察理论课题“证券违法犯罪行政认定与刑事司法认定关系研究”、北京社科基金课题“北京市金融领域腐败犯罪长效防治机制”、中国法学会部级课题“证券领域行政执法与刑事司法的衔接”、中国法学会部级课题“企业合规视野下金融企业贿赂犯罪防治模式研究”等若干国家级和省部级课题。在《法学》《中国刑事法杂志》《华东政法大学学报》《法律适用》《中国政法大学学报》《刑法论丛》等期刊上,围绕欺诈发行证券罪,虚假申报操纵犯罪,信息型操纵犯罪,证券领域行政执法和刑事司法的衔接,“幌骗”型高频交易犯罪,利用信息优势操纵证券市场犯罪,控股股东、实际控制人的刑事责任,违规披露、不披露重要信息罪,证券犯罪认定中刑法与前置法的关系等主题发表了多篇学术论文。本书的部分内容也系发表在上述期刊上的论文内容,在此,笔者对师长们及相关期刊的长期帮助和扶持致以诚挚的谢意！正是在他们的关心和关注下,我的研究热情和研究动力才不至于消退,毕竟在这样一个相对不那么大众而又非常专业的领域开展研究,有时确实会有孤独感和挫败感。所幸,在师长们的大力支持下,本人得以持续在证券犯罪治理领域开展研究。

需要提及的是,在《刑法修正案(十一)》通过前,笔者就有撰写一部有关证券犯罪的专著的想法,也抽出时间陆陆续续撰写了部分内容;《刑法修正案(十一)》通过后,笔者又围绕证券犯罪刑法规范修改内容展开研究,大致完成了本书的写作。因此,本书的跨度相对较长,特别是刑法修正后,笔者又对相关内容进行了系统修正,导致本书的出版一拖再拖。所幸,恰逢学院为了进一步整合法学研究力量、凝练法学研究领域,支持教师发表高质量的学术成果,决定继续通过文库形式鼓励教师出版书籍,以积累学术成果,繁荣、深化和开拓法学领域的学术研究。本书通过院内外评审得以入选“京师法学文库”,由法律出版社统一出版。期间,本人也有幸入选北京师范大学优秀青年创新团队项目负责人,研究成果获得“中央高校基本科研业务费专项资金资助”(1233300004)。在此,也对北京师范大学以及北京师范大学法学院致以衷心的谢意!

“仿佛兮若轻云之蔽月,飘飘兮若流风之回雪。”即将步入不惑之年的我已经远离青涩的青春年华,在学术之路上磕磕碰碰,既有彷徨和苦闷,也有欢喜和激动,在心性和学术上也逐渐成熟。没有哪一代人的青春是容易的,每个人都有自己的使命和责任,唯有带着梦想和责任前行,我们才能奋勇争先。学海无涯,但我并不孤独,因为一路上有师长的谆谆教诲,有家人、朋友的帮助和扶持。

同时,感谢家人的陪伴和支持,尤其是活泼可爱的女儿,在我的学术研究之外平添诸多乐趣。

2023 年 12 月

于北京师范大学后主楼